MAKESI ZHUYI ZHEXUE ZHUANTI YANJIU

马克思主义哲学专题研究

常宗耀 著

人民日报出版社
北 京

图书在版编目（CIP）数据

马克思主义哲学专题研究 / 常宗耀著．— 北京：人民日报出版社，2020.12

ISBN 978-7-5115-6684-3

Ⅰ．①马… Ⅱ．①常… Ⅲ．①马克思主义哲学—专题研究 Ⅳ．①B0-0

中国版本图书馆 CIP 数据核字（2020）第 222317 号

书　　名： 马克思主义哲学专题研究
MAKESI ZHUYI ZHEXUE ZHUANTI YANJIU

作　　者： 常宗耀

出 版 人： 刘华新

责任编辑： 张炜煜　贾若莹　霍佳仪

封面设计： 李树奎

出版发行： 人民日报出版社

社　　址： 北京金台西路 2 号

邮政编码： 100733

发行热线： （010）65369509 65369512 65363531 65363528

邮购热线： （010）65369530 65363527

编辑热线： （010）65369509 65369514 65363528

网　　址： www.peopledailypress.com

经　　销： 新华书店

印　　刷： 三河市嵩川印刷有限公司

法律顾问： 北京科宇律师事务所 010-83622312

开　　本： 710mm×1000mm　1/16

字　　数： 228 千字

印　　张： 16

版　　次： 2021 年 1 月第 1 版

印　　次： 2021 年 1 月第 1 次印刷

书　　号： 978-7-5115-6684-3

定　　价： 48.00 元

前　言

《马克思主义哲学专题研究》是马克思主义理论专业，特别是马克思主义基本原理研究方向硕士研究生的提高课程。专题研究的教学目的，是为学生学习马克思主义基本原理硕士学位课程打下坚实的基础。学习这门课程的学生，一般都已经掌握马克思主义哲学的基本原理。鉴于这种情况，本课程只是选择基础理论性较强的若干专题，结合现代社会实践的新课题和现代社会科学、自然科学的新成就，通过更加深入的研究和探讨，做出新的理论概括。这本书，就是为适应专题研究教学的需要而编写的。根据专题研究的特点，它没有对马克思主义哲学做出系统、全面的叙述，仅就几个专题的内容，做了较为深入的研究和讨论。为使《马克思主义哲学专题研究》与《马克思主义基本原理研究》的课程内容不重复，这本书只涉及辩证唯物主义的基本理论。关于历史唯物主义基本原理，将在《马克思主义基本原理研究》课程中系统地加以阐述。

这本书所叙述的专题，很多地方都是著者长期思考的结果，有的部分也参考了学术界的研究成果。对这些问题的研究和探讨，其观点是否正确，或其正确的程度如何，著者期望接受时间的检验，由实践来检验它的正确性，并作出公正的评价。

马克思主义是一门科学，它要求我们以科学的态度来对待。恩格斯指出："马克思的整个世界观不是教义，而是方法，它提供的不是现成的教条，而是进一步研究的出发点和供这种研究使用的方法。"（《马克思恩格斯选集》第4卷，第742—743页，北京：人民出版社，1995）我们从事马克思主义哲学专题研究，应该以马克思主义的整个世界观为指导，把它作为进一步研究的出发点和方法，而不是把它当作现成的公式，这是毋庸置疑的；对现代社会和自然的材料进行研究和探讨，从中引出新的结论，丰富和发展马克思主义，这也正是马克思主义的整个世界观的本质要求。若有人愿意对本书所叙述的观点提出郑重的批评，著者将把它视为至高的报酬，这是一切科学研究所应有的态度，也是坚持真理、修正错误的科学态度。

著 者

2020年12月

目　录

第四章　马克思主义运动观

第五章　马克思主义规律观

第六章　对象化活动

第七章　马克思主义认识论

第八章　马克思主义辩证逻辑学

第一章　马克思主义哲学的对象

一、哲学对象的历史演变

历史上的哲学，未曾有过统一的对象，在不同的哲学家那里，哲学都有着不同的研究对象，甚至在同一个哲学家所创造的哲学体系中，研究的对象也不是统一的。马克思主义哲学的产生，在哲学研究对象上发生了革命性的变化，说明马克思主义哲学有着不同于以往哲学的研究对象，这也是哲学没有统一对象的一个印证。哲学的研究对象是历史地变化着的，马克思主义哲学的研究对象，不也是正在变化着吗？既然在历史上，哲学从来没有统一的对象，又为什么都把这些理论叫作哲学呢？这是值得我们认真思考的问题。什么样的理论才可以称为哲学呢？回答是，它们必须具有世界观的意义。所谓世界观，就是思维和存在的关系问题的基本特点。任何理论体系，只要它回答了哲学的基本问题，它就是哲学。

恩格斯总结了哲学发展的历史，指出思维和存在的关系问题是哲学的基本问题，因为，一切哲学都不能回避这个问题，而且对这个问题的不同回答，把哲学家划分为唯物主义和唯心主义两大阵营。列宁全面阐发了恩格斯的论述，批评了调和唯物主义和唯心主义对立的一切企图，并指出唯物主义和唯心主义两大阵营的根本差别，是对哲学基本问题的不同回答。所以，哲学之成为哲学（无论是唯物的还是唯心的），并不在于它的研究对象，而在于对哲学基本问题的不同回答，由此使自己的理论带有世界观的意义。在谈到马克思和黑格尔哲学的决裂时，恩格斯指出："同黑格尔哲学的分离，在这里也是由于返回到唯物主义观点而发生的。这就是说，人们决心在理解现实世界（自然界和历史）时按照它本身在每一个不以先入为主的唯心主义怪想来对待它的人面前所呈现的那样来理解；他们决意毫不怜惜地抛弃一切同事实（从事实本身的联系而不是从幻想的联系来把握的事实）不相符合的唯心主义怪想。除此以外，唯物主义并没有别的意义，不过在这里第一次对唯物主义世界观采取了真正严肃的态度，把这个世界观彻底地（至少在主要方面）运用到所研究的一切知识领域里去了。”①

在这里，有两点值得我们注意：第一，唯物主义世界观的全部意义，是坚持物质第一性，意识第二性，“除此以外，唯物主义根本没有更多的意义”。这就告诉我们，阐发关于思维和存在的关系问题的观点，就是世界观。第二，凡是世界观，都可以“运用到所研究的一切知识领域里去”，因而它同时也是方法论。凡是不符合上述两点意义的，都不能称为哲学。旧哲学包含这两方面的部分内容，这部分内容具有世界观意义，所以我们称它为哲学。

反映普遍规律的一般原理，是否具有世界观的意义呢？这是值得进一步讨论的问题。首先应该肯定，作为哲学科学，它是普遍规律的反映，因而它可以应用于一切知识领域，例如，辩证法规律具有最高的普遍性，反映这种普遍规律的唯物辩证法的一般规律，是马克思主义哲学的重要组成部分。可是，也必须看到许多一般原理并不具有世界观的意义，而另一些一般性较低的原理反而具有世界观的意义，数学适用于自然界、人类社会和思维的研究，具有很高的普遍性。在现代，一切科学都逐渐地走向数学化，已经成为一种必然的趋势。但是，尽管如此，数学并不是世界观。相反地，只适用于人类社会的历史观和只适用于自然领域的自然观，其普遍性低于数学，但它们都是世界观。形式逻辑适用于思维领域，其普遍性不亚于历史观和自然观，可是它只是一门具体科学，也不是世界观。由此可见，具有世界观意义的哲学理论，是具有某种程度普遍性的一般原理，而带有普遍性的一般原理并不都是具有世界观意义的哲学理论。把原理的一般性、普遍性作为哲学理论的条

①[德]恩格斯：《路德维希·费尔巴哈和德国古典哲学的终结》，《马克思恩格斯选集》第4卷，第2版，第242页，北京：人民出版社，1995。

件，显然是不充分的。

不仅是一般原理，而且同时回答了思维和存在的关系问题，这才是世界观。唯物辩证法的一般原理是哲学理论，因为它同时包含有对思维和存在的关系问题的答案。谁要是否认了矛盾，就否认了事物发展的内在原因，陷入外因论，其结果必然导致上帝的"第一推动力"，从而陷入客观唯心主义。唯物史观不仅揭示了人类社会的发展规律，而且揭示了社会存在和社会意识的基本前提。辩证唯物主义自然观不仅揭示了自然界的辩证法发展，而且从自然界的内部说明自然界的运动和发展的原因。在批判近代形而上学自然观时，恩格斯不仅指出了形而上学自然观关于自然界的绝对不变的见解的错误，而且指出了这种自然观中所包含的神学目的论思想。在概括 19 世纪中叶自然科学成果时，恩格斯特别地指出了这一点。他说："在这里过程的质的内容第一次获得了它应有的地位，对于世界之外造物主的最后记忆也消除了。"① 在形而上学的世界观中，包含有对哲学基本问题的唯心主义答案。正是在这种意义上，毛泽东说："形而上学，亦称玄学。这种思想，无论在中国，在欧洲，在一个很长的历史时间内，是属于唯心论的宇宙观，并在人们的思想中占了统治地位。"②

世界观和哲学的关系表明，历史上各派哲学的研究对象，不是确定不变的，而是不断变化着的。但是，哲学是世界观，它必须回答思维和存在的关系问题，这一点是严格的、确定的。哲学之成为哲学，主要的根据，并不在于研究对象的特殊性，而在于研究中所得出的结论带有世界观的性质。在关于马克思主义哲学研究对象的讨论中，如客观世界的一般规律，人类社会发展的一般规律，人的本质、思维发展的规律，等等，都可以成为马克思主义哲学的研究对象。但是，必须有以下的先决条件，既辩证而又唯物地研究这

①[德]恩格斯：《反杜林论》（单行本），第 1 版，第 12 页，北京：人民出版社，2015。

② 毛泽东：《矛盾论（一九三七年八月）》，《毛泽东选集》第 1 卷，第 2 版，第 300 页，北京：人民出版社，1991。

些问题，既能得到一般原理，又能科学地回答思维和存在的关系问题，从而使自己的理论带有世界观的意义。就是说，从既唯物又辩证地回答思维和存在的关系问题的基本立场出发，研究上述这些对象，是马克思主义哲学的重要研究任务。我们应该看到，马克思主义哲学的研究对象，既不是狭隘的、片面的，也不是固定的、不变的，它是广泛的、全面的、发展的。马克思主义哲学研究对象的这种特征，正是它的开放的理论体系的基本特征。

二、马克思主义哲学的研究对象

应该如何表述马克思主义哲学的研究对象呢？传统的观点是：马克思主义哲学是关于自然界、人类社会和思维的运动和发展的一般规律的科学。不少人根据这个定义的要求，认为自然辩证法、历史唯物主义等都不属于马克思主义哲学的内容，因为他们都不反映自然界、人类社会和思维这三个领域的共同普遍的规律，而只是反映其中一个领域发展的普遍规律。从上述的传统定义出发，对马克思主义哲学做出这种限制，应该说是合乎逻辑的。可是，如果把历史唯物主义排除在马克思主义哲学之外，那么，我们应该如何评价马克思发现唯物史观的历史意义呢？马克思主义哲学的产生，在哲学中完成了一系列的变革，这种变革的核心内容，就是历史唯物主义的创立，从而使唯物主义成为彻底的完备的唯物主义。因此，在我们面前摆着一个尖锐的问题：是以三个领域的普遍规律来限制马克思主义哲学，还是从现实的内容和需要出发，重新考察马克思主义哲学的研究对象呢？

普赖斯对科学学的研究对象的规定，为我们解决上述问题提供了颇有启发性的经验，他把“科学的科学”称作科学学，指出：“研究科学的科学是一个一个产生的，但是，现在表现出许多明显的接近为统一整体的特征，这个统一整体将是比部分的简单总和更大的东西。这个新学科似乎可以叫‘科学、技术、医学等的历史、哲学、社会学、心理学、经济学、政治学、方法论等等’。我们称它们为‘科学的科学’比较好，因为在这种情况下术语的重复可以经常提醒，科学要经过全部意义阶段，既要经过前一个词的意义阶段，又要经过后一个词的意义阶段。总之，‘科学描述学’或者‘科学哲理学’这类词看来更不合适，而‘唯科学学’则是一种偶像崇拜的说法，同我们的目的毫无共同之处。”[①] 普赖斯的说法，比起“科学学是研究科学发展的一般规律的科学”这个定义更加合理些，它说明了科学学的逐渐产生和发展的过程，告诉人们科学学不是一次完成的，它的理论体系也不是一次封闭的，而是开放的，现今它还在发展过程中，它的分支学科还将不断地产生和完善。从这里，我们可以得到一个重要的启示：那种用一个严格定义来规定一门科学的传统习惯，到了矫枉过正的时候。马克思主义哲学也应该吸取这个经验，不要以一个严格的定义来限制它，把它封闭起来。

怎样规定马克思主义哲学的对象和内容呢？马克思主义哲学是以往全部哲学的历史发展，它绝不是离开人类知识文明的大道，而是吸取了历史上哲学的一切积极成果，是全部哲学知识合乎规律的发展。在研究马克思主义哲学的对象和内容时，我们不能离开哲学的历史，不能离开历史上哲学的对象和内容的演变。恩格斯在说明这种历史的继承关系时指出：“现代唯物主义，否定的否定，不是单纯地恢复旧唯物主义，而是把2000年来哲学和自然科学的全部思想内容以及这2000年的历史本身的全部思想内容加到旧唯物主义的持久性基础上。这已经根本不再是哲学，而只是世界观，这种世界观不应当在某种特殊的科学的科学中，而应当在各种现实的科学中得到证实和表现。因此，哲学在这里被‘扬弃’了，就是说‘既被克服又被保存’；按其形式来说是被克服了，按其现实的内容来说是被保存了。”[②]

我们应从哲学的这种历史发展中，考察马克思主义哲学的研究对象和理论内容。

---

①[德]普赖斯：《科学学译文集》(中国社会科学院情报研究所编辑)，第1版，第46页，北京：科学出版社，1980。

②[德]恩格斯：《反杜林论》(单行本)，第1版，第147页，北京：人民出版社，2015。

古希腊哲学家曾以世界的本原作为自己的研究任务。最初，人们看到多种多样的事物和现象都是暂存的、易逝的，从而认为一切东西都是派生出来的。但是，如果一切都是派生出来的，那派生一切的东西又是什么呢？关于世界的本原问题和发展问题就是这样提出来的。就是说，在古代哲学的探索中已经有了两个基本原理的萌芽，即世界的统一原理和发展原理。后来的一切哲学，无论它们给自己提出了什么样的具体研究任务，都以不同的方式围绕着这两个原理提出了或肯定或否定的主张，并把这些观点和看法贯穿于自己的哲学体系中，对于这些内容的正确方面的继承，正是对旧哲学“扬弃”的一个重要方面。

应该指出，如果离开了思维和存在的关系问题，“什么是世界的本原”这种提法并不确切。例如，我们若要发问：自然界的本原是什么？人们一定会回答说：物质是自然界的本原。可是，如果像古代的哲学家那样，自然界的本原是水、火、气、原子等，虽然这种回答坚持了唯物主义立场，但它却是反辩证法的，因为它把物质和物质形态等同起来了。如果像近代形而上学唯物主义那样，认为自然界是从某种原始的、绝对不变的实质中产生出来的，这也是错误的，因为自然界并不是从某种原始物质中产生出来的。如果我们在物质和意识的关系问题中来回答世界的本原，说自然界是本原的，意思是说，自然界是第一性、精神是第二性的，并不是承认原始物质的存在，这就是恩格斯在阐述哲学基本问题时所表达的思想。由此可见，对世界的统一和发展的研究，是与思维和存在的关系问题密切相关的，是决然不能离开哲学基本问题的。马克思主义哲学的产生，对历史上的哲学的这些合理内容，做了认真的分析和研究，并把它们保存下来，充实到马克思主义哲学的理论内容中去。

马克思主义哲学的理论体系，是一个多层次的开放体系。它的研究对象也包含有不同的层次。如果我们站在唯物论和辩证法相统一的立场，研究世界的统一和发展，那么，在这里就可以构成两个基本原理，这就是彼此相互联系的世界统一原理和世界发展原理。世界的统一和世界的发展，涉及自然界、人类社会和思维的一切领域，以及它们的运动和发展的普遍规律，这些首先应该成为马克思主义哲学的研究对象，这就是研究对象的第一个层次。对这些问题的研究结果构成范畴的体系，就是马克思主义哲学的基础理论，也就是它的第一个层次的理论内容。

从存在第一性、思维第二性的立场来研究自然界、人类社会和思维的各自领域的普遍规律，是马克思主义哲学研究的重要任务，由此分别构成辩证唯物主义自然观、历史观和思维观，这就是马克思主义哲学的第二层次的研究对象和理论内容。把马克思主义哲学基础理论应用于自然领域、历史领域和思维领域的研究，并不是去建立一种特殊的“科学的科学”，而是去创立一种世界观和方法论。这一层次的理论内容，我们可以称它为马克思主义哲学的专业基础理论。

运用基础理论和专业基础理论来研究各个领域中更加具体的哲学问题，这就是应用研究。这里有两个方面的问题，一是在科学研究中的应用研究，二是在实际工作中的应用研究。在科学研究中的应用研究，又可以分为两个方面的任务，这就是科学研究方法论的研究和自然科学、社会科学、思维科学中的哲学问题的研究。在实际工作中的应用研究，也就是探索实际工作中的哲学问题，例如，研究我国社会主义现代化建设中的哲学问题等都是马克思主义哲学的重要研究课题。开展马克思主义哲学的基础理论和专业基础理论的研究是很有必要的，而更为重要的是，应该大力开展应用研究，解决实际工作中出现的各种哲学问题。因此，在考察马克思主义哲学的研究对象时，不应该忽视应用研究的领域，这些领域的研究成果，就是马克思主义哲学的应用理论，是马克思主义哲学第三层次的研究对象和理论内容。

马克思主义哲学的基础理论、专业基础理论和应用理论（并不是所谓应用哲学），构成了马克思主义哲学的统一体系。由于基础研究和应用研究的结合，马克思主义哲学十分密切注意现代科学的发展和社会实践的需要，不断地扩大自己的研究领域，从而使自己成为一个开放的体系。

三、马克思主义哲学的现代形式

马克思主义哲学的现代形式同研究对象的演变有着密切的联系。它的基本任务就是要创建现时代的哲学。就是说，哲学的现代化，不是在个别的概念、范畴、原理上做点修修补补的工作，而是使整个哲学的理论体系发生变更，赋予它现时代的新内容和新形势，由此构成哲学的新形态。马克思主义哲学是科学的真理，在它的发展史上同样会发生变革。今天，这种哲学变革时代已经开始。

哲学变革的到来，有它深刻的时代根源。第一，现代科学技术的发展，要求唯物主义改变自己的形式。第二，社会实践的发展，要求变更唯物主义的现实基础。在这两个根源中，更根本的是哲学的现实基础的变更，前者是为后者服务的。今天，马克思主义哲学产生的现实基础，已经在社会主义国家里开始改变了。这个已经开始改变的基础不是别的，正是阶级斗争。

大家知道，马克思主义哲学区别于旧哲学的根本标志是唯物史观的创立。由于唯物史观和剩余价值的发现，社会主义由空想变为科学。恩格斯指出："现代的唯物主义，它和过去相比，是以科学社会主义为其理论成果的。"① 空想社会主义之所以是空想的，在于它的出发点是人类的理性。它们认为，新的社会制度的实现，不是依靠无产阶级通过反对资产阶级的阶级斗争，而只是通过宣传和可能的示范。这些主张完全离开了现实的社会基础。其根本原因，就在于不懂得唯物史观。恩格斯指出："为了使社会主义变为科学，就必须把它置于现实的基础上。"② 唯物史观的创立，使人们认识到只有从生产关系中寻找一切社会变迁、政治变革的原因和手段，才能实现社会主义，从而使社会主义者看到了无产阶级的历史使命和伟大力量，把社会主义建立在阶级斗争这个现实的基础之上。迄今为止，马克思主义哲学的现实基础是

---

①[德]恩格斯：《反杜林论》（单行本），第1版，第368—369页，北京：人民出版社，2015。

②[德]恩格斯：《社会主义从空想到科学的发展》，《马克思恩格斯选集》第3卷，第2版，第732页，北京：人民出版社，1995。

阶级斗争，它的全部理论都是为无产阶级革命和无产阶级专政服务的。在中国特色社会主义现代化建设的新时代，这个基础已经开始发生变化了。既然我们今天全党的工作重点已经不再是阶级斗争，而是现代化建设，那么，我们的哲学就应该建立在社会主义现代化建设的现实基础上，而不应该仍然建立在阶级斗争的基础上。由于现实基础的变更，马克思主义哲学的研究对象、理论体系及其最终归宿，也应该相应地改变。所有的这些变更，就是哲学现代化的最深刻的根源。

恩格斯说："随着自然科学领域中每一个划时代的发现，唯物主义也必然要改变自己的形式。"[①] 马克思主义哲学的产生，把唯物论和辩证法科学地结合起来，使马克思主义哲学成为科学的世界观。现在，时代的要求是把这种结合推向新的高度，使唯物论和辩证法实现新的综合，成为一个统一的形式。这个形式是什么？不是别的，就是哲学系统论。很多主张把系统概括为哲学范畴的学者，没有从改变唯物主义形式的问题上做出概括，因而没有克服现行哲学体系把唯物论和辩证法分开叙述的缺陷。唯物论的核心是物质论，辩证法的核心是矛盾论。从现代科学的成就来看，无论是物质论，还是矛盾论，它们都是系统论。这样，我们根据现代的"新三论"（系统论、控制论和信息论）的最新成果，就有可能建立起唯物论和辩证法相统一的范畴体系。这也是哲学当前现代化的一个方面，而且是一个不能忽视的方面。

任何哲学都是时代的产物，它的研究对象、理论内容和范畴体系，都带有时代的特征。所谓哲学的现代化，就是使哲学适应现时代的需要，回答现时代提出的问题，概括现时代的科学成就，使它成为现时代的认识工具。哲学现代化的内容是多方面的，发展马克思主义哲学的应用研究，应该提到首位。在应用中发展，这是一切科学理论发展的基本规律。自然科学、社会科学、思维科学是如此，哲学科学也是如此。列宁、毛泽东、邓小平、江泽民、胡锦涛和习近平等同志之所以能够发展马克思主义哲学，其根本原因是在革命、

①[德]恩格斯：《路德维希·费尔巴哈和德国古典哲学的终结》，《马克思恩格斯选集》第4卷，第2版，第228页，北京：人民出版社，1995。

建设和改革的实践中应用了马克思主义哲学。自改革开放以来，我们党之所以能够发展马克思主义、毛泽东思想，也在于其应用了马克思主义的基本原理来解决我国社会主义现代化建设中的实际问题。正是由于研究了新情况，解决了新问题，才提出了新理论。只有在发展马克思主义哲学的应用理论的基础上，才能发展马克思主义哲学的专业基础理论和基础理论，使马克思主义哲学的研究对象、理论内容和范畴体系，成为反映现时代精神的精华。因此，实现哲学现代化的问题，不是单纯的理论问题而首先是实践问题。它是整个时代的任务，不是由某一个哲人所能完成的，而是要诉诸全党和全体人民。

第二章　马克思主义本体论

一、什么是本体论

在古希腊哲学中，亚里士多德最先提出了本体的概念，他在《范畴篇》中提出了十个范畴，为首的就是“本体”范畴，作为其他范畴的基础。其他范畴都不能离开“本体”而独立存在，只能存在“本体”之中，附着在“本体”之上，因而都是“本体”的表现。在《形而上学》中，亚里士多德又进一步论述了本体的各种规定性，并认为本体是永恒不变的，是万事万物的最初始的原因。若是否定了永恒不变的本体，也就无法说明世界的运动。所以，亚里士多德认为，这个“本体之学”是研究“第一原理”的学术，属于哲学家的业务，[①]是不同于自然科学（物理学）的形而上学的。因此，研究“本体之学”的哲学家，也在自然哲学家（物理学家）之上，“他们所考察的都是普遍真理与原始本体，因此，这些真理的研究也将归宿于他们”[②]。亚里士多德关于本体论的这些规定，自然也是对古希腊哲学关于世界本原研究的一种总结，说明了本体论的对象和内容。

在中国哲学中，本体论也是一个重要的组成部分，我国学者称它为“本根论”。《庄子·知北游》中说：“然若亡而存，油然不行而神，万物畜而不如，此之谓本根。”本根就是本体、本原。它是宇宙的起始，但又无形，

①[古希腊]亚里士多德：《形而上学》，北京大学哲学系美学教研室编：《西方美学家论美和美感》，第41页，北京：商务印书馆，1980。

②[古希腊]亚里士多德：《形而上学》，北京大学哲学系美学教研室编：《西方美学家论美和美感》，第61页，北京：商务印书馆，1980。

所以叫它形而上者。这个本根是什么？各派哲学都有不同的主张。例如，道学家称它为道，《易传》则称它为太极、阴阳，以元气、理为本体的学派，也是中国哲学的基本学派。

可见，在中外哲学史中，本体论都占有重要的地位。不仅近代唯物主义把本体论作为自己哲学的重要组成部分，而且唯心主义也有自己的本体论。例如，贝克莱认为，除精神、被感知的东西之外，没有任何别的本体，“存在就是被感知”是他的唯心主义本体论的核心思想。莱布尼茨以单子论来反对唯物主义的本体论，认为单子是精神实体，不具有广延性。18 世纪法国的唯物主义者，批判了唯心主义本体论，坚持物质是世界的唯一本体，把旧唯物主义本体论发展到了最高阶段。

在本体论的意义上，本体、实体、存在都是同一的范畴，指的都是世界的本原，以此来说明世界的统一性及其统一的根源性。本体论是关于存在的学说，但它不同于认识论，不是从思维与存在的对立关系来研究存在，而是把存在作为一种客观的对象，研究它的运动和发展。运动、时间、空间等，都是物质的客观属性、存在方式。在唯物主义本体论中，意识也是一种客观现象，是物质长期发展的产物。在这里，本体论并没有把物质作为一方，把意识作为另一方，彼此对立起来，规定谁是第一性的，谁是第二性的。尽管在哲学中有唯物主义本体论和唯心主义本体论的区别，但是，在本体论的范围内，不能完全区分唯物主义和唯心主义两条对立的路线。这种哲学路线的对立，还需要依靠认识论来划分。

旧唯物主义本体论的基本特征，是它的形而上学性。这种形而上学本体论的第一个缺陷，是把本体看作绝对不变的实体。只有黑格尔批判了这种形而上学性，把辩证法应用于本体论，揭示了存在（自然界和人类社会）的运动和发展的辩证法基本规律。但是，黑格尔本体论的前提是唯心主义的，他把概念看作存在的本质。马克思主义创始人改造了黑格尔的辩证法，把它建立在唯物主义的基础之上，使本体论成为关于现实世界（自然界和人类社会）的辩证法学说，这是马克思主义哲学改造旧本体论所获得的重大成果。

形而上学本体论的第二个缺陷，是它对最初本原的追求，企图去寻找一种原始物质、终极原因，以说明世界的统一性。这种观点在物质概念上的反映，把物质看作脱离具体的物质形态而独立的物质本身。作为物质概念，物质本身不过是纯粹的思维创造物和纯粹的抽象，不过是感性地存在着的东西。企图寻找这种物质本身作为世界多样性的终极原因，其结果必定会把物质的运动归结为一种超自然的力量，到头来，还是走上了唯心主义道路。在辩证唯物主义看来，自然界一切变化的原因，是各种具体的物质形态的相互作用。所以，恩格斯指出："相互作用是事物的真正的终极原因。"[①]这样，马克思主义哲学又改造了旧的本体概念，否认了对原始物质、最初本原的承认。

所以，马克思主义并没有否定一般的本体论，而是否定了一种特殊的本体论，即形而上学和唯心主义本体论，创立了马克思主义新本体论，它就是关于客观世界的运动和发展的客观辩证法的学说，所以，辩证法也就是本体论。

二、本体论和认识论

本体论和认识论是两种不同的学说。认识论的基本问题是思维对存在的关系问题，这是哲学的最高问题。本体论是关于世界本原的学说，旨在说明世界的统一性。它与认识论的基本问题有着密切的联系，但又是不同的两个问题。有人把本体论关于世界本原问题称作哲学的最高问题，有人则认为哲学基本问题的第一个方面是本体论问题，第二个方面是认识论问题。这些看法都混淆了认识论和本体论的区别。列宁在论述物质和意识的对立的绝对性和相对性时，明确指出："当然，物质和意识的对立，也只是在非常有限的范围内才有绝对的意义，在这里，仅仅在承认什么是第一性的和什么是第二性的这个认识论的基本问题的范围内才有绝对的意义。超出这个范围，这种

①[德]恩格斯：《自然辩证法》（单行本），第1版，第96页，北京：人民出版社，2015。

对立无疑是相对的。”[①] 物质和意识，谁是第一性的，谁是第二性的，这是认识论的基本问题，而不是本体论的问题。对于这个问题，只能有两种截然相反的彻底回答，所以它是划分唯物主义和唯心主义两条路线的标准。至于世界的本原问题，即统一性问题，人们可以有多种回答：可以认为世界统一于水，还可以认为世界统一于气、火、土；也可以认为世界统一于原子；也可以认为世界统一于数、单子；等等。我们都不能根据这些不同的看法来划分哲学上的基本路线。在本体论中，哲学的不同派别，是由它的不同的认识论的前提来决定的。如果坚持了物质第一性、意识第二性的唯物主义认识论的基本前提，那么，由此建立的本体论，就是唯物主义本体论；从相反的前提出发，所建立的只能是唯心主义本体论。我们为什么把德谟克利特的原子论称作唯物主义的，把莱布尼茨的单子论称作唯心主义的呢？问题在于他们对原子、单子是物质的，还是精神的所作的不同回答。如果把原子、单子都看作是物质的，那么原子论和单子论不过是名称的不同，并不反映两条哲学路线的分歧。正因为莱布尼茨宣布单子是精神本体，所以他是一个唯心主义者。这时，他已经超越了本体论的领域而进入认识论中。

为什么恩格斯在概括哲学中的基本问题的时候，又把思维对存在的关系具化为精神对自然界的关系问题，并进而表述自然界是本原的，还是精神是本原的问题呢？不少学者把哲学基本问题的第一方面看作世界的本原问题，其根源就在这里。其实，恩格斯的提法，正是告诉我们本体论和认识论具有不可分割的联系，并说明认识论是本体论的前提。当我们在回答世界的本原时，如果仅限于物质和意识这两项选择，归根到底，也只能是这两项的选择，二者必居其一；不是肯定物质是本原的，就是肯定意识是本原的，那么，这实际上是回答谁是第一性的、谁是第二性的认识论问题，是回答什么是本原问题的前提和根据。如果肯定了物质是第一性的，那么根据这一前提，也就肯定了物质是世界的本原。如果肯定了意识是第一性的，

①[俄]列宁：《唯物主义和经验批判主义》（单行本）第2卷，第1版，第147页，北京：人民出版社，2015。

那么根据这一前提，也就肯定了意识是世界的本原。这就是说，如果像恩格斯所说的那样，当哲学的基本问题获得了完全的意义之后，本体论就要从属于认识论。这时，企图去建立离开认识论的本体论，就像列宁所批评的那样，都是小孩子的糊涂观念。

本体论和认识论除这种从属关系外，它们还是相互补充的，无论缺少哪一部分，哲学都会成为不充分的学说。例如，就世界的统一性来说，有两层含义：其一，是多样性的统一，如物质形态的统一、运动形态的统一等；其二，是物质和意识的统一。如果要唯物地回答物质和意识的统一，又有两层含义，第一层是本体论的含义，说明意识是物质长期发展的产物，世界的统一性在于它的物质性；第二层是认识论的含义，说明意识能够认识物质并反作用于物质，这是认识论的基本问题的第二方面。我们要全面而完整地说明物质和意识的统一，本体论和认识论都是不可缺少的。它们彼此渗透，相互补充，成为马克思主义哲学的重要组成部分。

在物质概念的讨论中，由于不了解本体论和认识论的从属关系，不少学者提出了两种物质概念的主张，认为存在认识论的物质概念和本体论的物质概念，从而致力于对单纯的本体论的物质概念的追求。这样做，势必要脱离认识论，混淆唯物主义和唯心主义的界限。例如，有的学者认为："哲学物质概念的外延，不仅包括自然界，包括渗透了人类意识的物质，而且包括客观化的意识现象。"这样的物质概念，已经离开了物质第一性、意识第二性这个基本。狄慈根也曾有过这种将物质概念扩大的主张。列宁评论说："狄慈根在《漫游》（即指《一个社会主义者在认识领域中的漫游》——引者注）中重复着说，物质这个概念也应当包括思想，这是糊涂思想。因为这样一来，狄慈根自己所坚持的那种物质和精神、唯物主义和唯心主义在认识论上的对立就会失去意义。至于说到这种对立不应当是无限的、夸大的、形而上学的，这是不容争辩的（强调这一点是辩证唯物主义者狄慈根的巨大功绩），这种相对立的绝对必然性和绝对真理性的界限，正是确定认识论研究的方向的界限。如果在这些界限之外，把物质和精神即物质的东西和心理的东西的对立当作绝对的对立，那就是极大的错误。”① 意识虽然是物质发展到高级的属性，但是，在物质第一性、意识第二性的范围内，我们已经把意识从物质中抽象出去了，并将它与物质相对立；只有在研究物质和意识之间的统一性时，才把意识作为物质的属性。关于这一方面，当然也包括到“物质”这一概念的内涵中。但是，当对物质概念做出本体论这一方面的规定时，我们仍然以物质第一性、意识第二性为前提，没有扩大它的外延。如果离开了这个前提，那么，人们就会离开唯物主义路线。在这种意义上，列宁的物质定义是永远不会陈腐的，同唯物主义和唯心主义的根本对立永远不会陈腐一样。

由此可见，本体论和认识论是两个不同的范畴。本体论所回答的是物质和属性的关系，主要研究它们之间的统一性；认识论所回答的是物质和意识的关系，并把它们的对立放在首位。本体论也要研究物质和意识的关系，但是，与认识论的研究不同，它是把意识作为物质的属性，作为物质发展的产物，研究它们的统一性。本体论不仅不能离开认识论，而且必须以认识论为前提，服从于认识论。所以，马克思主义哲学并没有取消本体论，只是扬弃了离开认识论的本体论。

三、本体论和逻辑学

在近代哲学中，认识论和本体论是脱节的。例如，莱布尼茨从唯心主义唯理论出发，用“天赋观念”解释人类认识的来源，认为理性知识的获得，只能依靠推理所依据的先验原则，否定人类知识的发展同外部世界的联系。这样，认识论就可以脱离本体论了。莱布尼茨的后继者沃尔夫明确地从哲学组成中划分出本体论，加深了认识论同本体论的对立。在康德哲学中，认识论脱离本体论的趋势获得了进一步的发展，否定了“本体”的可知性，认为，

①[俄]列宁：《唯物主义和经验批判主义》（单行本）第2卷，第1版，第256页，北京：人民出版社，2015。

人类的知识同“本体”的发展无关，既然人类的认识可以脱离本体，那么逻辑学与本体论也就相互脱离了。

在哲学史上，黑格尔第一次结束了逻辑学和本体论相互分离的局面。他将辩证法应用于逻辑学，研究了概念的运动，揭示了思维演化的规律，创立了辩证逻辑学。由于他从客观唯心主义出发解决了思维和存在的统一性问题，把纯概念作为世界的本原，以思维规律决定存在规律的方式，解决了本体论和逻辑学相统一的问题。正是这个原因，黑格尔的《逻辑学》并非纯属思维科学，同时又是本体论。既然世界的本原是纯概念，那么整个世界都是从逻辑的范畴和概念的演化中产生和发展起来的。就思维的学说来说，研究这种逻辑范畴的演化和发展是逻辑学的任务；就存在的学说来说，逻辑的范畴，就是世界的存在，关于范畴和概念的学说，也就是关于存在的学说，即本体论。在《逻辑学》中，客观逻辑是关于事物和存在的逻辑，它就是本体论。所以，黑格尔明确地认为：“逻辑学便与形而上学（即本体论——引者注）合流了。形而上学是研究思想所把握住的事物的科学，而思想乃是足以表示事物的本质的。”[①] 黑格尔的这种本体论和逻辑学相统一的思想，由此得出逻辑学就是本体论的结论，是十分深刻的。但是，对于它的唯心主义认识论的基本前提，我们应该给予批判。

本体论和逻辑学的统一，反映了本体（存在）的历史和思维的逻辑的统一。在黑格尔看来，存在的本质是概念，概念的逻辑发展也就是存在的历史演变。他说：“全部自然生活和精神生活的发展一样，完全是以构成逻辑内容的纯粹本质的本性为基础的。”[②] 肯定思维的逻辑和存在的历史的一致，这是正确的，但是，他的出发点是错误的。所以，列宁将唯物主义进行改造，他说：“倒过来：逻辑和认识论应当从‘全部自然生活和精

①[德]黑格尔：《小逻辑》，第1版，贺麟译，第90页，北京：商务印书馆，1981。

②[德]黑格尔：《逻辑学》上卷，第1版，贺麟译，第5页，北京：商务印书馆，2004。

神生活的发展’中引申出来。”[①] 根据辩证唯物主义反映论的观点，思维的历史是本体的历史的反映，概念的逻辑则是思维的历史和本体的历史的反映。黑格尔说：“考察有和本质的客观逻辑，真正构成了概念发生史的展示。”[②] 如果在坚持唯物主义前提下，可以说这句话是正确的。在黑格尔那里，存在的发展表现为客观逻辑，即存在论和本质论中各种范畴的演化；我们把它倒过来，范畴的演化是存在的实际的反映。这样一来，客观逻辑也就成为思维把握存在和本质的范畴逻辑，它确实展示了概念的发展史。作为存在的学说，本体论就是一个逻辑体系。例如，黑格尔《逻辑学》中的客观逻辑就是这种本体论的体系；这种体系本身绝不是僵死的骨架，而是一种概念的逻辑运动，因而本体论又是逻辑学。

本体论和逻辑学的这种统一，在我们日常的思维活动中，也是一种常见的普遍现象。我们要认识任何一种存在，都要制定有关的概念来表达它的运动。例如，要认识“资本”这种存在的运动，就要制定经济范畴。马克思的《资本论》作为资本的学说，它是本体论；但是，它又是经济范畴逻辑体系，所以又是逻辑学。毛泽东同志的《论持久战》，分析了中日战争的历史发展，得到了最后胜利属于中国的结论。作为中日战争存在的学说，它是本体论；但是，用概念的形式表达中日战争的运动，它又是逻辑学。一切科学都是这样，它们既是本体论，又是逻辑学，反映了本体论和逻辑学的合流。

四、本体论和方法论

要说明本体论和方法论的统一，首先必须了解理论和方法的辩证关系。不少学者把方法看作手段、技巧，这是很正确的。霍布斯也曾同样把方法看

①[俄]列宁：《哲学笔记》，《列宁全集》第38卷，第84、210页，北京：人民出版社，1984。

②[德]黑格尔：《逻辑学》下卷，第1版，杨一之译，第240页，北京：商务印书馆，2001。

作获得知识的途径或手段。黑格尔认为，“在探索的认识中，方法也同样被列为工具，是站在主观方面的手段，主观方面通过它而与客体相关[①]”。毛泽东同志把方法论比作桥或船的观点也是这个意思。因此，把方法规定为某种任务的工具、手段、途径或道路，是比较合适的。

就外延来划分，方法有两种：一是实践的方法，二是认识的方法。实践的方法属于工程技术的范畴，认识的方法则属于意识形态的范畴。我们平常所说的科学研究方法，虽然也包括实践的方法，但主要还是指认识的方法，是科学研究的思维活动。所谓科学方法论，主要是关于在科学研究的活动中认识方法的理论。

感性认识和理性认识是认识发展的两个基本阶段。认识方法的采用，也要随着认识发展的不同阶段而不断变换。因此，认识方法也有两种不同的类型：在感性认识阶段，一般采用经验的方法；在理性认识阶段，一般采用思维的方法。实验、观察等方法，属于经验的方法，数学方法、分析和综合的方法、系统方法等，都属于思维的方法。当然，在现实的认识过程中，经验方法和思维方法并不是截然分开的，而是彼此渗透的。所有这些方法，都是科学研究的工具和手段。在具体的研究过程中，到底采用哪一种方法，依赖于客体的性质和研究过程的特点。而且这些方法的采用，往往带有综合的特征，各种方法并行不悖。

方法和理论既有联系又有区别。在现实中，不能绝对地把方法和理论截然分开。但是，如果我们运用科学的抽象，在思维中对它们进行分析，分别地给予科学的规定，明确它们的内涵和外延，那么，它们之间的区别也是十分明显的。相对于研究过程来说，理论就是所采用的方法可以达到的目的或所要完成的任务。方法是为理论服务的，并服务于理论研究的需要。没有适当的方法，不会达到理论研究的良好效果。所以，对于理论研究来说，方法的选择，是至关重要的。不少学者把思维方法的变革看作科学理论革命的前

---

①[德]黑格尔：《逻辑学》下卷，第1版，杨一之译，第532页，北京：商务印书馆，2001。

导，其根据也正在于此。

当然，这并不等于说方法先于理论。方法不是凭空出现的，它是从理论转化而来的。马克思说："我所得到的一般的结论，在一经得到之后便成为我研究之南针。"① 一切理论都是这样，都是用作指导行动的指南。马克思主义的全部理论都可以转变为方法。自然科学和社会科学的一切具有真理性的理论，也都可以转变为方法，成为认识世界和改造世界的武器。多年来，由于运用了量子力学的方法来研究化学运动和生命运动，发展起了量子化学、量子生物学等学科。在社会科学中，如阶级分析的方法、历史主义的方法等，也都是从社会科学理论转化而来的。

理论和方法的这种关系，说明了理论研究的现实意义。一切理论研究工作，都是为解决某种现实的问题而进行的。一旦我们运用研究所得到的理论解决了某种现实问题，这种理论也就转变为方法了。理论的能动作用，不仅表现在认识世界，而且更重要的是能够创造世界。能动的这两个方面，都根源于理论能够转变为方法，即认识的方法和实践的方法。为了发挥理论的这种指导作用，我们必须在这种转变的工作上下功夫。

理论和方法的这种统一，根源于人类认识运动的秩序。毛泽东同志指出，人类认识运动的秩序，经历着两个基本过程，一个是由特殊到一般，另一个是由一般到特殊。他说："人们总是首先认识了许多不同事物的特殊本质，然后才有可能更进一步地进行概括工作，认识诸种事物的共同本质。当前人们已经认识了这种共同的本质之后，就以这种共同的认识为指导，继续地向着尚未研究过的或者尚未深入地研究过的各种具体的事物进行研究，找出其特殊的本质，这样才可以补充、丰富和发展这种共同的本质的认识，而使这种共同的本质的认识不致变成枯槁的和僵死的东西。"② 这种共同的本质的

①《马克思恩格斯列宁斯大林思想方法论》，第1版，第208页，北京：人民出版社，1966。

② 毛泽东：《矛盾论（一九三七年八月）》，《毛泽东选集》第1卷，第2版，第310页，北京：人民出版社，1991。

认识所起的指导作用，其意义就是理论转变为方法。人类认识的这种秩序说明，理论和方法既互为目的，又互为手段，它们的互相转化，把人类的认识推向前进。

由此可见，一切科学理论本身，都是方法的理论基础，从这个意义上说，我们可以把一切科学理论都称为方法论。

马克思主义在哲学中所完成的变革之一，在于实现了唯物论和辩证法的结合。由于这种科学的结合，使唯物辩证法和辩证唯物论成为一个东西，从而也就否认了那种把世界观和方法论、本体论和认识论相分离的观点。毛泽东同志曾经论证过唯物辩证法是世界观和方法论的一致体。他说："世界本来是发展的物质世界，这是世界观；拿了这样的世界观转过来去看世界、去研究世界上的问题、去指导革命、去做工作、去从事生产、去指挥作战、去议论人家长短，这就是方法论，此外并没有别的什么单独的方法论。所以在马克思主义者手里，世界观和方法论是一个东西，辩证法、认识论、逻辑学，也是一个东西。"①。

这里所说的世界观，也就是本体论。在哲学历史上，本体论是关于存在的学说，其实，其他具体科学也是关于存在的学说，也属于本体论。物质本体论是最高层次的本体论，是关于存在的最高普遍性的学说。存在是多层次的，哲学上的"存在"范畴所反映的存在，是最普遍的"有"。次一级层次的存在，就是自然存在、社会存在、思维存在等，关于这三种存在的学说，也是三个不同的本体论。自然观、历史观、思维观就是这种本体论，它们也还具有一定世界观的意义。再低层次的具体科学本体论，因为它所研究的是个别存在，所以不具有世界观的意义。哲学本体论和科学本体论的关系，是一般与特殊的关系。

关于科学本体论，还须做补充的说明。在《论持久战》中，毛泽东同志对中日战争的分析，已经向我们表明具体科学同样是本体论和方法论的统一。

---

①《毛泽东著作专题摘编》上卷，第1版，第30页，北京：中央文献出版社，2003。

毛泽东同志在这本著作中，从中日战争双方的基本特点出发，研究了抗日战争的进程及其发展规律。它的叙述，分为两个部分，首先是说明“是什么”和“不是什么”，接着，就引出了“怎样做”和“不怎样做”这两部分的关系。实际上也是本体论和方法论的关系。毛泽东说：“以上说的都是说明为什么是持久战和为什么最后胜利是中国的，大体上都是说的‘是什么’‘不是什么’。以下将转到研究‘怎样做’和‘不怎样做’的问题上，怎样进行持久战和怎样争取最后胜利，这就是以下要答复的问题。”① 一切科学研究，都要回答这样两个方面的问题，首先是本体论的问题，即“是什么”和“不是什么”；其次是方法论的问题，即“怎样做”和“不怎样做”，因此，一切科学都是本体论和方法论的统一。

经过这样解释之后，我们现在所理解的本体论概念，比历史上的本体论概念更扩大了。一方面，这里所说的关于存在的学说，对象不只是物质实体，它还包含社会、思维的存在，从而使社会科学、思维科学都成了本体论；另一方面，本体论不仅指具有世界观意义的本体论，而且还指不具有世界观意义的各门具体的科学本体论。如果这个扩大的本体论概念是合理的话，那么，所谓单独存在的方法论也就不复存在了，它同时也就是本体论。一切科学都是本体论和方法论的一致体。

同本体论一样，方法论也应该区分为几个不同的层次。第一层次是哲学方法论，它与哲学本体论相对应。第二层次是哲学的三个分支学科，即自然方法论、社会方法论、思维方法论。第三层次是具体科学的方法论。这些具体科学的方法论，都不具有世界观的意义。

五、本体论、认识论、逻辑学、方法论的统一

上述的分析告诉我们，本体论、认识论、逻辑学和方法论四者是统一的。

① 毛泽东：《论持久战（一九三八年五月）》，《毛泽东选集》第2卷，第2版，第477页，北京：人民出版社，1991。

关于四者统一的结论，我们同黑格尔是一致的。但是，黑格尔对这种统一做了唯心主义的解释。它从思维和存在的唯心主义统一性出发，把概念的运动作为四者统一的基础，这就不得不把本体论又建立在逻辑学的基础上。人之所以认识世界，是概念的自我运动，因此，逻辑学同时又是认识论的基础。

在黑格尔的四者统一的思想中，贯穿着一个活生生的灵魂，这就是辩证法。黑格尔认为，逻辑学的真正任务，是阐述哲学的方法。他说："对于那唯一能成为真正的哲学方法的阐述，则属于逻辑本身的研究。"① 这个哲学的方法又是什么呢？它就是逻辑内容本身，是推动逻辑体系前进的概念的辩证本性。所以，黑格尔指出："从这个方法与其对象和内容并无不同看来，这一点是自明的；——因为这正是内容本身，正是内容在自身所具有的，推动内容前进的辩证法。"② 逻辑学要研究辩证法，而辩证法又是概念的运动本身，所以辩证法也就是逻辑学本身的内容。由此可见，辩证法就是逻辑学，这是不证自明的。不仅如此，从存在是概念的外化这种关系来说，概念的辩证法又是存在的辩证法。黑格尔说："辩证法是现实世界中的一切运动、一切生活、一切事业的推动原则。"③

对存在的辩证法的阐述，是本体论的任务，所以，辩证法就是本体论这一点也是不言而喻的。最后，关于认识的发生和发展的学说，同样是关于辩证法的学说。因为在黑格尔看来，人们在现实世界中所得到的认识，正是这个世界的思想内容，它就是概念运动的辩证法。黑格尔说："辩证法又是知识范围内一切真正科学认识的灵魂"④，这样，辩证法也就是认识论，这自然也是毋庸置疑的。可见，本体论、认识论、逻辑学和方法论之所以是统一的，

①[德]黑格尔：《逻辑学》下卷，第1版，杨一之译，第36页，北京：商务印书馆，2001。

②[德]黑格尔：《逻辑学》下卷，第1版，杨一之译，第37页，北京：商务印书馆，2001。

③[德]黑格尔：《小逻辑》，第1版，贺麟译，第177页，北京：商务印书馆，1981。

④[德]黑格尔：《小逻辑》，第1版，贺麟译，第90页，北京：商务印书馆，1981。

就在于辩证法。黑格尔由此得出结论：“自然世界和精神世界的一切特殊领域和特殊形态，也莫不受辩证法的支配。”[①]辩证法是一切自然事物和精神事物的真正的基础，是使本体论、认识论、逻辑学和方法论成为统一的共同的灵魂。阐述本体论、认识论、逻辑学和方法论的四者统一，是黑格尔的伟大思想成果，是人类思想史上的一个丰碑。所以，列宁指出：“黑格尔的逻辑学的总结和概要、最高成就和实质，就是辩证的方法——这是绝妙的。”[②]

本体论、认识论、逻辑学和方法论统一于辩证法这个共性之中。这个优秀思想成果已被马克思主义哲学所继承。恩格斯在批判黑格尔唯心主义四者统一观时，指出：“这种意识形态上的颠倒是应该消除的。我们重新唯物地把我们头脑中的概念看作现实事物的反映，而不是把现实事物看作绝对概念的某一阶段的反映。这样，辩证法就归结为关于外部世界和人类思维的运动的一般规律的科学，这两个系列的规律在本质上是同一的，但是在表现上是不同的，这是因为人的头脑可以自觉地应用这些规律，而在自然界中这些规律是不自觉地、以外部必然性的形式、在无穷无尽的表面的偶然性中实现的，而且到现在为止在人类历史上多半也是如此。这样，概念的辩证法本身就变成只是现实世界的辩证运动的自觉的反映，从而黑格尔的辩证法就被颠倒过来了，或者宁可说，不是用头立地而是重新用脚立地了。”[③]因此，在辩证唯物主义看来，本体论、认识论、逻辑学和方法论的统一根源于客观辩证法和主观辩证法的统一。客观辩证法是第一性的，它由本体论所研究；主观辩证法是第二性的，是客观辩证法的反映，认识论、逻辑学和方法论就是关于主观辩证法的学说。这四门科学都是关于辩证法规律的学说，它们在本质上是同一的，贯穿着辩证法的本性，在表现上是不同的，各有自己的特殊形态。

---

①[德]黑格尔：《小逻辑》，第1版，贺麟译，第179页，北京：商务印书馆，1981。

②[俄]列宁：《哲学笔记》，《列宁全集》第38卷，第253页，北京：人民出版社，1984。

③[德]恩格斯：《路德维希·费尔巴哈和德国古典哲学的终结》，《马克思恩格斯选集》第4卷，第2版，第243页，北京：人民出版社，1995。

作为一般形态，辩证法是关于自然界、人类社会和思维的运动和发展的一般规律的科学，是对这四门特殊形态的辩证法科学的进一步概括。

列宁最先提出的《资本论》中逻辑、辩证法和认识论的同一的思想，指出：“虽说马克思没有留下‘逻辑’（大写字母的），但他留下了‘资本论’的逻辑，应当充分地利用这种逻辑来解决这一问题。在‘资本论’中，唯物主义的逻辑、辩证法和认识论（不必要三个词：它们是同一个东西）都应用于同一门科学。”[①]就是说，马克思没有留下大写字母的逻辑学，而留下了《资本论》的逻辑学，说明大写字母的逻辑学同《资本论》的逻辑学不是同一个东西。但是，在《资本论》中，逻辑学、辩证法和认识论是同一个东西，它是大写字母的逻辑学、辩证法和认识论在《资本论》中的具体应用。大写字母的逻辑学和《资本论》的逻辑学的关系，是基础理论和应用理论的关系。同样，对于本体论和认识论，也有大写字母的和《资本论》的两种形态，它们之间的关系也是基础理论和应用理论的关系。关于大写字母的辩证法，是辩证法的一般形态。它同大写字母的本体论、逻辑学和认识论的关系，是一般和个别的关系。就大写字母的本体论、逻辑学和认识论来说，虽然它们都具有辩证法这一本性，但它们又是辩证法的特殊形态，是三个不同的东西。可是，由于都应用于《资本论》，三者就融合为一个浑然一体的东西了。因此，对于《资本论》中的这三门科学来说，不必要三个词，它们是一个东西。我们只要用一个词来表达它，这个词就是《资本论》的辩证法，也就是《资本论》中的不带大写字母的本体论、认识论、逻辑学和方法论。

由此可见，本体论、认识论、逻辑学和方法论的统一，有两种形式，一种是抽象的统一，另一种是具体的统一。大写字母的本体论、认识论、逻辑学和方法论是一般理论形态，是离开了现实对象的抽象规定，它们的统一是四者的统一，而不是同一的一个东西。这种同一是抽象的同一，其基础是共性，即辩证法。当把这四门科学同时应用于同一门科学时，抽象的理论形态便回

①[俄]列宁：《哲学笔记（1895—1996年）》，《列宁全集》第55卷，第2版，第290页，北京：人民出版社，1990。

到了现实的具体对象中，这四门科学就从大写字母的科学转化为不带大写字母的科学了。这时，四者的同一就成为具体的同一，成为一个浑然一体的理论体系，再也不能把它们分开了，它们是同一个东西，不必要四个词。每一门具体科学都是这样的“四者的同一”，它既是辩证法的应用，是一门特殊的辩证法科学，同时又是不带大写字母的本体论、认识论、逻辑学和方法论。这个浑然一体的理论体系，是一般和个别的同一，抽象和具体的同一，其本身包含着普遍、特殊和个别的具体丰富性，体现了辩证法是认识论、逻辑学，同时也就是本体论和方法论。

六、马克思主义本体论公理

一提起公理，学术界有些人为什么会直摇头呢？因为，第一，他们不承认马克思主义还有什么本体论，只有在资产阶级的词典里，才会查到“本体论”这个词；第二，他们更不承认马克思主义是一个公理化体系，也不应该是一个公理化体系。其实，这种观点是不正确的。此外，也有一些人正是根据这一点，认为马克思主义还停留在经验论的水平上。如实说来，这些意见都是不能接受的。

让我们从物质和运动的关系说起吧。

为什么物质会有运动？形成运动的终极原因是什么？这是哲学史上长期争论不休的问题。要彻底地回答这个问题，同证明世界的统一性在于它的物质性这一原理一样，需要哲学和自然科学的长期发展。

物质为什么会运动的问题，就是物质和运动的不可分割性的问题。对于这个问题的论证，传统的方法，就是归纳法。它论证说：到目前为止，人类还没有发现一样东西是处于绝对静止状态之中的。没有一样东西不处在运动中，一切静止都是相对的。因此，运动是绝对的，物质与运动是不可分割的。这种论证，显然是有力量的。但是，归纳法所得到的结论并不带有必然性，它只具有或然的意义。因为，过去和现在的经验都证明物质都是运动着的，它不能保证未来的经验也必定如此，这就是经验不能充分证明必然性的道理。

归谬法也是一种有力的论证。当杜林提出物质的绝对静止的自身等同状态时，恩格斯就以归谬法加以反驳。恩格斯说："如果世界曾经处于一种绝对不发生任何变化的状态，那么，它怎么能从这一状态转到变化呢？绝对没有变化的，而且从来就处于这种状态的东西，不能由它自己走出这种状态而转入运动和变化的状态。因此，必须从外部、从世界之外来一个第一推动，才会使世界运动起来。可是大家知道，'第一次推动'只是代表上帝的另一种说法。杜林先生在自己的世界模式论中假装已经干干净净地扫除了上帝和彼岸世界，在这里他自己又把二者加以尖锐化和深化，重新带进自然哲学。"①很明显，这里的论证，是以承认"第一次推动和上帝是存在的"命题是错误的为前提的。如果杜林从绝对不动的状态这个前提出发，必然会导致对"第一次推动"和"上帝"的存在的承认。但是，"第一次推动和上帝是存在的"命题是错误的，所以，杜林对绝对不动的自身等同状态的承认，是根本错误的。显然，恩格斯用来作为前提的东西，即"第一次推动和上帝是存在的"命题，对于唯物主义来说，是不容置疑的。但是，对于一些唯心主义者和宗教徒来说，是持有根本对立的态度的。就是说，作为前提的东西本身，仍然是需要证明的。但是，归谬法本身不能给出这种证明，要实现这种证明，只能诉诸实践和经验。可是，前面提到的归纳法已经告诉我们，经验不能充分地证明必然性。这是一个矛盾。正是这个矛盾，规定着人类认识的本性。

归谬法是演绎法的一种形式。任何演绎体系总是要从几个定义、公理、公设出发，根据正确的逻辑规律而建立起来的。这些作为前提的定义、公理、公设，既不能靠演绎法本身获得，又不能靠演绎法本身加以证明。它们的获得，依赖于经验、实验，甚至依赖于人类长期实践中积累起来的直观，这就使这些从实践检验中总结出来的定义、公理、公设，具有不证自明的性质。它是无须证明的。就是说，长期的经验已经说明它们的真实性，再也用不着

①[德]恩格斯：《反杜林论》，《马克思恩格斯选集》第3卷，第2版，第393页，北京：人民出版社，1995。

以演绎的方法来加以推论而重新得到它们。相反，它们却可以作为新的演绎的出发点和原始前提。

对于物质和运动的不可分割的结论，我们不仅需要做归纳证明，同时也需要做演绎证明。这样一来，作为出发点和原始前提的东西，即几个具有公理性质的命题，作为进一步推论的起点，就是绝对必需的了。这种观点，并不是什么新创造。恩格斯早已做出这种努力了。在论证物质和运动的不可分割的时候，恩格斯说："我们所面对的整个自然界形成一个体系，即各种物体相互联系的总体，而我们在这里所理解的物体，是指所有物质的存在，从星球到原子，甚至直到以太粒子。如果我们承认以太粒子存在的话。这些物体是处于某种联系之中，这就包含了这样的意思：它们是互相作用着的，而这种相互作用就是运动。由此可见，没有运动，物质是不可想象的。其次，既然我们面前的物质是某种既有的东西，是某种既不能创造也不能消失的东西，那么由此得出的结论就是：运动也是既不能创造也不能消失的。只要认识到宇宙是一个体系，是各种物体相联系的总体，就不能不得出这个结论。"①

恩格斯的这一段论证，采用了以下几个基本前提：

第一，物体是物质的物体，是某种既有的东西，即既不能创造也不能消失的东西；

第二，这些物体处于相互联系中，正是这种相互联系，使整个自然界构成一个总体；

第三，相互联系就是相互作用，而正是这种相互作用构成了运动。

从这三个前提出发，恩格斯必然地得到了两个结论：

第一，物质和运动是不可分割的，就是说，物质没有运动是不可想象的；

第二，运动是不能创造和不能消失的。既然物质与运动是不可分割的，物质又是既不能创造也不能消灭的，那么，运动也是既不能创造又不能消灭的。

这样，恩格斯就回答了物质为什么会有运动的问题。

---

①[德]恩格斯：《自然辩证法（节选）》，《马克思恩格斯选集》第4卷，第2版，第347页，北京：人民出版社，1995。

恩格斯对物质和运动的不可分割的这种论证，实际上提出了马克思主义本体论的公理问题。这些公理是不证自明的，是建立马克思主义本体论的基本前提和出发点。

在历史上，本体论被称作关于存在的学说。它要回答的基本问题是：存在着的是什么？它是怎样地存在着的，是否处于联系和发展中？这就是世界的本原和发展问题。对这些问题，可以做出唯物主义的解答，也可以做出唯心主义的解答；可以做辩证法的解答，也可以做形而上学的解答。到底以哪种形式回答这些问题，取决于各种哲学派别对哲学基本问题的不同解决方法。如果坚持物质第一性，意识第二性的立场，那么，由此建立起来的本体论，就是唯物主义的本体论。从相反的前提出发所建立起来的本体论，只能是唯心主义的本体论。旧唯物主义本体论的基本特征，是它的形而上学性质，它的第一个缺陷，是把本体看作绝对不变的实体。黑格尔把辩证法应用于本体论，揭示了存在（自然界和社会）的运动和发展的规律，但是，黑格尔把概念看作存在的本质，所以，他的本体论又是唯心主义的。形而上学本体论的第二个缺陷，是它对最初本原的追求，企图去寻找一种原始物质，以说明世界的统一性。马克思主义改造了旧唯物主义的本体论，又扬弃了黑格尔辩证唯心主义的本体论，既否认了对原始物质、最初本原的追求，又把唯心辩证法颠倒了过来，把它建立在唯物主义的基础上，使它成为关于现实世界的辩证法学说。所以，马克思主义并没有否定一般的本体论，只是否定了两种特殊的本体论，即形而上学和唯心主义的本体论，创立了马克思主义的新本体论，它就是关于客观世界的存在和发展的学说，即客观辩证法。所以，唯物辩证法就是马克思主义本体论。

从唯物辩证法就是马克思主义本体论的立场出发，到底什么是本体论的公理呢？应该有以下三条：

第一公理：物质是客观存在

一切唯物主义的基本前提，都是承认物质的客观实在性。物质是既有的东西，既不能创造，也不能消灭。列宁在辩证法的要素中，把观察的客观性作为第一个要素，并指出："不是实例，不是枝节之论，而是自在事物本身。"[①]这里，同样要以"自在之物"的客观存在为前提，离开这个前提，就不会有唯物主义。可是，能否用演绎法来证明这个自在之物的客观实在性呢？不能。"物质是客观实在"这个命题，本身就具有不证自明的性质。为什么呢？因为千百万群众的实践表明，实践的物质对象都是不依赖于人的意识而独立存在着的。毛泽东同志在延安讲哲学时，分析了唯物论发生和发展的根源，指出：人类在长期的生产实践中，同周围的自然界接触，作用于自然界，变化着自然界，造衣食住用的东西，使之适合于人类的利益，使人类深信物质是客观地存在着的。同样，阶级斗争和科学史的实践也具体地告诉人们，物质的客观存在是唯物论的基础。列宁在说明唯物主义认识论的基本前提时，也阐述了实践向人们提供"物质是客观实在"的认识。他说："物是不依赖于我们的意识，不依赖于我们的感觉而在我们之外存在着的。因为，茜素昨天就存在于煤焦油中，这是无可怀疑的；同样，我们昨天关于这个存在还一无所知，我们还没有从这茜素方面得到任何感觉，这也是无可怀疑的。""千百万个类似在煤焦油中发现茜素那样简单的例子，千百万次从科学技术史中以及从所有人和每个人的日常生活中得来的观察，都在向人表明'自在之物'转化为'为我之物'；都在表明，当我们的感官受到来自外部的某些对象的刺激时，'现象'就产生，当某种障碍物使得我们所明明知道是存在着的对象不可能对我们的感官发生作用时，'现象'就消失。由此可以得出唯一的和不可避免的结论：对象、物、物体是在我们之外、不依赖于我们而存在着的，我们的感觉是外部世界的映象。这个结论是由一切人在生动的人类实践中作出来的。唯物主义自觉地把这个结论作为自己的认识论的基础。"[②]可见，物质是客观实在，它独立于我们意识之外，这是不证自明的。这种不证自明

①[俄]列宁：《辩证法的要素（1914年9—12月）》，《列宁选集》第2卷，第3版，第411页，北京：人民出版社，2012。

②[俄]列宁：《唯物主义和经验批判主义》（单行本）第2卷，第1版，第96、97页，北京：人民出版社，2015。

性是从哪里来的呢？它“是由一切人在生动的人类实践中作用出的”。这就是马克思主义本体论的第一公理。

第二公理：差异的内在发生

只有物质的客观实在性，还不能完全地排除物质的没有差异的自我等同状态。如果没有差异，就不会有相互联系和相互作用，因而也不会有运动和变化了。所以，重要的还是差异的内在发生。恩格斯在批判形而上学的抽象统一性时，发展了黑格尔关于“同一性自身包含着差异性”的思想，提出了“真正的具体的同一性包含着差异和变化”的命题，说明世界上没有一样东西是自身等同的，因为同一性中包含有变化；世界上也没有两样东西是完全等同的，因为同一性中包含有差异。差异的内在发生，这是一条不证自明的公理，它的正确性也是建立在千百万群众实践的基础之上的。

有了差异的东西，才会有在时间和空间上的联系。抽象同一的东西，是无所谓联系的。只有是具体同一的事物，联系才是必然的和普遍的。列宁在谈到黑格尔《逻辑学》中“区别的联系的必然性及其内在发生必须在事情本身的研讨中表现出来”时，做了如下的摘要[①]：

因此，黑格尔提出两个基本要求：

（1）联系的必然性；

（2）差异的内在发生。

非常重要！！据我看来，就是下面的意思：

（1）某个现象领域里的一切方面、力量、趋向等的必然联系、客观联系；

（2）“差别的内在的发生”，是差别、两极性的进展和斗争的内部客观逻辑。

同一中包含有差异，它的进展就是对立和斗争，有了差异的内在发生这一条本体论公理，矛盾的普遍性才能得到论证。因为在一切同一中都包含有差异，在一定条件下差异就是矛盾，因而有对立和斗争。从这里，就可以引

①[俄]列宁：《黑格尔〈逻辑学〉一书摘要》，《列宁全集》第38卷，第95—96页，北京：人民出版社，1986。

申出辩证法的核心和实质，以及其他的一切辩证法的内容。

第三公理：联系的必然性

如果以孤立的观点看问题，承认了差异，不一定就必然地承认联系。因此，还要有本体论的第三公理，即相互联系的普遍性、必然性。列宁在上述笔记中强调“一切”现象的“必然”联系，说明相互联系不是个别的现象，而是普遍的现象；它不是偶然的，而是必然的。这也是经验所提供的不证自明的真理。什么是相互联系？所谓相互联系，也就是相互作用。恩格斯说：“相互作用是我们从现今自然科学的观点出发在整体上考察整个运动着的物质时首先遇到的东西。我们看到一系列的运动形式，机械运动、热、光、电磁、化合和分解、聚集状态的转化、有机的生命，如果我们暂且把有机的生命排除在外，那么，这一切都是互相转化、互相制约的，在这里是原因，在那里就是结果，运动尽管有种种不断变换的形式，但是运动的总和始终不变。”① 为什么会有运动呢？其原因就是相互作用。各种实体之间的相互作用，以及各种运动形式之间的相互作用，其中发出作用的是原因，接受作用的是结果。这样，就产生了相互制约和相互转化。原因产生结果，结果转化为原因，事物的一切变化，都是由这种相互联系、相互作用所造成的。所以，相互作用构成了运动。如果进一步追问，相互作用又是怎样造成的呢？恩格斯回答说：“自然科学证实了黑格尔曾经说过的话（在什么地方？）：相互作用是事物的真正的终极原因，我们不能比对这种相互作用的认识追溯得更远了，因为在这之后没有什么要认识的东西了。”②

黑格尔的话同斯宾诺莎所说的“实体是自身原因”是完全一致的。实体是自身原因，也就是相互作用是终极原因的意思。就是说，运动的原因，不是在实体的外部，而是在实体的内部，这就是它们之间相互作用。因果关系也只有从相互作用的立场出发，才能得到理解。

①[德]恩格斯：《自然辩证法》（单行本），第1版，第96页，北京：人民出版社，2015。

②[德]恩格斯：《自然辩证法》（单行本），第1版，第96页，北京：人民出版社，2015。

马克思主义本体论公理，是建立辩证唯物主义理论体系的出发点和基本前提。这三条公理告诉我们，物质是独立于意识之外的客观实在，物质与运动是不可分割的。从这些原理出发，我们可以制定运动的概念及其定义，这就是，运动是物质的固有属性和存在方式，在一般意义上说，它就是世界上所发生的一切变化和过程。有了运动的概念以后，我们可以用它来制定时间和空间的概念。于是，我们就可以把时间定义为运动的持续性，把空间定义为运动的广延性。时间和空间的概念以扬弃的形式，把运动的概念包括到自身中了。根据物质和运动的关系，以及运动与时间、空间的关系，我们可以论证运动是与物质不可分割的，时间和空间又是与运动不可分割的，因而时间和空间也是与物质不可分割的。所以，时间和空间是物质的存在形式。由于物质具有客观实在性，因而时间和空间也具有客观实在性。物质、运动、时间和空间的这种关系，不仅在自然领域是如此，在人类社会中也是如此，它反映了自然观和历史观的统一。

由于差异是内在的、必然发生的，因此，矛盾的存在无疑是普遍的。如同相互联系的普遍性一样；同样由于差异的绝对性，使一切矛盾都带上了各自的特殊性，这就是矛盾的普遍性和特殊性的统一。“具体的同一性包含有差异和变化”的概念，蕴含着矛盾的斗争性存在于同一性之中，同一性包含有斗争性的思想。这就是矛盾的同一性和斗争性的统一。这样从本体论公理出发，我们就可以获得对立统一规律的全部内容，从而说明物质运动及其相互转化，有关内部的原因。运动可以从一种形式转化为另一种形式。在这些转化的过程中，不仅对立统一规律是一条基本规律，而且从对立统一规律中，可以引申出辩证法的其他规律和非基本规律，从而使辩证法的体系成为科学的完备的体系。同样地，这里所说的辩证法，不仅是自然界发展的辩证法，同时也是人类社会发展的辩证法。

有了上述两个方面的演绎结果，世界的物质统一性，也就自然而然地得到了说明。这里的关键是物质运动及其相互转化。既然物质的各种运动形式是可以相互转化的，那么，各种特殊形式的运动，也就不过是同一运动在不同场合下的不同表现而已，这就是运动的统一。同样，各种物质形态的转化，说明了这种统一的物质性。由于运动形式和物质形态的相互转化，自然界物质的发展，从物理运动中产生出化学运动，从化学进化中产生出生命现象。随着生物的进化，出现了高等动物和工具的发明使用，在社会劳动中出现了人类。于是，从自然物质中分化出高度发展的大脑，产生了人类意识。由此，世界的统一性，由物质的运动及其转化，得到了很好的说明，它向人证明：世界的统一性在于它的物质性。

这就是从本体论公理出发，建立辩证唯物主义的一个梗概，这是马克思主义本体论（关于自然界和人类社会的存在和发展的学说）的理论体系，是自然观和历史观的综合。多年来，学术界对马克思主义哲学体系的改造，进行了各种有益的探索。本体论公理的研究，正是企图建立马克思主义哲学的演绎体系的努力，它为这个演绎体系的建立，提供了一个出发点，为辩证逻辑的方法应用于马克思主义哲学体系的研究，提供了前提条件。

第三章 马克思主义物质论

一、人类认识物质的历史阶段

科学地界定物质范畴，是唯物主义理论的基础工作。这个范畴是否获得正确的规定，对其他范畴有着决定性的影响。因此，一切唯物主义理论都把物质范畴的制定，提到首要的位置。

自古以来，人类对物质的认识，始终沿着两条既有区别又有联系的线索发展。第一条线索是从世界万物的多样性和统一性的关系中认识物质；第二条线索是从物质和意识的关系中认识物质。第一条线索属于本体论问题，第二条线索属于认识论问题。由于对这些关系的不同认识，使物质范畴的发展，经历了三个不同的阶段，这就是，古代的“有形物”阶段，近代的“实体”阶段和现代的“客观实在”阶段。

1.“有形物”的物质范畴阶段

人们认识事物，面对着自然体系，首先遇到的是，万事万物，多种多样，丰富多彩，这就是世界的多样性，只看到多种多样的事物，还不算认识了多样性，要认识这种多样性，必须找出它们之间的联系，也就是它们的统一性。多样性和统一性，就是古代人们在认识世界时首先遇到的一对范畴。对多样性中的统一性的探索，就提出了世界的本原问题。物质范畴的提出，最初起源于对世界本原的认识。古代的希腊和中国，不少哲学家都把世界的统一性归结为某种有形的具体物质形态，企图在现实世界的多样性中寻找一种共同的本原，即万物的基质或始基。在我国古代，曾有人认为万物都由金、木、水、火、土这五种物质构成。他们说："以土与金木水火杂，以称百物。"（《国语·郑语》）汉代哲学家王充则提出了一切事物都是从"气"中产生的思想，由此形成了带有古代中国特色的唯物主义元气论学说。古希腊的唯物主义者，提出水、火或空气是物质世界的本原等主张。赫拉克利特认为万物的本原是永远在燃烧着又熄灭着的火。他说"一切事物都换成火，火也换成一切事物，正像货物换成黄金，黄金换成货物一样"①。所有这些，都是从第一条线索，即从世界的多样性和统一性的关系中来探索物质范畴的。虽然在不同的哲学家那里，都可以找到自己的不同的本原（基质或始基），但这些所谓的"基质"或"始基"，具有一个共同的特征，那就是：它们都是有形体的物质，是一种或几种物质的具体形态。我们把物质范畴的这种认识阶段，叫"有形物"阶段。这个认识阶段的思维特点，是直接的直观。人们看到了世界上万事万物的联系，但是，由于缺乏抽象的能力，还不能从个别事物中看出普遍性时，就把具有某种个别形态的物质，同各种物质的个别形态的共性等同起来，没能把个别上升为一般，概括出一般的物质范畴。因此，在物质和物质形态的关系上，只能把个别的物质形态等同于物质，离开了个别和一般的相互关系的辩证法。

在"有形物"的认识阶段中，古代的希腊和中国，都提出了原子是不可再分的最小的物质粒子的概念，尤其是古希腊的著名唯物主义哲学家德谟克利特认为，一切事物都是由细小的、没有性质差别的原子，因排列组合的方式不同而产生的。因此，原子也就成为物质的标志，成为一种组成万物的原始物质，它也就是世界的本原。原子的概念比具体有形物的概念具有较高的抽象性。它不再是某种事物形态，而是一种最原始的物质形态。可是，这种概念还只是一种猜测，并没有科学的根据，它的获得仍然是直观的结果，反映了对物体有限分割的日常经验的认识。把原子看作万物的本原，实际上是把它提高到物质的一般概念水平，它仍然属于"有形物"的认识阶段。

① 北京大学哲学系外国哲学史教研室：《古希腊罗马哲学》，第1版，第5页，北京：生活·读书·新知三联书店，1957。

古代哲学，由于追求世界的本原，最初仅限于本体论的研究，未曾把物质和精神的对立提到研究的日程上来。大约在公元前5世纪，希腊哲学家巴门尼德提出了存在的概念，在人类认识物质的道路上，迈出了积极的一步。他说："存在物存在，在这条途径上有许多标志表明，因为它不是产生出来的，所以也不会消灭，完整、唯一、不动、无限"[①]，表明了人类抽象思维能力的提高，这就提供了探讨存在与思维之间关系的可能性，从而开拓了研究物质范畴的第二条途径。巴门尼德说："思维与存在是同一的。"据策勒尔和柏奈特的考订，这句话的意思是："能够设想的东西与能够存在的东西是同一的。"从思维与存在的关系中进一步规定物质范畴的内涵，就开始了是物质第一性，还是精神第一性的争论。唯物主义者把人的肉体看作是第一性的，把灵魂看作是第二性的，也是对物质和精神关系问题的一种特殊形式的回答。后来，柏拉图以"理念"代替"存在"，发展了唯心主义的物质观。

亚里士多德在批判柏拉图的理念论的过程中，提出了最初的物质范畴，即"实体"的概念。他在《范畴篇》中认为："实体，就其最真正的、第一性的、最确切的意义而言，乃是那不可能用来述说一个主体，又不存在于一个主体里面的东西，例如某一个别的人或某匹马。但是，在第二性的意义之下作为'属'而包含着第一实体的那些东西，也称为实体，还有那作为'种'而包含了'属'的东西，也称为实体。例如，个别的人是包括在'人'这个'属'里面的，而这个'属'所属的'种'，乃是'动物'；因此，这些东西就是说，'人'这个属和'动物'那个'种'都被称为第二实体。"[②]亚里士多德把个别物体叫第一实体，认为它是第一性的，开始摆脱了以某种个别的物质形态，如水、火等做本原的思想。同时，他又把"属""种"叫第二实体，认为它是第二性的，只能存在于个别事物之中，两种实体相比较，最主要的还是指个别实体，这就说明，他的实体概念还没有完全离开"有形

① 北京大学哲学系外国哲学史教研室:《古希腊罗马哲学》, 第1版, 第52页，北京：生活·读书·新知三联书店，1957。

② 北京大学哲学系外国哲学史教研室:《古希腊罗马哲学》, 第1版, 第309页，北京：生活·读书·新知三联书店，1957。

物”的特征，所以，仍然属于物质范畴的第一认识阶段。但是，在《形而上学》中，亚里士多德又提出了三种“实体”：质料、形式和个别事物。质料是构成个别事物的基质，形式是一般决定个别事物的本质。他认为，一般的形式存在于一般事物之中，这是正确的，反对了一般存在于个别之外的唯心主义观点。但是，他又认为，一般形式先于个别事物存在，这倒是错误的了，从而导致了唯心主义的立场。亚里士多德的实体概念，对物质范畴的发展，起到了承上启下的作用，是从古代的“有形物”的物质范畴上升到近代的“实体”的物质范畴的一个过渡阶段。

2.“实体”的物质范畴阶段

实体这个范畴，在哲学史上曾有过各种不同的意义，可以对它做唯物主义的解释，也可以做唯心主义的解释。亚里士多德的实体概念也还是这样。当把实体看作个别事物时，他对实体做了唯物主义的解释；当把实体看作一般形式时，他对实体做了唯心主义的解释。到了近代，随着抽象思维能力的提高，片面地发展了实体的一般概念，把它看作脱离个别事物的一般本质。笛卡尔对实体作了二元论的表述，提出了三个实体的概念：一个是绝对的实体，即上帝；在上帝之下，还有精神实体和物质实体。物质实体的主要特征是它的广延性。这种实体的概念对物质范畴的发展，产生了积极的影响。但是，笛卡尔又承认存在着与物质实体相平行的精神实体，这显然是不正确的。霍布斯反对笛卡尔的二元论，否认上帝是创造万物的实体，只承认物质实体才是唯一的实体。他说：“物体是不依赖于我们思想的东西，与空间的某部分相合或具有同样的广袤。”[①]实体存在于思想之外，本身具有空间的广袤性。这种唯物主义的观点，在斯宾诺莎那里又得到了进一步发展。他扬弃了笛卡尔的精神实体和物质实体相分离的学说，将精神的广延统一于物质实体，把它们看作实体的两个基本属性，从而构成了一元论的实体概念。他把神、自然、实体看作是同一个东西，即物质。他说：“第一，神是唯一的，也就是说，

① 北京大学哲学系外国哲学史教研室：《16—17世纪西欧各国哲学》，第1版，第83页，北京：商务印书馆，1975。

宇宙间只有一个实体，而且这个实体是绝对无限的；第二，广延的东西和思维的东西，如果不是神的属性，必定是神的属性的分殊。”[①]所谓神或实体，就是整个自然界。除实体之外，斯宾诺莎还提出了“样态”的概念，它是实体的特殊形态，即实体所表现出来的个别事物，而且，实体是先于它的样态的，实体是单一的、无限的、不生不灭的，样态是杂多的、有限的、有生有灭的。他说：“物质到处都是一样的，除非我们以种种方式对物质作歪曲的理解，物质的各个部分并不是彼此截然分离的，换言之，就物质作为样态而言，是可分的，但就物质作为客体而言，则是不可分的。”[②]

就是说，样态是特殊，实体则是一般；样态是现象，实体则是本质；样态是有限，实体则是无限；等等。这种关于实体和样态之间关系的思想，虽然包含有合理的成分，但由于斯宾诺莎把实体和样态分割开来，把实体看成是脱离个别事物而存在着的东西，从而使实体成为完全脱离感性存在物而独立存在的一种抽象本质，这就产生了近代形而上学唯物主义者把实体看作“物的不变的实质”的基本思想。所以，马克思称斯宾诺莎的实体为“形而上学地改装的、脱离人的自然”，这是完全正确的。

从同样态的关系中来规定实体，属于本体论的问题。在近代除这条线索外，同样还有第二条线索，即在物质和精神的关系中来规定物质。霍布斯所说的“物体不依赖于我们思想的东西”，就是认识论上提出的问题。18 世纪法国唯物主义者霍尔巴赫对物质和意识关系问题的认识，已经逐步接近辩证唯物主义了。他认为：“物质一般地就是以任何一种方式刺激我们感官的东西。”[③]他还指出：“感官乃是这种被触动的特殊形式，专门属于有活力的物体的某些器官，是被作用于这些器官的物质的东西的出现而引起的。这些

①[荷兰]斯宾诺莎：《伦理学》，第 1 版，第 13—14 页，北京：商务印书馆，1958。

②[荷兰]斯宾诺莎：《伦理学》，第 1 版，第 17 页，北京：商务印书馆，1958。

③[法]霍尔巴赫：《自然体系》上卷，第 1 版，第 75 页，北京：商务印书馆，1977。

器官的运动或震动便自行传达于脑。”[①] 在霍尔巴赫看来，物质是第一性的，意识是第二性的，是感官对物质的作用所产生的反映。近代唯物主义者已经在认识论上揭示了物质的两个方面的特性：它独立于意识之外，它可以被人们所认识。

综合这两条线索，近代唯物主义哲学的“实体”范畴，既表述了物质第一性的意义，同唯心主义划清了界限；又表述了“实体与样态”，即物质和意识之间的一般和个别的关系，把实体看作离开个别事物而存在的一般本质，反映了它的形而上学性。由于这种实体概念的形成和发展，使对物质的认识，由现象深入到本质，探求现象背后的原因。因此，从古代的“有形物”发展到近代的“实体”概念，是物质范畴发展的一个重要里程碑。黑格尔在评价斯宾诺莎的“实体”概念时指出：“虽说实体是理念发展过程中的一种重要阶段，但还不是理念本身，不是绝对理念，而是尚在被限制的必然性的形式里的理念。”[②]

在这里，黑格尔把实体看作是理念发展的一个重要阶段。这当然是他的唯心主义理念论的必然结论。列宁对其观点进行了改造，认为人类对自然界和物质认识的发展过程中的重要阶段。”[③]

把实体作为物质范畴的发展阶段，正确地反映了人类认识物质的历史，这个阶段的特征，就在于它的抽象性，实体被看作是“绝对不变的实质”，虽然这在带有形而上学性方面，是比古代的认识退步了，但是，就抽象思维能力方面而言，又是一种进步。不过，把实体看作脱离个别事物的本质，认为物质可以离开物质形态而独立存在，这显然违背了一般和个别关系的辩证法。自然科学的发展，证明了这种认识的错误和危害。19世纪末和20世纪初，放射性和电子的发现，突破了机械唯物主义的物质概念，否认了对“绝对不变的实质”的承认，唯心主义者于是乘机发起了对唯物主义物质概念的攻击，

①[法]霍尔巴赫：《自然体系》上卷，第1版，第95页，北京：商务印书馆，1977。

②[德]黑格尔：《小逻辑》，第1版，贺麟译，第313—314页，北京：商务印书馆，1981。

③《列宁全集》第38卷，第167页，北京：人民出版社，1984。

提出“物质消失了”的错误结论，在自然科学界和哲学界引起了很大的思想混乱，出现了物理学上的“危机”，迫切要求把形而上学的物质范畴提升到辩证唯物主义的高度。

3. “客观实在”的物质范畴阶段

古代“有形物”的物质范畴，虽然有明显抽象不及的缺陷，但带有真理的特点，表明了物质是一种感性存在物。这是古代的物质范畴比近代的物质范畴更为优越的地方。近代的“实体”概念，发展了抽象的方面，从而把直观性弃之不顾，把实体看作脱离个别事物的基质、本质，犯了抽象过度的错误。但它深入到了事物的内部，抓住了共性。这又是它比古代物质范畴进步的地方。所以，“有形物”的物质范畴和“实体”的物质范畴，是人类认识物质的两个基本的逻辑阶段，是人类认识自然界的思想史上的两个重要里程碑，成了辩证唯物主义物质范畴产生的基本思想来源。

19 世纪中叶，自然科学和社会科学都发展到了新的阶段，马克思、恩格斯依据新的科学成果，对什么是物质的问题作了崭新的概括。恩格斯说：“物、物质无非是各种物的总和，而这个概念就是从这一总和中抽象出来的。”又说：“‘物质’和‘运动’这样的名词无非是简称，我们就用这种简称把感觉可感知的许多不同的事物依照其共同的属性概括起来。”[①]

在这里，恩格斯明确地把个别实物和实物的总和这两项，既联系起来，又区别开来。把物质的特殊属性和共同属性，也既联系开来，又区别开来。他认为：“物质”这个范畴所标志的是物质的共同属性，而不是物质的个别形态和个别属性。但是，物质又不能离开个别实物而独立存在，它又是实物的总和。恩格斯对物质范畴的这种规定，延续了从古代开始的人类对物质认识的第一条线索，即在世界的多样性和统一性的关系中来规定物质范畴，从而产生了物质不仅独立于人们的感觉之外，而且可以被人们所认识。当时，经验论者认为，无限的东西是不可认识的，他们为什么会得出这个结论呢？

---

①[德]恩格斯：《自然辩证法》（单行本），第 1 版，第 118 页，北京：人民出版社，2015。

因为，作为一种认识的范畴，“无限”本身是一种抽象，如同物质、时空等的抽象一样。恩格斯分析了经验论和这种不可知论的认识论根源，指出：“先从感性的事物得出抽象，然后又期望从感性上去认识这些抽象，期望看到时间、嗅到空间。经验主义者深深地陷入经验体验的习惯之中，甚至在研究抽象的时候，还以为自己置身在感性体验的领域内。”① 物质概念是一种科学抽象，虽然它是从各种实物的总和中抽象出来的，但是，作为概念，它自然不是感性地存在的东西，我们称它们感性存在物，也就认识了它们的共性，从而把握了物质。因此，恩格斯把“物质”作为简称，用它标志“可以从感觉上感知的事物”，说明物质是不依赖于人们的感觉而独立地存在着的，也就肯定了物质第一性、意识第二性，同时也回答了认识的源泉问题。

列宁在总结19世纪末和20世纪初的自然科学成果时，回击了唯心主义的进攻，发展了辩证唯物主义的物质观，给物质范畴下了一个科学的定义。列宁指出：“物质是标志客观实在的哲学范畴，这种客观实在是人通过感觉感知的，它不依赖于我们的感觉而存在，为我们的感觉所复写、摄影、反映。”② 又说：“物质的唯一‘特性’就是：它是客观实在，它存在于我们的意识之外。”③

列宁把物质概念作为标志客观实在的哲学范畴，是对恩格斯把物质作为简称，依照其共同的属性把握感性存在物的进一步发展。列宁所说的“客观实在”，也就是恩格斯所说的感性存在物，各种感性存在物的共性是什么？它就是客观实在性。这种规定，回答了物质和物质形态的关系，是人类认识物质的第一条线索。同时列宁肯定了这种客观实在是独立于意识之外的，又能被我们所认识，从而在物质和意识的关系中来规定物质，这是人类认识物质的第二条线索。这就告诉我们，辩证唯物主义的物质范畴，既反映了本体

①[德]恩格斯：《自然辩证法》（单行本），第1版，第117页，北京：人民出版社，2015。

②[俄]列宁：《唯物主义和经验批判主义》，《列宁选集》第2卷，第3版，第89页，北京：人民出版社，2012。

③[德]列宁：《唯物主义和经验批判主义》，《列宁选集》第2卷，第3版，第192页，北京：人民出版社，2012。

论的内容，同时又反映了认识论的内容，是本体论和认识论的统一。

列宁把感性存在物，即物质具体形态的共性，概括为“客观实在”，是对恩格斯的物质范畴的发展。这种概括，在人类认识物质的历史上，又完成了一个里程碑。客观实在既继承了古代“有形物”的物质范畴的优点，又继承了近代“实体”的物质范畴的优点，同时克服了这两个阶段上的缺点，是“有形物”的物质范畴和“实体”的物质范畴的综合。作为物质范畴，它已经丢弃了一切物质形态的特殊性，只留下了它们的唯一“特性”，即客观实在性。依照其共同性，并不像“实体”那样是离开个别事物的空洞抽象，而是存在于个别事物之中的，与个性相统一的共性。因此，这种客观实在性又是可以用感觉来感知的，它仍然具备“有形物”的感性具体的特征。可见，作为客观实在的范畴，是抽象和具体的统一，是共性和个性的统一，它并非单纯的是抽象、共性，也并非单纯的是具体、个性，只有把两者统一起来，才能既唯物又辩证地规定物质。所以，要把握物质，不仅要用思维，同时还要用感性，如此才有可能实现感性和理性的统一。

二、物质概念的科学表述

“概念要准确”，这是正确思维的基本前提。无论在传统的物质概念的表述中，还是在当前的物质概念的讨论中，都存在一些概念不准确的问题。对这些问题的不同看法，反映了对物质概念的不同理解。因此，准确地表述物质概念，对于提高哲学教学质量和深入开展物质论的研究，科学地阐述辩证唯物主义基本前提，都具有重要意义。下面试对物质概念表述的几个问题，做简要的分析。

1.“物质本身”是什么

经常听一些人说：桌子、原子、钢铁等虽然是一种物质形态，但不能说它们是“物质本身”，那么，这个“物质本身”到底是什么呢？许多人把“物质本身”都看作是脱离具体的物质形态而独立存在着的“物质一般”，这种看法，是值得进一步研究的。

关于“物质本身”的问题，恩格斯有一段很好的论述。他说：“物质本身是纯粹的思想创造物和纯粹的抽象，当我们用物质概念来概括各种有形地存在着的事物的时候，我们是把它们的质的差异撇开了。因此，物质本身和各种特定的、实存的物质的东西不同，它不是感性地存在着的东西。”[①] 列宁关于物质是标志客观实在的哲学范畴的提法，表达了与恩格斯同样的思想。就是说，物质本身不是别的，正是物质概念，它是思维抽象的产物。

在这里，产生了一个作为客观实在的物质和作为哲学物质范畴的物质之间的区别问题。从哲学的基本问题出发，每一个唯物主义者都认为，物质是第一性的，意识是第二性的。作为第一性的物质，决然不能说它是纯粹的思想创造物，也不能说它是纯粹的抽象概念，而是不依赖于人们的意识而独立存在着的，而且还作用于感官引起人们的感觉的东西。这种物质，就是恩格斯所说的感性存在物，同样也是列宁所说的“客观实在”，而不是指范畴。但是，我们经常所说的物质，除了客观实在的反映，一般还指哲学范畴，它是客观实在的反映，是思想的创造物。列宁说：“思维从具体的东西上升到抽象的东西时，不是离开——如果它是正确的（注意）（而康德，像所有的哲学家一样，谈论正确的思维）——真理，而是接近真理。物质的抽象，自然规律的抽象，价值的抽象等等，一句话，一切科学的（正确的、郑重的、不是荒唐的）抽象，都更深刻、更正确、更完全地反映着自然。”[②] 这种物质的抽象，就是制定、抽象出来的物质概念，就是一种简称。我们运用这种简称，把许多不同的、可以从感觉上感知的事物，依照其共同的属性把握住。

旧唯物主义者也看到了各种物体的共同属性，并用“物质”这一概念作为这些属性的抽象。爱尔维修说：“物质并不是一件东西，自然界中只有一

---

①[德]恩格斯：《自然辩证法》（单行本），第1版，第130页，北京：人民出版社，2015。

②[俄]列宁：《哲学笔记》，《列宁全集》第55卷，第2版，第142页，北京：人民出版社，1990。

些我们称之为形体的个性，物质这个名词只能了解为那些为一切形体所固有的特性的集合。”[①] 承认自然界中存在着物质个体，这是正确的；但是，否认一般存在于个别之中，则是旧唯物主义形而上学的一种表现。与此相反，斯宾诺莎则坚持另一种形而上学观点，认为一般物质是独立存在着的实体。在他看来，“实体”是“样式”的本质，“样式”是“实体”的特殊形态，“实体按它的本性说必定先于它的特殊状态”[②]。承认物质本身的独立存在，同样割裂了物质和物质形态的辩证关系，是旧唯物主义形而上学性的另一种表现。恩格斯分析了这种观点的错误，指出：“如果自然科学试图寻找统一的物质本身，试图把质的差异归结为同一的最小粒子在结合上的纯粹量的差异，那么这样做等于要求人们不是看到樱桃、梨、苹果，而要看到水果本身，不是看到猫、狗、羊等等，而是看到哺乳动物本身，看到气体本身、金属本身、石头本身、化合物本身、运动本身。”[③] 我们如果还企图去寻找这种“物质本身”，正说明我们还没有正确地掌握辩证唯物主义的物质概念，而仍然停留在旧唯物主义的水平上。

物质本身不是感性地存在着的东西，它是哲学范畴，是思维的抽象物，只有明确了这一点，我们才可能把物质和物质概念区别开来。

2. 何为物质的唯一“特性”

列宁在批判自然科学的唯物主义时把物质在某种状态下所持有的物质特性（不可入性、惯性、质量等）等同于物质的错误时，指出：“物质的唯一‘特性’就是：它是客观实在，它存在于我们的意识之外。哲学唯物主义是同承认这个特性分不开的。”[④] 不少人根据列宁的提法，认为物质的唯一特性就是它的客观实在性。这种理解是否正确呢？是正确的。但是，我们不能仅仅

---

① 葛力：《十八世纪法国哲学》，第 1 版，第 150 页，北京：商务印书馆，1991。

② 葛力：《十八世纪法国哲学》，第 1 版，第 150 页，北京：商务印书馆，1991。

③ [德] 恩格斯：《自然辩证法》（单行本），第 1 版，第 130 页，北京：人民出版社，2015。

④ [俄] 列宁：《唯物主义和经验批判主义》，《列宁选集》第 2 卷，第 3 版，第 192 页，北京：人民出版社，2012。

满足于这种规定，而要再前进一步。

先让我们穷究一下。物质到底是什么？列宁反复讲过，在认识论上，物质概念所指的只是不依赖于人的意识并且为人的意识所反映的客观实在，而不是任何别的东西。既然物质是客观实在，物质的唯一特性，也就是客观实在的唯一特性。这样一来，我们就等于说：客观实在的唯一特性，就是客观实在性。这在逻辑上，显然是一种同语反复。马克思曾批评过这种思维方法，他说："用这种方法是得不到内容特别丰富的规定的。如果一位矿物学家的全部学问仅限于说一切矿物都是矿物，那么，这位矿物学家不过是他自己想象中的矿物学家而已。这位思辨的矿物学家看到任何一种矿物都说，这是'矿物'，而他的学问就是有多少种现实的矿物就重复多少遍'矿物'这个词。"[①] 说客观实在的唯一特性就是它的客观性，这就是思辨矿物学家的学问。那么，物质的唯一特性到底是什么呢？列宁已经做了清楚的说明，那就是：存在于人的意识之外并为人的意识所反映的特性。所谓客观实在性，实际上就是指这两方面的特性，即独立于意识之外和被意识所反映，这是各种物质形态的共同属性。在自然界中，它是不能独立地存在的，只能通过物质形态表现出来；而每一种物质形态，又无不具有这种共同的特性。对于这种共同特性的概括，就是物质概念。在这里，再一次表明了严格区分物质和物质概念的必要性。当我们说到"物质"一词的时候，可能是客观实在，也可能是物质概念。我们说，物质是标志客观实在的哲学范畴，这里的物质是指概念，它是思维的产物。当我们说，物质的唯一特性就是：它是客观实在，它存在于我们的意识之外，这里的物质是指一切物质形态的总和，是物质概念所反映了的客观对象。我们如果不做这样的区分，那么，我们就很难说明，既然物质是哲学范畴，又为什么说物质是第一性的，它独立于人们的意识之外，既然作为范畴、概念，它就不能是客观实在；而作为客观实在，它就不能是思维的产物。我们如果稍微模糊了这种界限，就会向唯心主义打开方便之门。

---

①[德]马克思、恩格斯：《神圣家族》，《马克思恩格斯文集》第1卷，第1版，第277页，北京：人民出版社，2009。

唯心主义之所以失足，正在于把概念与概念所反映的对象混为一谈，把一般的观念看作事物的本质。马克思在叙述黑格尔哲学的这种唯心主义特点时指出："首先，黑格尔善于用诡辩的巧妙手法把哲学家借助感性直观和表象从一个对象过渡到另一个对象时所经历的过程，说成是臆想出来的理智本质本身即绝对主体所完成的过程。其次，黑格尔常常在思辨的叙述中作出把握住事物本身的、现实的叙述。这种在思辨的阐释之中所作的现实的阐述会诱使读者把思辨的阐述看成是现实的，而把现实的阐述看成是思辨的。"①

明确物质的唯一特性的含义，对于划清唯物主义和唯心主义的界限，具有十分重要的意义。如果承认"物质本身"的独立存在，就等于把"观念"当作实体了，其结果必定会把实体理解为"主体"，混淆了现实的阐述和思辨的阐述的界限，实际上，物质的唯一特性，只是从认识论上说的，就是指它的第一性和可知性。显然，这种唯一特性，仅仅相对于意识才有意义。

3. 桌子等是不是物质

由于不少人都把物质看作脱离具体物质形态而独立存在的东西，因而也就不承认感性存在物是物质。例如，当我们提出桌子、原子、钢铁、机器等是不是物质的问题时，很多人总是毫不犹豫地回答："桌子不是物质"，"原子不是物质"，"钢铁不是物质"，"机器不是物质"等。这种回答，否定了感性存在物是物质的思想，是错误的。

我们分析一下这些回答的肯定形式，即"桌子是物质"等命题。在这些命题中，主词是个别，是具体的物质形态；宾词是一般，是独立于意识之外的客观实质。因此，这些命题的共同形式是："个别是一般。"列宁指出："从任何一个命题开始，如树叶是绿的，伊万是人，哈巴狗是狗等等。在这里（正如黑格尔天才地指出过的）就已经有辩证法：个别就是一般。"② 由此可见，"桌子是物质"等命题，不仅是正确的，而且还已经包含有辩证法。

---

①[德]马克思、恩格斯：《神圣家族》，《马克思恩格斯文集》第1卷，第1版，第280页，北京：人民出版社，2009。

②[俄]列宁：《谈谈辩证法问题》，《列宁选集》第2卷，第3版，第558页，北京：人民出版社，2012。

可是，有的人认为，如果肯定地回答："桌子是物质"，那就势必要把具体的物质实体同物质本身，好比把张三的眼、手、足同张三本人混同起来一样，这是荒谬的。这种说法，违背了列宁关于"个别就是一般"命题中已经包含有辩证法的思想。

第一，这里所说的"物质本身"是什么？如果它指的是恩格斯所说的"物质本身是纯粹的思想创造物和纯粹的抽象"，那么，它就不是感性存在物，而是物质概念。在物质世界中是没有独立地存在着的"物质本身"的，它只能存在于思维之中，那么，这就混淆了物质和物质概念的界限。如果它是指列宁所说的"客观实在"，那么，否定了"桌子是物质"，也就否定了桌子是客观实在，这就不能同唯心主义划清界限。列宁指出："为了从唯一正确的即辩证唯物主义的观点提出问题，我们要问：电子、以太等等，是不是作为客观实在而存在于人的意识之外呢？对这个问题，自然科学家一定会毫不犹豫地给予回答，并且总是回答说是的，正如他们毫不犹豫地承认自然界在人和有机物质以前就已经存在一样，问题就这样得出了有利于唯物主义的解答，因为物质这个概念。正如我们已经讲过的，在认识论上指的只是不依赖于人的意识而存在并且为人的意识所反映的客观实在，而不是任何别的东西。"① 相反地，如果我们否认桌子等是物质，就必然要否认它们的客观实在性，这样就会得出有利于唯心主义的回答。

第二，物质形态（桌子等）和物质的关系，不能等同于张三的眼、手、足同张三本人的关系，而只能类似于张三同人的关系。就是说，它们不是部分和整体的关系，而是个别和一般的关系。因为物质就是客观实在，任何具体的物质形态都不依赖于人的意识而独立存在，说明个别包含有一般，如人的一般特性包含于张三、李四等具体的人之中一样，"张三是人""桌子是物质"，如同"白马是马"一样，都是"个别就是一般"的正确命题。部分与整体的关系则不同，整体是各个部分的有机统一体，当把各个部分

①[俄]列宁：《唯物主义和经验批判主义》，《列宁选集》第2卷，第3版，第192页，北京：人民出版社，2012。

以一定的结构统一成一个有机的整体时，它就要发生质变，产生新的性能，从而使部分不具有整体的性能。人的手、足、眼同人的关系，就是这种部分和整体的关系，眼、手、足并不具有人的特征，而且一旦离开了人，它们就失去了作为人的眼、手、足的规定性。在现实的生活中，决然不会有人把人的眼、手、足叫人的，因此，用人的眼、手、足不是人的事实来否定具体的物质形态（桌子、原子、钢铁）是物质，是一种错误的推论。

只要我们肯定物质是客观实在，那么，我们就应该肯定桌子、原子、钢铁等是物质，否则就会否定桌子、原子、钢铁等的客观实在性，而偏向于唯心主义。

4. 是否存在两种物质概念

不少人承认有两种物质概念的存在。例如，有一种观点认为，如果把原子、桌子、钢铁等具体的物质形态看作是物质，那么就会在推论中犯“四概念”的错误。一本形式逻辑的书中曾这样提到：

“物质是永恒不灭的，

钢铁是物质，

所以钢铁是不灭的。

这个三段论的大前提与小前提中都有‘物质’这个语词，但是，这个语词在大前提与小前提中却分别地表达了两个不同的概念。大前提中的‘物质’，是表达哲学上物质的概念，它就是：在人们意识之外，并且不依赖于人们的意识的客观实在。在小前提中的‘物质’，是表达具体物质这个概念，这个三段论犯了四概念的错误，它违反了三段论的规则，因而是不正确的。”[①]

这种分析，承认存在两个不同的物质概念，一种是哲学上的物质概念，另一种是表达具体物体的物质概念，同样否认了物质与物质形态是一般与个别的关系。其实，在这个三段论的大前提和小前提中，“物质”一词都是指客观实在。我们可根据只有一个物质概念即标志客观实在的意义，组成一个

① 金岳霖主编：《形式逻辑》，第1版，第155页，北京：人民出版社，1985。

正确的三段论。

物质是无限可分的，

钢铁是物质，

所以，钢铁是无限可分的。

前面所引的三段论为什么得到“钢铁是永恒不灭的”错误结论呢？问题不仅在于物质概念的歧义，而且还在于“永恒不灭”这一概念在大前提和结论中的不同含义。在大前提中，“永恒不灭”并不指某一种物质形态的不灭，而是指物质客观实在性的不灭。物质的不灭原理是以物质形态的互相转化为前提的，只要我们肯定了物质的不灭，同时也就肯定了物质形态的转化。没有转化，决然不会有不灭。而在结论中，“永恒不灭”却否定了物质形态的转化，指的不是物质的不灭，而是指物质形态的不变，因此，这个三段论的错误，除了对“物质”的不同理解所造成的四概念错误，还由于“永恒不灭”这一概念的不同含义所造成的四概念错误。常识告诉我们，当工人以钢铁为原料，制造出机器的时候，机器仍然是物质，所以，物质仍然是不灭的。但是，物质的具体形态却发生了转化，钢材变成了机器。不仅物质是如此，运动也是这样。能量守恒和转化定律证明，能量（运动）是不生不灭的，它只能从一种形式转化为另一种形式，而在这种转化的过程中，它们的量是守恒的。因此，恩格斯认为，守恒是消极的表述，转化才是积极的表述。他说：“十年前，新发现的、伟大的运动基本规律还仅仅概括为能量守恒规律，仅仅被概括为运动既不能消灭也不能创造这种表述，就是说，仅仅从量的方面加以概括，而现在，这种狭隘的、消极的表述则日益被那种关于能的转化的积极的表述所代替。在这里过程的质的内容第一次获得了它应有的地位，对世界之外的造物主的最后记忆也消除了。”[①] 为什么我们有的人不能从转化的积极意义上去理解守恒不灭呢？其原因就在于不了解物质和物质形态、运动和运动形态之间的一般和个别关系，把一般看作离开个别而独立存在着的东西。

①[德]恩格斯：《反杜林论》（单行本），第1版，第12页，北京：人民出版社，2015。

离开个别的一般是什么呢？不是别的，正是“无”。唯心主义者正是抓住了形而上学者的这个缺陷，攻击旧唯物主义的物质概念。贝克莱说：“假如你愿意的话，你可以把物质一词用成和别人所用的无物（noing）一词的意义一样，而这样一来，你的文体中，这两个名词就可以互用了。”[①] 贝克莱的攻击，给了我们一个重要的启示：如果承认离开具体的物质形态而存在着“物质本身”，从而否定桌子等感性存在物是物质，那么，这同样是为唯心主义打开了方便之门。大家想一想，如果物质形态都不是物质，太阳系不是物质、银河系、河外星系、大尺度宇宙都不是物质，这岂不否定了整个自然界是物质世界吗？这难道是唯物主义的立场吗？

5. 物质必须是感性存在物

人们总是接二连三地提出这样的问题：运动、规律、因果性等都具有客观实在性，为什么不能称它们为物质呢？这种提问，实际上是把运动与物质分割开来，从而把它们看作是一种脱离物质而独立的存在。

黑格尔正确地指出：“造成困难的永远是思维，因为思维把一个对象在实际里紧密联系着的诸环节彼此区分开来。”[②] 人们为了深入地认识事物，总是首先以分析的方法，研究事物的各个方面和环节，然后再把各方面综合起来，认识它的总体，揭示它的本质。列宁肯定了黑格尔的这种思想，认为“如果不把不间断的东西割裂，不使活生生的东西简单化，粗糙化，不加以割碎，不使之僵化，那么我们就不能想象、表达、测量、描述运动。”[③] 物质和运动本来就不是一体的，所谓物质形态也就是运动形态。物质的一切属性，只有在运动中才能表现出来。我们认识了运动，也就是认识了物质。所以，当人们说物质的运动，或者说运动的物质时，指的是一回事。但是，当我们运

① 北京大学哲学系外国哲学史教研室：《16—18 世纪西欧各国的哲学》，第 1 版，第 563 页，北京：商务印书馆，1975。

②《黑格尔哲学史讲演录》第 1 卷，第 1 版，第 290 页，北京：商务印书馆，1978。

③《列宁全集》第 38 卷，第 285 页，北京：人民出版社，1986。

用范畴来描述事物时，总是先把物质和运动分割开来，分别地给予规定，做出不同的定义，然后进而说明它们的不可分割的联系，这就造成了一种假象，似乎物质和运动是可以独立的。

近代自然科学的发展，也为这种观念提供了根据，似乎运动不是物质所固有的，而是从外部注入的。例如，“力”这个概念，牛顿认为，力只有在相互作用的过程中存在，当过程一结束，它也就不再停留在物体之中了。这就是说，力是可以与物质相分离的。因此，力通常被当作某种独立存在的东西。黑格尔曾以泰勒斯认为磁石有灵魂的说法来批评这种关于力的观点，认为：“说磁石有灵魂，比起说磁石有吸引力要好一些；力量是一种性质，性质是被认为一种可以与物质分离的宾词的——而灵魂则是磁石的这种运动，是与物质的本性统一的。”[①]物质和运动同一的观点，对于物质与运动分离的观点，是一个合理的批评。

随着物理学的发展，“能”的概念代替了“力”的概念，这在物理学史上是一个重大的进步。但是，“能”的概念仍然没有克服“力”的概念上的局限性。例如，当一个物体做机械运动时，外力对它做功，运动的速度就增加，动能也随之增大。这个增加的能量是从哪里来的呢？是从这个物体的外部加入的。这在力学中无疑是正确的。但是，正如恩格斯所指出的，这也给人们“造成这样一种假象：‘能’是物质以外的某种东西，是植入物质中的某种东西”[②]。显然，以这种假象来思考运动，运动就与物质分离了，而且，它又具有客观实在性，以此称它为物质，也是自然而然的事情。

问题在于，物质必须是感性存在物。恩格斯特别强调，物质是感性地存在着的东西。列宁在给物质下定义的时候，着重申明物质必须是作用于感官而引起人们的感觉的东西，这也是感性存在物的意义。

①《黑格尔哲学史讲演录》第1卷，第1版，第191页，北京：商务印书馆，1978。

②[德]恩格斯：《自然辩证法》（单行本），第1版，第143页，北京：人民出版社，2015。

运动、规律、因果性等为什么不是物质呢？因为它们是物质的属性，不是感性存在物，因而也不能单独地引起人们的感觉。从概念的反映上说，物质是实体概念，运动、规律、因果等是不能用感官感知的，只能用思维去把握，而感性存在物所引起的感觉，积累为感性材料，是实现这种思维把握的基础。物质必须是感性存在物。不是感性存在物，它就不能是物质。所谓感性，就是能够作用于人们的感官而引起感觉的特性。运动、规律、因果性等，是感性存在物的属性，但不是感性存在物，因而不能称它们为物质。只有坚持这一点，我们才能全面地理解列宁的物质定义，才能坚持知识来自感觉，认识来源于实践的辩证唯物主义认识论的基本观点。

6. 能不能感觉到客观实在

物质既然是感性存在物，那么，客观实在就是能够被感觉的，列宁的物质定义也明确地表明了这一点。因为这个定义明确地肯定，客观实在的属性不仅是独立于人的意识之外，而且还作用于感官而引起人们的感觉。

可是，不少学者由于离开了感性存在物来谈物质，认为被感觉的是桌子、钢铁等物质形态，却不是物质，这就否定了人们可用感官来感觉到客观实在了。实际上，不能被感知的东西，只是物质的抽象，它是我们从可以感觉的事物中所创造的。对于这种抽象的物质，我们自然是不能感觉到它的，但是，作为客观实在的、第一性的物质，它只能是感性存在物，我们完全能够感觉到它。而且，只有通过这种感知，我们才能认识事物。恩格斯在批评德国著名植物学家耐格里的不可知论时，指出："当耐格里说我们不知道什么是时间、空间、物质、运动、原因和结果的时候，他不过是说：我们先用我们的头脑从现实世界作出抽象，然后又无法认识我们自己作出的这些抽象，因为它们是思维的事物，而不是感性的事物，而一切认识都是感性的量度！这正是黑格尔所说的难处：我们固然能吃樱桃和李子，但是不能吃水果，因为还没有人吃过水果本身。"①如果我们否认能够感觉到客观实在，那么，关于

①[德]恩格斯：《自然辩证法》，《马克思恩格斯选集》第4卷，第2版，北京：人民出版社，1995。

客观实在的抽象是如何做出来的呢？这样一来，物质这一范畴必定是先于经验而有的，我们势必要陷入先验论。不仅如此，我们若是不能感觉到客观实在，那么，我们应该坚定地认为，人们可以用感官感觉到客观实在。

在这里，我们又重新提出了客观实在的具体性问题。就是说，客观实在是感性存在物的任何属性，那么，这个所谓“客观实在”又是什么呢？它只能是贝克莱所说的“无”。事实并非这样。客观实在就是感性存在物的一切属性的总和，于是，问题发生了：我们感觉到了感性存在物的一切属性时，是不是感觉到了客观实在呢？列宁给我们做了肯定的回答，他说：“有人对我们说：马赫‘发现了世界要素’：红、绿、硬、软、响、长等等。我们要问：当人看到红、感觉到硬等等的时候，人感知的是不是客观实在呢？这个老而又老的哲学问题被马赫搞乱了。如果你们认为人感知的不是客观实在，那么你们就必然和马赫一起陷入主观主义和不可知论，你们就理所当然地受到内在论者即哲学上的缅科夫式人物的拥抱。如果你们认为感知的是客观实在，那么就需要有一个关于这种客观实在的哲学概念，而这个概念很早很早以前就制定出来了，这个概念就是物质。”① 事实很清楚，若像有的学者所说的那样，我们认识了客观实在的属性，并不就是认识了客观实在，这就把物质、客观实在架空了，而且在现象界和自在之物之间，布下了一条不可逾越的鸿沟。其实，我们之所以能够认识客观实在，就是因为通过认识所有这些属性而达到的，离开了这个总和怎么能知道什么叫物质呢。恩格斯说：“的确，据说我们也不知道什么是物质和运动！当然不知道，因为物质本身和运动本身还没有人看到过或以其他方式体验到；只有现实地存在着的各种物和运动形式才能看到或体验到。”② 只要我们承认客观实在是第一性，独立于人的意识之外，又能作用于人们的感官引起感觉，那么，我们就应该承认人们是能够

①[俄]列宁：《唯物主义和经验批判主义》，《列宁选集》第3卷，第3版，第89页，北京：人民出版社，2012。

②[德]恩格斯：《自然辩证法》（单行本），第1版，第117—118页，北京：人民出版社，2015。

用感官感知客观实在的，也只有这样，才能彻底地同唯心主义和不可知论划清界限。

上述六个问题的分析表明，在表述物质概念时，既要同唯心主义划清界限，又要同形而上学划清界限，而从实际情况看来，我们的主要倾向是不能同形而上学唯物主义的物质观划清界限。因此，我们应该特别注意将辩证法应用于物质论的研究。

三、场是自然物质的一种基本形式

1. 场是人类认识物质的一个阶段

场作为一个基本范畴，是人类对物质形式的认识的一个阶段。

在牛顿力学中，质量和力量是最基本的范畴，构成了近代机械观的基础。当时，人们都把质量看作是“物质的量”，是物质多寡的表征；把力看作是加速度的原因，用它来表征运动的量。后来，能的概念代替了力的概念，从而也就把能量看作运动的量度。凡物质都能具有质量，同时也具有能量。对这种不同形态的物质的进一步抽象，在力学中产生了两个基本的概念：质点和刚体。质点是没有任何广延性（空间尺度）的抽象的几何点，但它具有质量，并能做位移运动。刚体是绝对坚硬、不发生任何变形的物体，它同样具有质量，不但能做位移的运动，而且还能转动。对质点和刚体的更高的概括，就是实体概念。就是说，在近代，无论是在哲学中，还是在自然科学中，只有实体的概念，还没有产生关于场的知识。

场概念的提出，是物理学长期发展的产物，因而它首先是物理学的基本概念。牛顿引力理论告诉我们，实体之间的相互作用，只有通过力才能实现，相互作用力的大小同它们之间的距离成反比，同它们的质量成正比。这两个物体之间有距离，又怎么能传递相互作用力呢？牛顿用超距离作用加以解释。尽管这些解释并没有对传递力的个体机制作出说明，在力学范围内尚未暴露更多的矛盾，但是，当运用牛顿力学理论来说明电磁现象时，矛盾就尖锐起来了。根据牛顿力学理论，两个物体发生作用，其作用力必定是在两个物体连线上，可是，在电磁实验中，相互作用力的方向却完全不同。如果在通过电流的线圈中央放一根磁针，导线和磁针都在一个平面上，那么，就有一种垂直于线圈平面的力作用于磁针上，这个作用力的方向，并不是在连接导线和磁针的直线上，而是与这条连接直线相垂直。事实表明，单有实体和力的概念，不能解释新的现象，需要创造出更新的概念。场的概念就是在这种形势下提出来的。电磁运动是与机械运动根本不同的运动形式，因而要不同于实体承担者。场正是以一种新的物质形态代替了实体这一角色。

场概念的产生和发展，是对旧的机械观的一次沉重打击。在牛顿力学时代，人们总是用实体、粒子之间的相互作用力来说明自然现象：在制定场概念的初期，人们也还仍然用电力线、磁力线来说明带电体、带磁体之间的空间。这个空间，就是场。它同实体一样，是不依赖于人们的意识而独立地存在着的实在。后来，麦克斯韦方程组的提出，使场摆脱了力学的框架，从而成为电磁学的基本概念。爱因斯坦对场的发现做了很高的评价。他说："新的场的语言不是对带电体本身而是对带电体间的场的描述；场的描述对了解带电体的作用是很重要的。对于这种新概念的认识是逐渐成长起来的。到后来，场竟把物质也掩蔽起来了。于是大家觉得在物理学中发生了某种非常重要的事件。一种新的实在产生了，一种在机械观中没有地位的新概念产生了。场的概念经过一番奋斗逐渐地在物理学中取得了领导地位，而至今还是基本的物理概念之一。在一个现代的物理学家看来，电磁场正是和他们所坐椅子一样的实在。"[①] 运动是物质的固有属性，离开物质的运动如同离开运动的物质一样，是不存在的。光、电、磁既然是运动的特殊形式，它同样由某种物质的特殊形式所固有。这种特殊的物理形式就是场。

在自然界中，场是物质的一种普遍形式之一，因而它可以概括为自然观的基本范畴。众所周知，场并非只有电磁场一种形式，引力场、电子场、介子场等也都是场的重要形式。在天体运动中，引力场起着主要的作用。爱因

---

①[德]爱因斯坦：《物理学的进化》，第1版，第96页，上海：上海科学技术出版社，1979。

斯坦的引力场方程，就是对引力场结构的描述。各种实体、粒子的周围，都会形成一种场；真空也是场的一种形式。不仅如此，一切物质、实物，都是实体和场的统一，由此构成了物质存在的各种特殊形态。例如，在太阳系中，太阳和行星、卫星是物质的实体形式，太阳周围的引力场则是物质的场上的存在形式，在传递各种实体的相互作用。实体和场的统一，构成了太阳系，它是一种复杂的物质系统。在原子中，原子核和电子是物质的实体形式，库伦场是物质的场形式，实体和场的统一，构成了原子这一物质系统。在原子核内部，质子和中子是物质的实体形式，其中的介子场则是物质的场形式，实体和场的统一，则构成了原子核这一物质系统。可以肯定，实体和场是自然物质的两种基本形式，因而我们可以把“实体”和“场”作为自然观的两个基本范畴，从这种意义上说，把“场”同哲学上的“物质”范畴等量齐观，是不恰当的。因为“物质”不仅概括了自然界中的物质存在的基本形式，同时也概括了社会中的物质存在的基本形式，它是比“场”更高一层次的范畴。如果像有的人那样，把场看作物质的一般形态，认为场的概念不仅适用于自然界，同时也同样适用于社会，那么，其结果必定要否定“场”这一概念内涵的确定性，这种主张，是难以令人赞同的。

把实体和场看作是自然物质的两种基本形式，是否就把场看作是关于物质形式的认识的终点呢？当然不是。在物理学中，当初只有实体粒子的概念；后来，场被发现了，产生了场的概念，说明了场是人类关于物质形式的认识发展的一个阶段。但是，人类的认识绝不会因此而停顿下来，它必定还会继续前进，发现更新的自然物质的基本形式。到那时，人类所认识的自然物质的基本形式，不是两种，而是更多的种类。人类对自然物质运动形式的认识，就是这样一个发展的过程。

2. 场的客观实在性

物质的唯一特性是它的客观实在性，说明它是独立于人们意识之外的客观实在。把场看作自然物质的一种基本形式，所指仅是物理场。能不能把“场”纳入到辩证唯物主义的物质概念中，关键在于场是否具有客观实在性。如果场是客观实在，那么，场也就是物质，说明场是能纳入辩证唯物主义物质概念的。

有的人认为，场不能纳入辩证唯物主义的物质概念中，重要的原因之一，就在于场不具备哲学范畴的必然性。这里，必须首先分清“物质”“场”的两种含义。第一种含义是指概念，即物质概念、场概念。在这种含义上，所谓物质、场，都是一种抽象，都是思维的形式，它们的普遍性程度表现于概念外延的宽或窄。显然，物质概念的外延宽于场概念的外延。这两个概念之间的关系，是属种关系。既然场概念从属于物质概念，那么，场也就被纳入到辩证唯物主义的物质概念中去了。原因很简单，场是一种特殊的物质。关于这一点，恩格斯做了明确肯定的回答。他在谈到自然界的物质存在时，指出：“我们所接触到的整个自然界形成一个体系，即各种物体相联系的总体，而我们在这里所说的物体，是指所有的物质存在，从星球到原子，甚至直到以太粒子，如果我们承认以太粒子存在的话。”[①]可见，恩格斯把一切物质存在都包括到物质的外延中去了，如果我们承认场是客观实在的话，那么，场概念也必定从属于物质概念，因而也就被包括到物质的外延之中。第二种含义是指实在，物质概念所反映的对象，是独立于意识之外的客观实在；场概念所反映的对象，则是独立于意识之外的物理场，无论是物质，还是场，它们都是在意识之外而独立地存在着，都具有客观实在性。既然场与物质一样，是独立于意识之外的客观实在，又为什么不能把它纳入到辩证唯物主义的物质概念中呢？在一些人的心目中，物质是一种不可捉摸的空洞的抽象，如同康德的“物自体”那样。列宁说：“为了从唯一正确的即辩证唯物主义的观点提出问题，我们要问：电子、以太等等，是不是作为客观实在而存在于人的意识之外呢？对这个问题，自然科学家一定会毫不犹豫地给予回答，并且总是回答说是的，正如他们毫不犹豫地承认自然界在人和有机物质出现以前就已存在一样。问题就这样得出了有利于唯物主义的解答，因为物质这

①[德]恩格斯：《自然辩证法》（单行本），第1版，第133页，北京：人民出版社，2015。

个概念，正如我们已经讲过的，在认识论上指的只是不依赖于人的意识而存在并且为人的意识所反映的客观实在，而不是任何别的东西。"[①]在列宁看来，同电子、以太一样，场也是作为客观实在而存在于人的意识之外的，所以它也是物质。

对于场是客观实在的问题，爱因斯坦反复地作过说明。关于电磁场的客观实在性，爱因斯坦指出："在麦克斯韦的理论中，电场和磁场，或简单些说电磁场，是一种实在的东西，一个变化的磁场也总产生磁场，不管有没有一个磁极去检验它是否存在。"[②]麦克斯韦方程组描述了电磁场的运动规律。麦克斯韦之所以能够建立这个方程组，有两个重要的步骤。第一是继承了奥斯特、罗兰、法拉第等人的实验成果；第二是建立了电磁场的客观实在性概念，电场是客观实在，变化的电场和变化的磁场可以互为因果，在空间中不断地向四周传播，从而形成一个统一的客体。麦克斯韦方程组所描写的规律，是电磁场的运动规律。所以，场并不是单纯的电磁场运动的形式，而首先是电磁运动的物质承担者，是独立于意识之外的客观实在。

物质不是空洞的抽象。场也一样。我们肯定从星球到基本粒子，都属于物质，因为它们都具有客观实在性。这种客观实在性可以作用于人的感官而引起人们的感觉。如果离开物质具体属性来谈客观实在，那么，这种客观实在性也就是空洞的抽象。我们说星球、分子、原子、基本粒子等实体是物质，电磁场、引力场、介子场等物理场是物质，都是因为实体和场具有被人们的感官所感觉到的各种具体的客观属性。列宁说："有人对我们说：马赫'发现了世界要素'：红、绿、硬、软、响、长等等。我们要问：当人看到红、感觉到硬等等的时候，人感知的是不是客观实在呢？这个老而又老的哲学问题被马赫搞乱了。如果你们认为人感知的不是客观实在，那么你们就必然和马赫一起陷入主观主义和不可知论，你们就理所当然地受到内在论者即哲学

①[俄]列宁：《唯物主义和经验批判主义》，《列宁选集》第2卷，第3版，第192页，北京：人民出版社，2015。

②[德]爱因斯坦：《物理学的进化》，第1版，第92页，上海：上海科学技术出版社，1962。

上的缅科夫式人物的拥抱。如果你们认为感知的是客观实在，那么就需要有一个关于这种客观实在的哲学概念，而这个概念很早很早以前就制定出来了，这个概念就是物质。”[①] 自然科学已经告诉我们，在自然界中，各种实体，从星球到基本粒子，人们之所以认为它们是客观实在，就因为它们具有质量、能量、动量等属性，人们感知到了这些属性，也同样地感知到了物质。

3. 场和空间

场是物质，还可以从场与时空的关系得到论证。

作为牛顿力学的基础的东西，正是“空间—时间构造的实在意义”。[②] 这种实在意义就在于，空间和时间都可以是脱离物质内容的独立实体。这种观念，承认时间空间的客观性，是唯物主义的，但它又是形而上学的，否认了空间—时间与物质的不可分割性，从而导致了绝对时空观。力学中的质点概念、惯性定律、运动定律和力的相互作用定律，都是在这种绝对时空观的基础上建立起来的。

要描述机械运动，说明物体的相对位置的变化，必须首先确定参考系。对于任何一个物体来说，如果它没有与外界发生能量交换，它的运动在量上是不灭的。运动不灭的反面表现就是惯性，它是力学的出发点。为了描述运动，首先必须确定物体是否在做惯性运动。要确定物体是否做惯性运动，必须有惯性参考系。一个物体如果相对于惯性参考系处于相对静止状态，或做匀速运动，那么，这个物体在做惯性运动。但是，又如何判明一个参考系是惯性参考系呢？它又需以三个惯性参考系为依据，等等。如此类推，以至无穷。最后就出现了这样一个难题：如何判明最终的参考系是惯性参考系？为了消除这困难，牛顿就假定了绝对空间的存在和绝对时间的存在。牛顿说：“绝对的、真正的和数学的时间自身在流逝着，而且由于其本性而在均匀的，

①[俄]列宁：《唯物主义和经验批判主义》，《列宁选集》第3卷，第3版，第89页，北京：人民出版社，2012。

②《爱因斯坦文集》第1卷，第1版，第350—351页，北京：人民出版社，1976。

与任何其他外界事物无关地流逝着”；“绝对的空间，就其本性而言，是与外界任何事物无关而永远是相同的和不动的”。[①]这种绝对空间也就成了绝对不动的参考系，因为它绝对静止，所以它是最好的惯性参考系。任何参考系，只要是相对于绝对空间做匀速运动，它就是一个惯性参考系。有了惯性参考系，一切物体的运动就可以描述了。这就使整个牛顿力学获得了建立全部理论体系的逻辑前提。于是，空间被看作脱离物质的绝对的“空”，时间被看作脱离物质的绝对的“流”，从而赋予它们以实在的意义。这就是牛顿力学的全部理论基础。

场的发现，打破了牛顿力学的绝对时空观。场是什么？爱因斯坦说：场就是空间的物理状态。场同物质的基本粒子一样，在物理学上是实在的，即场也是以时间和空间为存在的基本方式。根据对电磁场和引力场的研究，爱因斯坦得出结论说：“空间—时间未必能被看作是一种离开物理实在的实际客体而独立存在的东西。物理客体不是在空间之中，而是这些客体有着空间的广延。因此，‘空虚空间’这概念就失去它的意义。”[②]场是空间，但不是空虚的空间，而是充实的空间，其间布满着物质内容，是物质内容和时空形式的统一。

麦克斯韦方程组描述了电磁场的结构，它的对象不是带电体，而是整个空间。我们可以根据麦克斯韦理论，了解整个场在空间中的变化。可以设想，一个带电体振荡，产生了一个变化的电场，同时也就伴随着一个变化的磁场。于是，在这个振荡带电体的周围，就形成了向外传播开来的电磁场。从振荡的带电体中，电磁能以一定的速率经过空间而辐射出来，这就是电磁波在空间的传播，并随着时间而变化。所以，电磁场是随着时间变化着物理状态的空间，是充满着物质的空间。

---

①[美]H.S.塞耶：《牛顿自然哲学著作选》，第1版，第19—20页，上海：上海人民出版社，1974。

②《爱因斯坦文集》第1卷，第1版，第560页，北京：人民出版社，1976。

广义相对论把引力与时空合二为一，这是破天荒的发现。由于引力的作用，造成了时空的弯曲，由此说明，引力场同样是以时空为自己的存在形式。但是，时空的弯曲程度及引力场的强弱，这是同一问题的两种说法。时空曲率大，也就是引力场强；反之，引力场强，也就是时空弯曲大。这样，场就把物质、运动、时空联结在一起，想把它们分开也不可能了。因此，场是物质的一种形态，完全是合乎逻辑的必然结论。

四、辩证唯物主义的物质无限可分性的证明

自古以来，对物质是否无限可分的问题，就有着各种争论，哲学家做了各种不同的哲学论证。随着现代物理学的发展和“夸克幽禁”假说的提出，物质是否无限可分的争论,又逐渐尖锐起来了。人们经常提出这样的疑问:“物质是无限可分的”命题是否得到过证明？或者它根本就不能得到证明？这种疑问所涉及的，并不是物理学中的个别原理是否真实的问题，而是马克思主义哲学是否继续有效的问题。事实上，物质无限可分的原理，是整个马克思主义世界观的必然结论，否认这个原理，就要动摇辩证唯物主义的完整学说。为了从根本上回答这个问题，我们就应该从辩证唯物主义的基本原理出发，对物质是无限可分的命题，做出科学的论证。

1.“可分”是一个历史范畴

在我国古代，很早就提出了无限可分的思想。《庄子·天下篇》中所记载的惠施的名言：“一尺之棰，日取其半，万世不竭。”就是这样思想的萌芽。不过，这里所说的“日取其半”和“万事不竭”，并非指物理上的物质结构的概念，主要还是属于数学的思想。在《墨经》中，也有同样的记载，《经下》说：“非半弗斫则不动，说在端。”《经说下》作了进一步的解释：“非，斫半，进前取也，前则中无为半，犹端也。前后取，则端中也。斫必半，无与非半，不可斫也。”这里的“斫”，就是分割，“斫半”，即取其半。“不动”也含有“不尽”“不竭”的意思。就是说，连续地“斫半”，也是不竭的。

因此，这个叫“端”的东西，并不是“零”或“无”，而是“限有”。即不断“斫半”的结果，要趋向于一个极限，这个极限，就是“端”。晚近有些学者把端说成是原子，并不符合当时的历史情况。因为这个“端”字，在《墨经》中有多处运用，它的意思都只是几何学上的一个点。这就说明，当时“可分”的概念，最初是数学上的范畴，具有几何学上的意义。

古代原子论所主张的是无限可分的思想。他们认为物质是可分的，但分到原子时，就不能再分了，原子是“坚固而不可分的微粒，在数目上是无限的”[①]。由于这些元素在虚空中排列的不同，形状、次序、位置的不同，构成了各种不同的事物。这种结合和分离，都带有机械的性质，因而它的“可分”不再是数学的概念，而是力学的概念了。尤其是近代的原子论，用万有引力定律给予解释，机械性更加突出。英国物理学家牛顿是这样描述的，“由于这些力的作用，物体的各个粒子通过某种还不知道的原因，或者互相接近而以有规则的形状彼此附着在一起，或者互相排斥而彼此分离”[②]。牛顿认为，在数学上可以想象，微粒是可以不断地分割为更小的部分的；而实际上是否可以被分割，必须依赖于实践，物质的属性只有通过实验才能被我们所了解。他写道：“只要与一个实验，能够证明在敲碎一个坚硬的固体时任何未被分割开的微粒都能予以分开，那么，我们就可根据这条法则得出结论说，未被分割开的微粒和被分割开的微粒一样是可以无限地分割，而且实际上是可以无限地把它们分离出来的。”[③]很明显，牛顿用来分割物体微粒的方法，就是“敲碎”，这是机械的、力学的方法。在力学成为当时的带头学科时，也只能用这种方法。这一事实说明，“可分”的概念在近代已经成为一个力学的概念了。

在电化学产生之后，物质“可分”的概念又发生了变化。由于人们逐步

---

① 北京大学哲学系外国哲学史教研室:《古希腊马罗哲学》，第1版，第98页，北京：商务印书馆，1961。

②[美]H.S.塞耶：《牛顿自然哲学著作选》，第1版，第12页，上海：上海人民出版社，1974。

③[美]H.S.塞耶：《牛顿自然哲学著作选》，第1版，第5页，上海：上海人民出版社，1974。

认识到化学变化和电磁运动的关系，用电吸引来解释化合现象。化学家戴维认为:“化学变化是由点变化引起,除此以外,我再没有别的假设的。”[1]这样，就产生了分割物质的新方法。戴维说：“如果化学结合有如我曾大胆设想的那种特性，不管物质的元素的天然电力多强，但总不能没有了限度。可是我们人造的仪器的力量似乎能够无限地拉大。”所以，我们可以“希望新的分解方法使我们能够发现物体的真正元素”[2]。戴维在这里所说的新方法，就是电解。在化学时代，“可分”的概念不仅增添了化学反应的内涵，同时又有了电解的意义。过去在力学上不能分割的粒子，在化学分析或电解中又被分割了，使“可分”的概念得到了进一步的扩大，进入了化学领域。

19世纪末和20世纪初，由于电子的发现，过去被认为不可再分的原子又被分割开了。现代物理学的最新成果，尤其是基本粒子的研究和发展，高能加速器的发明和应用，又使“可分”的概念增加了新的内涵。现在，“可分”不仅指机械分割、化学分析、电解，而且还包括现代高能物理的方法。随着现代科学技术的进步，“可分”概念的内涵将会进一步得到丰富和发展。

关于“可分”的范畴，很早就已经有了哲学的概括。例如，黑格尔对可分和不可分的对立统一关系，曾做过全面的论述，并获得了恩格斯的肯定。恩格斯说：“作为物质的能独立存在的最小部分的分子，是一个完全合理的范畴，如黑格尔所说的，是在分割的无穷系列中的一个‘关节点’，它并不结束这个系列，而是规定质的差别，从前被描写成为可分性的极限的原子，现在只不过是一种关系。”[3]根据19世纪末和20世纪初的物理学的革命，列宁也对可分的问题做了哲学概括，认为“电子和原子一样，也是不可穷尽的”。[4]毛泽东同志早在1955年，就运用对立统一规律分析物质结构，提出

①[英]柏廷顿：《化学简史》，第1版，胡作玄译，第203页，北京：中国人民大学出版社，2010。

②[英]柏廷顿：《化学简史》，第1版，胡作玄译，第195页，北京：中国人民大学出版社，2010。

③《马克思恩格斯全集》第31卷，第309页，北京：人民出版社，1998。

④《列宁全集》第18卷，第273页，北京：人民出版社，1988。

了基本粒子仍然是可分的思想。他说："质子、中子、电子还是可分的，一分为二，对立统一嘛！现在实验上虽然还没有证实，将来实验条件发展了，将会证实它们是可分的。"[①] 经过这些哲学概括以后，物质无限可分的命题就成为辩证唯物主义的一条基本原理。如同对待辩证唯物主义的其他原理一样，我们对于物质无限可分原理也应该坚持它，发展它；而且只有坚持，才能发展。这样做是不是"先人之见"，维护"旧框框"，搞先验主义呢？当然不是，我们坚持物质无限可分原理，这是坚持一种科学的世界观。问题的实质就在这里。

2. 辩证唯物主义物质概念，蕴含着物质无限可分的思想

从近代以来，否认物质无限可分的人们，在世界观上都是同坚持对原始物质的承认分不开的。波义耳对元素的认识就是一例。他在《怀疑的化学家》中说："我谈的元素的意思和那些讲得最明白的化学家说他们的要素的意思相同，是指某种原始的、简单的、一点也没有掺假的物体，元素不能用任何物体造成，也不能彼此相互造成。"[②] 笛卡尔也同样认为，世界上的一切东西，都是一种原始物质构成的。既然如此，所谓不可分的物质，也就是原始物质。

不可分的原始物质的概念，是建立在旧唯物主义的物质观的基础上的。旧唯物主义者由于不了解个别和一般的对立统一关系，把物质看作是离开具体的物质形态而独立存在的东西。这就是他们所说的"物质一般"或"物质本身"的概念。所谓原始物质，同这种物质一般、物质本身的概念，是完全相同的。因此，对物质无限可分的否定，就是对物质一般或物质本身的承认；反之也是一样。列宁批判了这种错误观点，指出："物质的唯一'特性'就是：它是客观实在，它存在于我们的意识之外。哲学唯物主义是同承认这个特性分不开的。"[③] 这里所说的客观实在，就是一切感性存在物的总称，物理学

---

① 路甬祥：《毛泽东与中国的科技事业》，《科学时报》，2003 年第 12 期。

②[英]柏廷顿：《化学简史》，胡作玄译，第 1 版，第 77 页，北京：中国人民大学出版社，2010。

③[俄]列宁：《唯物主义和经验批判主义》，《列宁选集》第 2 卷，第 3 版，第 192 页，北京：人民出版社，2012。

上的分子、原子、基本粒子等，它们都是客观实在，而物质范畴所标志的唯一特性，就是它们的共性。显然，共性是不能离开个性而独立存在的。在现实世界中，能够独立存在的都是物质的具体形态，物质概念所反映的特性，存在于一切物质的具体形态中。如果我们承认存在着某种独立于物质形态之外的物质一般，而且它们是一切具体物质形态的始原，那么，这种原始物质的来源问题，就尖锐地被提出来了。如果我们坚持唯物主义的立场，就会回答说：原始物质本来就存在着的，它不是由任何别的东西创造出来的。可是，一个上帝的信奉者也可以认为，上帝不仅是离开世界上万事万物而独立存在着，而且还是世界上万事万物的始原。如果问他，上帝是从哪里来的呢？他同样可以坚定地回答：上帝本来就有的。这样一来，不可分的原始物质，不就成上帝的代名词了吗？难怪上帝信奉者说：你们把原始物质这个词换成“上帝”，那么，他们可以接受这种理论的全部内容。从这里，我们看到了否认物质无限可分这个原理的最终归宿。

不仅如此，这种原始物质的概念还为哲学唯心主义打开了方便之门。恩格斯曾经指出：“物质本身是纯粹的思想创造物和纯粹的抽象。当我们用物质概念来概括各种有形地存在着的事物的时候，我们是把它们的质的差异撇开了。因此，物质本身和各种特定的、实在的物质的东西不同，它不是感性地存在着的东西。”① 就是说，在物质世界中是没有独立存在着的“物质本身”的，它只能独立地存在于思维之中，这就是物质的一般观念。唯心主义之所以失足，正在于把客观实在的物质同关于物质的一般观念混为一谈，把一般观念当作独立存在着的东西。如果我们承认了原始物质、物质一般的独立存在，就等于把“观念”当作实体了。其结果，必然会把实体理解为“主体”，混淆了现实的发展和思辨的发展的界限。

由此可见，否认物质无限可分的原理，是直接同辩证唯物主义的物质概念相冲突的，它必定要导致对辩证唯物主义物质概念的否定，重新回到了形

①[德]恩格斯：《自然辩证法》（单行本），第1版，第130页，北京：人民出版社，2015。

而上学唯物主义物质观的立场上去。唯物主义者都认为物质是世界的本原，但如果否认了物质的无限可分性，那么，就必然要得出这种原始物质是世界本原的结论。在古代，许多学者把某种有形物，如水、火、气等，作为世界的本原；原子论者则把原子看作是构成万物的世界本原，虽然说法不同，但在本质上都是承认世界上有一种最原始的物质，因而也就承认了世界有一个最初的起源。于是，我们就不得不承认世界是有开端的。但是，开端和终结又是相互转化的，因而世界也是有终结的。只要我们否认了物质的无限可分性，我们就不能不得出这种结论。

辩证唯物主义承认物质是世界的本原，但是，它否认原始物质的存在。一切物质形态都不是原始的，它都是从另一种物质形态转化而来的。物质是不生不灭的。例如，我们的太阳系是从星云物质中产生出来的，作为太阳系起源的星云物质，必定是在前一个“太阳系”的毁灭中产生的，而且也必定经历了无数次的生灭和转化的历史。大爆炸宇宙学认为，我们的宇宙是在一次原始火球的爆炸中产生的。这个原始火球是从哪里来的呢？显然是由前一个宇宙演化的结果，从而成为我们的宇宙演化的开端。因此，在自然界物质的永恒循环中，既没有绝对的开端，也没有绝对的终点。物质的一切形态，都是转化的中介。如果要问：在转化中的物质形态，到底谁是原始物质？回答只能是：它们互为原始。

辩证唯物主义对原始物质的否定，就是对物质无限可分思想的肯定。只要我们坚持辩证唯物主义的物质概念，就不能不得出结论说：物质是无限可分的。

3. 承认矛盾的普遍性，必然肯定物质的无限可分性

世界上的一切事物都是一分为二的，这是马克思主义的一个基本观点。如果把这个辩证法的观点贯彻到底，那么，我们就得承认世界上根本不存在不可再分的物质层次。从矛盾普遍性的观点来看，没有一种事物是不可分析的，无论物质被分割到何种程度，它的内部总是包含有矛盾的，因而总是一分为二的。就是说，只要我们承认矛盾的普遍性，从而承认物质结构的普遍性，这就坚持了物质无限可分的思想。在这里，所谓可分，也就是有结构的意思。至于能否把其中的组成部分单独地分离出来成为自由粒子，则有赖于实验所达到的条件，不应把它作为承认物质可分性的思想。

海森堡也正是在结构的意义上反对物质无限可分的观点的。他说："'分离'与'组成'这些概念的应用范围是有限的。""它们仅在特定的情形下才有确切的含义。"海森堡还明确地指出："'组成'这个词，一般说来，在粒子物理学中已经失去了它的意义。"① 美国的一些学者也持同样的观点，他们说："我们必须做出这样的结论，当研究电子、质子、中子等粒子时，我们达到了一个极限：把这些粒子看成是由其他更基本的粒子所组成就显得不合情理和无用了。"并进一步指出："今天没有人企图根据物质是无限可分的前提来创立一个全面的物质理论：这样一种企图将是无益的。"② 这些否认物质无限可分的思路是很清楚的：存在着这样一种物质，它不再由各个部分组成，因而是没有组成的。没有组成的物质是没有结构的，因而是不可再分的。而没有组成、没有结构的物质，是一种抽象同一体。把这种抽象的、绝对的同一性看作世界的本原，正是谢林的同一哲学的精髓。谢林认为，作为本原的东西，应该是更高的东西，他说："这种更高的东西本身就既不能是主体，也不能是客体，更不能同时是这两者，而只能是绝对的同一体。"③ 这种绝对同一体是什么呢？是不可捉摸的东西。谢林说："绝对同一体，一般是完全不能称谓的，因为它是绝对单纯的东西，也绝不能取诸理智的东西或自由的东西的称谓，因此，它也决不会是知识的对象，而只能是行动中永远假定的，即信仰的对象。"④ 因为世界上根本不存在绝对同一体，因此，

---

①[德]海森堡：《宇宙线和物理学的根本问题》，《世界科学译刊》，1980年第2期。

②[美]美威切曼：《量子物理学》，第1版，第14页，北京：科学出版社，1978。

③[德]谢林：《先验唯心论体系》，第1版，第25页，北京：商务印书馆，1976。

④[德]谢林：《先验唯心论体系》，第1版，第25页，北京：商务印书馆，1976。

这种绝对同一体也就理所当然地不能被人们所认识。所以，它不能称谓，也不能作为认识对象，而只能被人们所信仰。如果要坚持这种绝对同一体，否认矛盾的普遍性，其最后的结局，只能导致信仰主义。

在谢林之后，杜林又重复了同样的观点，他认为，“自然界相继发生的一切分化，都必然渊源于某种自身等同的状态，这种状态可以从来就没有矛盾地存在着。”① 杜林的这段话，倒是点出了问题的本质，这就是：对没有结构、没有组成的自身等同状态的承认，就是对矛盾的否定。因为这种状态就是没有矛盾的状态。可是，否认了矛盾，就否认了运动和变化的源泉，从而也就否认了这种物质之作为本原的根源，它又怎么能给自然界带来生机和活力呢？恩格斯在批判杜林的这种观点时指出：“如果世界曾经处于一种绝对不发生任何变化的状态，那么，它怎么能从这一状态转到变化呢？绝对没有变化的，而且从来就处于这种状态的东西，不能由它自己去摆脱这种状态而转入运动和变化，因此，使世界运动的第一次推动一定是从外部、从世界之外来的，可是大家知道，‘第一次推动’只是代表上帝的另一种说法。”②

承认无组成、无结构的物质存在，就不能不得出这个“第一次推动”的结论。

在我国，很多人都懂得矛盾的普遍性。但是，不承认物质无限可分的人们，恰恰否认了矛盾的普遍性，我们要承认矛盾的普遍性，不仅要承认矛盾存在于现有已经认识的物质层次中，而且又要承认矛盾存在于物质的一切层次中，从而坚持物质的无限可分性。否则，我们就要最终地否认矛盾，因而也就离开了辩证法。

具体的有结构的物质层次，都是现实世界的物质形态。如果要问这些物质形态是从哪里产生出来的，那么我们可以回答，就组成来说，它们是由低

---

①[德] 恩格斯：《反杜林论》（单行本），第1版，第49页，北京：人民出版社，2015。

②[德] 恩格斯：《反杜林论》（单行本），第1版，第55页，北京：人民出版社，2015。

一级层次的物质构成的，因而是从另一种物质形态转化而来的。在自然界中，这种物质形态的转化和运动形态的转化，时刻地在发生着。例如，正负电子对转化为两个光子，或两个光子转化为正负电子对。这种转化本身就说明，电子和光子仍然具有复杂的结构。一切物质的存在形式，都是有生有灭的，它们是产生出来的，因而也是会消灭的。既然存在着这种产生和消灭的过程，那么物质层次就不会是没有结构，没有组成的绝对单纯的物质了。

真正造成困难的，并不是对物质结构的普遍性的承认，而在于没有结构的物质的现实来源。没有结构的物质是组成有结构物质的成分，所以有结构物质的来源是容易回答的。但是，我们如果否认了物质形态的转化，那么这种无结构的物质又是从哪里产生出来的呢？也许论者会回答说：它本身就有的。就是说，它是没有来源的。即便如此，也仍然存在着不能自圆其说的困难。第一，如前所述，它对无矛盾的物质如何能够成为自然界的运动和变化的源泉，没有提供科学的答案，而且最终还要导致“第一次推动”的结论。第二，既然世界上有结构的物质是从无结构的物质中演化出来的，而无结构的物质又不存在产生和演化的问题，这就说明，最初的世界只存在着一种无结构的物质，往后的一切多样性和复杂性，都是从这种单一性物质开始的，这就肯定了世界上必须有一个开端，因而也必定存在着一个终点。第三，如果一切物质都是从同一无结构的物质中产生的，那么它们之间的差别，也就只能由这种原始物质的量的差异所规定了。这就同近代形而上学自然观一样，把一切质的差异归结为单纯的量的差异。恩格斯指出：“如果质的一切差异和变化都可以归结为量的差异和变化，归结为机械的位置移动，那么我们就必然要得出这个命题：所有的物质都是由同一的最小的粒子所组成，而物质的化学元素的一切质的差异都是由量的差异，即由这些最小的粒子结合成原子时在数目上和在空间排列上的差异所引起的。但是我们还没有走得这么远。”①

人们总认为，承认物质有限可分会比承认物质无限可分的困难小得多，

①[德]恩格斯：《反杜林论》（单行本），第1版，第127—128页，北京：人民出版社，2015。

事情恰恰相反。因为，不仅“可分”是矛盾，而且不可分也是矛盾。由于人们离开“不可分”来理解“可分”，因而就用“不可分”来否认“可分”。这就是主张“物质有限可分”命题的人们的思想方式。

4.“可分”存在于“不可分”之中

任何一种物质的存在形式，它之所以成为一种物质的稳定的状态，都必须具有其固有的规定性，从而与其他事物区别开来。这就表明，任何存在物都有它的整体性和不可分割性。如果原子中的电子，个个都跑掉了，那么，这个原子就不再是原子了，它将变成一个原子核。但是，在化学运动中，原子是化合和分解的最基本的单位，具有整体性和不可分割性。因此，物质的各个层次，它们都具有不可分割性，这是物质分化的基本条件。由于具有了这种不可分割性，才有稳定的现实世界，才有世界的多样性。

但是，“不可分”本身就包含有矛盾，这里涉及了整体与部分的关系。所谓整体性，就是不可分性。整体又总是相对于部分而言的，它是由部分构成的整体。由于整体的不可分割性，从而使它具有各个部分所不能具有的性质。同样，部分也是相对于整体而言的，离开了整体的部分，同样必然地要丧失在整体中所具有的性质。如果把整体分割为各个部分，那么，这个整体也就不再是整体了。当然，把各个分离的部分随意地堆在一块，它们也就不能成为整体了。只有当各个部分形成了特定的有机联系和结构时，部分才构成整体。当部分从整体中分割出来时，它本身也就不再是部分而成为一个整体了。由此可见，整体是以部分为前提的，部分又存在于整体之中。相对于部分来说，整体性就是各个部分的相互联结，表征着它们的不可分割性；相对于整体来说，部分则是相互联结中的各个关节点，有自己相对的独立性，表征着整体的可分性。由于部分存在于整体之中，因而可分性也就存在于不可分性之中；任何整体都是由部分构成的，因而任何不可分性都包含有可分性。可分和不可分就这样成了不可分离的两极，互为存在的条件，一方离开了另一方，自身也就不复存在了。因此，只强调可分性而否认不可分性，或只强调不可分性而否认可分性，都是片面的。我们说原子是一个不可分割的整体，因为在化学运动中它是化合和分析的基本单位，是不可再分的物质粒子。但是，原子又是由原子核和电子构成的，在原子的不可分性中又包含有它的可分性。

可分和不可分的这种辩证关系，对于原子核、原子、分子等物质形态来说，是比较容易被人们接受的，因为它们的可分性和不可分性都是被经验所证实了的。“夸克幽禁”假说的提出，使不少人产生了怀疑，以为基本粒子是不可再分的。但是，辩证法的最根本要求是承认事物的内部矛盾，自我运动，要求承认基本粒子的不可再分性中包含有可分性。形而上学的公式是：A=A。这种抽象同一性否认了事物内部矛盾的普遍性，从而否认了事物发展的内在动力。辩证法所主张的是具体的同一性，在同一性中包含有差异和变化。同一是以差异为前提的。因为有差异，故能在一定条件下构成矛盾，获得同一性。不可分就是矛盾在一定条件下的同一性，表明矛盾双方的互相联结和相互依赖。可分性就是差异性，表明矛盾双方的对立和斗争。可见，物质的不可分性是有条件的，因而是相对的；物质的可分性是无条件的，因而是绝对的。原子是不可分的，但是，只有在普通化学领域中才显示出这种不可分性，电磁过程则可以把原子中的电子分离出来。相对于原子来说，原子核显得更加稳定，因为它具有更大的结合能，把它分开，必须有更大的能量。即使在电磁相互作用的过程中，原子核仍是不可分的。但是在核裂变中，原子核却被分裂了。所有这一切证明，物质的不可分性是有条件的，相对地，物质的可分性是无条件的、绝对的。

当我们强调物质可分的无条件性、绝对性的时候，只是表明物质层次的不可分向可分转化的这种趋势，是无条件的和绝对的。毛泽东同志说：“一切过程都有始有终，一切过程都转化为它们的对立物，一切过程的常住性是相对的，但是一切过程转化为他种过程的这种变动性是绝对的。”① 如果认为物质可分到一定层次之后就不再可分了，到尽头了，那么，这种转化的变

① 毛泽东：《矛盾论（一九三七年八月）》，《毛泽东选集》第1卷，第2版，第332页，北京：人民出版社，1991。

动性也就被否定了。否认了这种转化的绝对性：第一，意味着对事物矛盾精髓问题的否定。关于事物矛盾问题的精髓告诉我们，矛盾的普遍性和特殊性、斗争性和同一性关系，是共性与个性、绝对与相对的关系。毛泽东同志认为，谁要是不懂得这种关系的道理，就等于抛弃了辩证法。物质层次的不可分性的见解，否认了矛盾的共性、绝对性，因而也就否认了上述的共性与个性、绝对与相对的关系的道理，不能坚持辩证法。第二，意味着人类对物质层次结构的认识，达到了绝对真理的程度，因而也就停止了。恩格斯很早就指出："如果人类在某个时候达到了只运用永恒真理，只运用具有至上意义和无条件真理权的思维成果的地步，那么人类或许就达到了这样的一点，在那里，知识世界的无限性就现实和可能而言都穷尽了，从而就实现了数清无限数这一著名的奇迹。"① 事实上，人类对物质结构的认识并没有因此而停止。正当海森堡等人在否认基本粒子的组成和结构的时候，关于基本粒子的结构模型，一个接着一个地提出来了，科学上一系列新的物质粒子的发现，在不同程度上说明了物质无限可分的正确性。不仅如此，人类已经深入到组成基本粒子的更低层次的内部，开始研究夸克的结构。这些事实，至少对于基本粒子没有组成的见解，是一个有力的否定。任何物质层次都是可分和不可分的对立统一，这是物质层次的间断性的连续性和对立统一的反映。不可分转化为可分，可分又转化为不可分，如此循环往复，以至无穷，从而构成了物质的无限可分性。

①[德]恩格斯：《反杜林论》（单行本），第1版，第91页，北京：人民出版社，2015。

第四章　马克思主义运动观

一、相互作用构成运动

物质和运动的不可分割原理，是辩证唯物主义的基本原理，它为运动的探索提供了理论的根据。现代自然科学的最新发展，进一步证明了这个原理的正确性，为对运动的深入研究提供了最新的基本素材。根据辩证唯物主义的基本原理和现代自然科学的新材料，对运动作出新的认识，是我们的一个重要任务。

1. 位移、态变、质变

什么是运动？恩格斯很早就做了科学的规定。从物质与运动的关系来说，运动是物质的固有属性，是物质的存在方式。就运动本身的规定性而言，在一般意义上说，运动是物质的一切变化和过程。因此，运动是具有特定内容的，这些内容正表现了物质的变化。从是否发生根本性质的变化来看物质的运动，运动的形态一般有两类：量的变化和质的变化。我们现在要说明的关于物质运动的内容，并不是指量变状态和质变状态，而是指运动的具体种类。尽管每一种类的运动都有很不相同的内容，但是都要采取量变和质变这两种状态，从而使物质运动呈现出发展和飞跃。这是任何一种物质的运动都具有的。

运动的内容也就是变化的内容，它大致可分为三个方面：一是位置的变化，二是状态的变化（态变或相变），三是性质的变化（质变）。

物质的一切运动，都包含有位置的变化。恩格斯在研究运动的基本形式时，已经揭示了这种位置变化的普遍性，认为要研究物质的运动形式，首先要研究物质的位置移动。位置移动是运动的一种最普遍内容，物质的任何运动都不能没有它。在位置变化中，首先涉及的是量。从特定方面说，也包含有质的规定，如直线运动和曲线运动、匀速运动和变速运动、宏观物体的位移运动和微观物质的位移运动等，它们之间都有一些质的差异。

状态是标志物质系统所处的状况，它包括两个方面：一是运动状态，如机械状态、热学状态等，它们都由一组物理量来表征。温度、压强和体积这一组物理量就可以描述由一定质量气体组成的系统的热学状态。二是指物质状态，即凝聚态，如固态、液态、气态、等离子态、中子简并态等。状态的变化包含着位置的变化，但又具有比位置的变化更为深刻的内容，在物理、化学、生命的过程中，都有状态的变化。

事物的性质变化，主要是指质变和总的量变过程中的部分质变，是事物的根本性质的变化，它比状态的变化具有更加深刻的内容。如，化学性质的变化就是一例。所谓化学性质，是指物质在化学反应的过程中所表现出来的性质，如酸性、碱性、氧化性、还原性、络合性、化学稳定性等。化学性质的变化，虽然同状态的变化有关，并且总是伴随着状态的变化，但是，内容则丰富得多。水的固态、液态、气态相互变化，就状态来说，发生了质变；就化学性质来说，则没有发生质变，在总体上，仍旧处于量变阶段，因此，可以称它为层次性（即阶段性）的部分质变。生物性质、社会性质则是更加高级形态的性质，比化学性质具有更加丰富的内容。可见性质变化的内容包含有多种层次，涉及物质世界的各个领域。

运动的特定内容，都有自己特定的形式。所谓运动的形式，也就是物质的存在和变化的形式。不同的运动形式，反映了运动的不同种类。运动的内容和形式的统一，可以帮助我们从运动的内容来认识运动的形式。恩格斯和毛泽东都曾指出过，物质的性质只有在运动中才能呈现出来。人们认识物质，就是认识物质的运动。不同的运动形式，是由不同的运动内容所决定的。由此，人们可以根据运动中所表现出来的不同内容，来区分不同的运动形式。

位置的变化，并不涉及物质状态和化学、生物、社会性质的变化，只是变动了物质的空间和时间的坐标。位移运动是运动的最简单形式，在宏观领域，这种位移运动带有机械性，因此被称为“机械运动”，但是，如果考虑到微观领域中位置变化并不带有机械性的特征，那么我们如以“位移运动”的名称来代替“机械运动”，将会有更高的概括，它可以反映宏观和微观两个不同领域中的位移运动的共同特征。

状态变化，在热力学中叫态变或相变。这里所说的“相”，是指具有相同成分及相同物性、化学性质的均匀物质部分。这些部分若共处一起，在相与相之间必有明显可分的界面。例如，水、冰、水蒸气，是三个不同的相。这些相的相互转变，就叫相变。如果在临界温度和临界压力下，物质的气、液两态能平衡共存而占有临界体积，那么这种状态就叫临界状态。在临界状态下，两态之间的界面也就消失了。造成这种态变或相变的原因，从宏观上看，涉及物质的体积、压强和温度之间的关系；从微观上看，则可归结为分子的运动。具有这种态变、相变内容的运动，我们称它为热运动。它是仅高于位移运动的一种运动形式。

电磁现象虽然同热运动有着内在的联系，但在宏观上，如电荷和磁场、电场和磁场、电势和电位、极化和磁化、静电感应和电磁感应等，对于热运动来说，都是全新的现象，有着根本不同的性质。很显然，电磁现象是不同于热运动的一种特殊的运动形式。由于电和磁是相互转化的，也正是这种转化推动着运动，因此，我们可以称它为电磁运动。过去我们把热、声、磁、光等，都看作是物理运动的现象。发声属于机械运动，是由位移运动所造成的。热则是热运动，电和磁同发声和热具有不同的性质，不能看作同一种运动形式，光则是看得见的电磁波，是电磁运动的一种具体形式。单一的物理运动，不能概括这些形式的多种内容，除位移运动之外，再以热运动和电磁运动两种形式来表示这些运动的内容，会更加符合实际情况，也更能科学地描述运动的真实。在说明性质的变化中所提到的化学性质，同热、电、磁的性质相比又是全然不同的另一个方面。而且，在化学反应的过程中，化合和化分也是全新的内容。人们把包括这种运动内容的形式叫化学运动，以区别于位移运动、热运动和电磁运动，自然是有充分根据的。

生命活动的基础是蛋白质，而生命之所以能够存在，必须进行同化和异化的新陈代谢。生命的特征在于它能够进行自我调节、自我复制，并对环境进行选择性反映。这又是一种特殊的运动，即生命运动。

2. 相互作用构成运动

现代自然科学表明：自然界的四种相互作用构成自然界的运动，并进一步证明，在自然界中除直接的相互作用（碰撞和摩擦）以外，还有间接的相互作用，即通过物理学的相互作用。这就是引力相互作用，弱相互作用，电磁相互作用，强相互作用，要了解这些相互作用如何构成运动，必须对各种相互作用有大概的认识。

强相互作用发生在强子之间，光子和轻子没有直接的强相互作用。结合核子成为原子核的核力相互作用，介子和重子相互碰撞而产生粒子过程的相互作用，都是强相互作用。由于介子和重子都具有直接的强相互作用，人们就把它们统称为强子。强相互作用的强度约为电磁相互作用的 10^3 倍，左右的有效里程约为 10^{-13} 秒厘米。完成作用所需要的时间约为 10^{-23} 秒，力程和作用时间，反映了强相互作用过程的空间特征和时间特征。

电磁相互作用是发生在所有的荷电粒子和光子之间的相互作用，光子是电磁相互作用的媒介粒子，荷电粒子之间由于相互交换光子，从而形成了电磁相互作用。它的作用强度可用无量刚参量 $\alpha=\dfrac{1}{137}$（α称为精强结构常数）来表征，有效力程可以达到无穷远。但是，它的强度要随着距离的增加而减少，特征时间为 10—21 秒。

弱相互作用是广泛地发展的相互作用，除光子之外，一切粒子都具有弱相互作用。粒子衰变过程，则是弱相互作用的最主要的表现。它的作用强度的数量级约比电磁相互作用弱 10^{-9} 倍，有效力程约为 10^{-15} 厘米，特征时间在 10^{-18} 秒和 15 秒之间。中间玻色子是弱相互作用的媒介粒子，它与光子不同，可以带电，也可以不带电，也有静止质量。

引力相互作用是一种最普遍的相互作用，但强度最小，比弱相互作用还要小 25 个数量级，有效力程可以达无限远。引力相互作用的根源是质量，由于微观粒子的质量很小，引力相互作用的强度很弱，因此，在微观领域中引力相互作用往往可以忽略不计。在宇观领域，由于天体都具有巨大的质量，因此，引力相互作用就表现为主要的作用了。

这四种相互作用是怎样构成运动的呢?

在宇观运动中，万有引力相互作用起着主要的作用。地球表面的自由落体运动，是位移运动的一种形式。物体之所以自由地向着地球下落，是因为它受到地球引力的影响，所以，引力相互作用，是地球表面物体位移运动的原因之一。研究证明，自然界中的四种相互作用都能构成位移运动。

热的本质是分子运动，分子之间存在着直接的相互作用，如直接的碰撞等，同时也存在着间接的相互作用。在分子之间存在着一种相互作用力，人们都称它为分子力。所谓分子力，主要是瓦尔斯力，它起源于分子内部的电性结构，属于电磁相互作用。因此，分子力，也就是电磁力，电磁相互作用是热运动的内在原因。

化学运动是指在原子核组成不变的情况下，生成新物质的变化。这种变化的成因，在于核外电子运动状态的改变所引起的物质组成的质变。物质的组成是由于在分子或晶体内部原子之间发生强烈的吸引作用。这就是化学键。化学键有三种基本类型：离子键、共价键、金属键。生成这三类化学键的根据，都在于电磁相互作用。离子键又叫电价键，由阳离子和阴离子之间的静电作用而形成的化学键，存在于离子型分子和离子型晶体之中。共价键是分子和晶体里原子间通过共同电子所形成的化学键。所谓电子对也就是电子云重叠。由于原子间的共同电子对数目的不同，共价键也不同。共用一对电子所形成的是共价单键，共用两对电子所形成的是共价双键，共用三对电子所形成的是共价三键。由于成键的两原子电负性的不同，共价键还有极性共价键和非极性共价键之分。金属键是金属正离子和自由电子的相互作用所形成的共价键，又叫改性共价键。固态或液态金属为什么会具有导电性呢？就是由于其中自由电子在外加电磁的作用下定向移动所造成的。金属的其他性质，如导热性，良好的机构加工性能和紧堆结构等，都同自由电子的存在和运动有关系，由于电磁相互作用，化学键的生成和断裂，便构成了化学运动。

生命运动同哪一种相互作用有关呢？这是一个极其复杂的问题。从宏观上看，生命运动同自然界中的四种相互作用，似乎没有什么联系。但是，自物理学、化学在生命科学中应用以来，人们就可以从分子水平上去研究生命运动，从而说明在微观领域发生的相互作用，在生命体内也同样是存在着的。在20世纪40年代，薛定谔写了一本《生命是什么》的著作，提出了一系列一般人在当时还难以接受的观点，认为生命都有自己的热力学基础，因为机体是开放的系统，这个热力学状态并不是平衡态，而是非平衡态，由此提出了“负熵”的概态，说明机体的有序性。60年代末，普利高津提出的耗散结构理论，发展了薛定谔的这些观点，并证明了这些观点的正确性。薛定谔还提出了生命的分子基础的问题，认为遗传的物质基础是有机分子，遗传性状以密码形式通过染色体传递。1944年，研究证明在转化现象中DNA起着决定性作用。所谓转化现象，指的是一个生物品种吸收了另一个品种的一些物质以后，它的遗传性状按照后一品种发生改变的现象。1953年，沃森和克里克根据对X射线的分析，提出了DNA的双螺旋结构，成为分子生物学的开端，说明生物机体以分子为基础的预定是完全正确的。薛定谔还认为，生物体中存在着量子跃迁现象，X射线能够引起基因的突变，量子力学适用于生命现象。根据现代的研究成果，不少人认为，只有从量子力学的观点出发，研究电子的能级及其变化，才有可能了解生物体内的基本过程。生物分子以及活体中的过程，都和电子状态及其变化有关，分子生物学、量子生物学已逐渐成为现代生物学的主流，随着现代生命科学的发展，必将进一步证明，量子过程是生命过程的基础，我们必须从量子过程中探索生命过程的本质。尽管生命内部的这种过程，目前还不十分清楚，但是，在这些过程中，一切运动同样是由电磁相互作用、弱相互作用、强相互作用等相互作用所构成的。关于这一点，是完全可以肯定的。

现代科学证明，无论是宇观、宏观领域，还是微观领域，一切运动和变化都是由弱相互作用构成的，说明相互作用就是终极原因，这就永远结束了对世界之外第一推动力的寻求。

二、运动形式和物质承担者

既然运动形式是物质的存在形式和变化形式，那么，物质形式和运动形式必定存在某种对应的关系。现实地存在着的物质都是具体的、可感的形态，它们都是一些由量变引起质变的关节点，如基本粒子、原子、分子、蛋白质大分子、宏观物体，地球、天体、星系、宇宙等，都是物质的具体形态，都具有很不相同的性质。这些不同的性质，是由它们各自所具有不同的运动内容所决定的，既然运动内容决定运动形式，而作为运动的物质承担者具体物质形态的性质又取决于运动的内容，那么物质承担者与运动形式也是一种同一体，我们只要认识了各种不同的运动形式，也就认识了物质的各种不同的具体形态。同时，当面临一种新的认识领域时，只要我们确定了某类物质形态的性质，也就可以确定它们所具有的不同的运动形式，因此，以不同物质承担者作为划分运动形式的一个根据，也是一个完全合理的设想。

一切物质形态都具有位移运动的性质，因为做位移运动的一切物质形态都具有质量，物体必须具有质量，这是位移运动的唯一条件。至于这些具有质量的形态是什么，是无生命的还是有生命的，这对于位移运动是无关紧要的，位移运动对这些物质形态的性质不起决定性作用，质量是位移运动的承担者，位移运动是质量的存在形式。恩格斯把机械运动叫作质量运动，根据也正在于此。

位移运动是一切物体的有规则的运动，当大量分子做无规则运动时，便出现了热现象。热的出现，一方面是由于出现了新的运动的物质承担者——分子；另一方面是由于大量分子造成了无规则运动，从而出现了不同于位移运动的热运动。热的本质就是分子的动能，分子与热运动的这种对应关系，肯定了分子是热运动的承担者，这是近代热力学的重大成果。应该指出，一切宏观物体都是由分子构成的，不管它们处于运动状态还是相对静止状态，内部的分子都不会绝对静止，因而都进行着热运动。热运动同宏观物体是否发生位移没有必然的联系。作为位移运动的承担者——宏观物体，只能作为一个整体而存在，其内部无论发生什么过程，热的、电磁的、化学的、生命的等，都独立于位移运动之外。力学把这种整体当作位移运动的承担者的时候，除质量这种属性之外，其他的一切属性都被抽走了。当然，分子不仅是热运动的承担者，同时，它还具有位移运动形式，因为它们必须做无规则的运动，这也是一种位移运动。当我们把分子看作位移运动的承担者时，着眼的只是单个的分子，而不是大量的分子，只考虑分子在空间中的位置随着时间的变化，而不在乎有无规则。

原子是比分子更低一层次的物质形态，它所承担的是化学运动。一般认为，化学是研究物质性质变化的科学。这里所说的物质性质，也就是由化学元素构成的物理性质。化学元素是自然界中最简单的基础物质，一切物质都是由一定数目的元素构成的。由于元素性质被称作“化学”这门科学所研究，所以我们就把元素所构成的物质的性质，称作物质的化学性质由相同元素的原子构成的物质叫单质，由不同元素的原子相互化合而构成的物质叫化合物，不同数目的元素原子或元素原子之间的不同结合，所生成的化合物的性质是根本不同的。但是，在一切化学过程中，元素原子的性质，则是不变的。元素原子性质的这种不变性，是由于在化学反应过程中，原子的核电荷数保持不变的缘故。可见，化学反应是以原子为单位的。在这里，原子是一个不变的整体。造成物质的不同化学性质的原因，在于原子数目的不同和原子之间结构的不同，所以，恩格斯说：“化学可以说是研究物体由于量的成分的变化而发生的质变的科学。”[①] 这里所说的量，就是原子的数量。正因为原子是化学运动的物质承担者，道尔顿所创立的原子论就成了标志近代化学发展新时期的开端。原子论以原子结合和分解来说明各种化学现象，并以原子是独立单位来说明其他化学定律。可以进一步作出规定：所谓化学运动，就是

---

①[德]恩格斯：《自然辩证法》（单行本），第1版，第79页，北京：人民出版社，2015。

原子的化合和化分，由此而造成了物质化学性质的变化，所以，化学运动是原子的存在形式。

为什么分子不是化学运动的物质承担者呢？这是因为，由原子组成的分子，在化学运动中并不是一个不变的整体，它可以被分解，又可以被复合。当然，由原子的化合和化分所引起的分子性质的变化，是化学运动产生的结果，离开这些结果，化学运动的具体内容，也就很难加以说明了。显而易见，分子在热运动中是一个不变的整体，它是否具有化学性质并不是必要条件，重要的是它必须具有质量和动能，并做无物质的运动。在化学运动中，分子被分解了，当它被看作一个整体时，强调的是它所具有的各种不同的化学性质。所以，分子是热运动的承担者，又是从热运动向化学运动变化的中介物。

生命是化学进化的结果，其标志是生物大分子的出现。首先，生命分子不是一般的分子，它主要是核酸和蛋白质的多分子体系。其次，生命分子的特性也不是化学特性，主要是生命特征，即自我调节、自我复制和对体内外环境的选择性反应。从无机物到生命，其间必须经历有机物这种中间环节，从无机物的小分子发展到有机物的小分子再发展成生物的大分子，出现了蛋白质和核酸。生命的进一步发展，是构成生物大分子的多分子体系，再由这种多分子体系进化为原始生命。因此，作为生命运动体系，是大量分子以一定的结构而形成的一个统一整体。在热运动和化学运动中的分子，显然，是根本不具备这种特征的。由于这种结构的变化，使多分子构成了一个整体，从而使它获得了一般化学物质所不具备的自我调节、自我复制和选择性反应的生命特征。如果这个整体被分解，生命特征也就随之丧失。既然没有了承担者，生命运动就不复存在了。所以生命运动是核酸和蛋白质的存在形式。

生物的进化导致了人类社会的产生。劳动使社会运动与生物运动区别开来。生物只能适应环境，人类则能以劳动去改变环境来满足自己的需要。为了从事生产劳动，人们就要结成一定的关系，即生产关系。随着生产劳动的发展，人不断地从事改变生产关系、社会关系的活动和进行各种各样的科学实验。所以除生产劳动之外，各种政治活动和科学实验也成了社会运动的基本内容。人类社会的这一切活动，都是由人参加的，所以，社会运动的物质承担者是人类，社会运动是人类的存在形式。

人类社会是自然界长期发展的产物。社会运动是在自然运动的基础上产生和发展起来的。自然运动和社会运动的这种统一，又产生了一种新的运动形式，这就是思维运动。思维是人脑的属性，人脑是自然界长期发展的结果，是最高级的物质形态。在这种意义上说，思维运动属于自然运动。但是，思维又是社会的产物，只有在劳动中才能产生语言，它为思维的产生提供了物质条件，也只有劳动才产生了运用思维的需要。所以，思维从一开始就是社会的产物，而且只要存在着社会，它永远是社会的产物，在这种意义上说思维运动又是社会运动。思维运动既属于自然运动，又属于社会运动，是自然运动和社会运动的统一。这种统一之所以可能，其根源在于人脑。人脑具有极其复杂的物质结构，思维作为人脑物质的属性，可以把它归结为微观粒子的运动。但是，这种归结只能说明思维的自然基础，却不能解释思维的社会属性。思维的社会性，只能由社会实践来说明。思维是社会实践的反映，对社会实践又有相对的独立性。因此，它既从属于社会运动，又能相对地独立于社会运动，有自己特有的运动规律，是一种独立的运动形式。作为人脑的属性，思维运动的物质承担者就是人脑，除此之外，思维运动还有另一种含义，即思维的历史运动。各门科学史、各种思想史，都是思维的历史运动。思维史的存在，依赖于文字。语言和文字是思维的物质外壳，没有语言和文字，就不会有思维的历史发展。就这一方面而言，语言、文字是思维历史运动的物质承担者。思维运动既是人脑的存在形式，同时又是语言文字的存在形式。

综上所述，在宏观领域，物质的运动形式与运动的物质承担者是相对应的。这种对应关系是物质和运动的不可分割的反映，说明运动是物质的根本属性。我们可以运用这种对应关系原理，来认识尚未揭示的运动形式和物质形态的具体特征，不断地发现新的运动形式及其物质承担者。当人们还不知道电磁运动的承担者到底是什么的时候，恩格斯就提出了这样的问题：“什么东西是电运动的真正物质基础，什么东西的运动引起电现象。”[①]问题的这种提法，指明了电学研究的方向。当时，恩格斯明确地指出：“的确，在电学的领域内，一个像道尔顿那样的能给整个学科提供一个中心点并为研究工作打下稳固基础的发展，现在还有待完成。”[②]道尔顿发现了原子论，开始了化学发展的新时期；在电学领域，它的新时期就在于电子论的建立。在恩格斯的提示中，已经预言到了电运动的物质承担者——电子的存在。19世纪末，电子的发现，证明了恩格斯的正确预言，同样证明了运动形式与物质承担者的对应关系的正确性。

三、运动的分类

在自然界的宏观领域，根据物质的各类不同的内容，我们可以把运动划分为相应的几种形式，这就是：位移运动、热运动、电磁运动、化学运动和生命运动。这五种运动形式，决定着自然界物质的五个种类的形态，反映出五种根本不同的运动性质。

1. 宇观运动、宏观运动和微观运动

前面讨论的运动形式，都属于宏观运动。造成宏观运动的原因，主要是电磁相互作用，其次是引力相互作用。地球表面的自由落体运动是由引力造成的。引力相互作用之所以能够发生，主要在于地球属于宇观物体，具有大质量、大尺度的特征。直接的碰撞和摩擦可以造成位移运动和热运动。电磁运动也可以转化为热运动，热电效应、电功当量等名称，都表明电磁运动和热运动的相互转化，对热运动内部机制的深入分析，进一步发现分子之间的相互作用，主要也属于电磁相互作用。所谓分子力，也就是电磁力。电磁相

①[德]恩格斯：《自然辩证法》（单行本），第1版，第223页，北京：人民出版社，2015。

②[德]恩格斯：《自然辩证法》（单行本），第1版，第218页，北京：人民出版社，2015。

互作用造成了原子外层电子的得失，是化学运动中的化合和化分的原因。蛋白质的同化和异化，其本身就是化学过程，因而也离不开电磁相互作用。在宏观领域中，造成各种运动形式的原因，大体都可以用电磁相互作用来解释，并以引力相互作用做补充。

当我们从宏观领域进入微观领域时，首先遇到的问题就是如何划分宏观和微观的界限。这里用得着的是作用量子数，它就是普朗克常数 h，当 h 这个量子数发挥主要作用而不能忽略时，就进入了微观领域；当 h 这个量子数不发挥作用而可以忽略不计时，则是宏观领域。h 这个量子数，就是由量变引起质变的关节点，是宏观和微观相互转化的数量界限。当我们的科学研究从宏观进入微观领域时，所获得的第一个科学成果，就是量子力学的诞生。量子力学也是关于物质的位移运动的科学，但这不再是宏观物体的位移运动，而是微观物质的位移运动了。对于这种位移的解释，必须放弃牛顿力学那种机械论的观点，而代之以量子力学的新观点。就是说，这种位移运动是粒子性和波动性的统一。一切微观物质都是这种位移运动的物质承担者。两种力学科学、两种物质承担者，表明位移运动有两种不同的形式，但在位移这一点上，却又是相同的。

热运动也有类似的情形。近代分子物理学和热力学的成果证明，分子是热运动的承担者，但是热不是分子所特有的现象，而同样为一切微观物质粒子所共有。因此，热运动不仅仅是大量分子的无规则运动，同时也是一切其他物质粒子的无规则运动。各种辐射就是微观领域的热运动。量子统计力学则是微观领域的热学理论。

在经典电磁学中，电磁现象仍然属于宏观现象，麦克斯韦以他的电磁理论描述电磁运动，只有连续性，没有间断性，不了解连续性和间断性的统一。在微观领域，电磁场也量子化了。光子是电磁相互作用的媒介粒子，因此，在微观领域，电磁相互作用仍然起着主要的作用。在原子内部，原子核和电子相互结合为原子，是依靠电磁相互作用的力量，量子电动力学是电磁相互作用的微观理论。

微观领域中的两种新的相互作用——弱相互作用和强相互作用，给微观运动带来了新的特征。这两种相互作用都是短程力，强弱很不均等。在原子核的内部，强相互作用使中子和质子结合在一起，只有强子才参加强相互作用。弱相互作用的强度较弱，大部分都参与弱相互作用。一些放射性衰变现象都是弱相互作用的结果。现在，有量子色动力学描述强相互作用，量子味动力学描述弱相互作用。在微观领域中，基本的运动形式有三种，即位移运动、热运动、电磁运动，这些运动与宏观领域的同类运动，除它们之间的共同特征外，还有着根本不同的特殊性质。因为引起这些运动的原因，除电磁相互作用外，还有强相互作用和弱相互作用。在微观领域，并不存在独立形式的化学运动和生命运动。因为微观粒子都是亚原子的物质粒子，是比原子更低的物质层次。这样，反映化学性质、生命性质的物质实体也就不存在了。但是，作为整体的原子、分子、蛋白质、核酸等物质形态，其内部都是由微观物质粒子构成的，其性质是由它们内部微观结构决定的。因此，它以物质结构的原子—分子论为基础，揭示了微观粒子运动和物质的宏观热性质之间的联系，从本质上说明了宏观的热运动规律。

在宏观的意义上，化学运动是原子的化合和化分，其实质是原子外层电子的得失，即化学键的建立和断裂，化学键通常可分为离子键和共价键两种基本类型。共价键一般是指两个原子结合时，通过形成共有电子而产生的。离子键则是依靠正离子和负离子间的静电引力而产生的。化学运动的这种过程虽然属于微观的电磁运动，但它已经把化学运动从宏观运动引入微观运动。描述化学键理论，分子间的作用力和分子结构与性能的关系的理论，就是量子化学。这是化学运动的微观理论，它主要是通过薛定谔方程研究分子中的化学键问题。不仅如此，物质化学性质的变化，不只是原子的化分和化合的过程，而且，原子核衰变过程同样引起物质的化学变化。核衰变放射出来的高能射线、辐射作用于物质，同样也引起化学效应。

现代生物学也开始了从宏观领域进入微观领域的运动。自 20 世纪 50 年代以来，人们从分子水平上研究生命现象，主要是研究蛋白质和核酸的结构和功能。70 年代，兴起了量子生物学，用微观的规律来说明宏观的生命本质。当然，在生命体内的微观运动，同生命体外的微观运动相比，其性质是完全不同的。如果把蛋白质和核酸分解成原子或基本粒子，它就不再具有生命的物质特征了。而当原子和基本粒子成为构成生命物质的材料时，它不仅具备微观物质粒子所具有的特性，由于它已经成为生命物质的构成部分，因而也就具备生命物质的特征，而且这些特征还决定于生命物质内部的微观物质粒子的相互作用和运动规律。

可见，微观运动和宏观运动，既有区别，又有联系。它们之间的联系，又有两种不同的形式，一是对应关系。在宏观领域有位移运动、热运动和电磁运动，相应地，在微观领域也有这三种运动形式。二是包含关系。在宏观运动形式内部更深的层次上，如化学运动和生命运动，包含有微观运动，并由微观运动的规律决定宏观运动的本质。

除微观运动和宏观运动外，自然界中还存在宇观运动。宇观运动的基本标志是，运动的物质承担者具有大质量、大尺度的特征，而且万有引力相互作用成为运动的最基本原因。在宏观运动中，电磁相互作用扮演了主要角色。引力相互作用，只有在宇观领域中的天体和宏观物体相互作用时，如地球与地球表面的宏观物质相互作用时才成为位移运动的原因。在微观运动中，引力相互作用则每每可以忽略不计，这是因为，质量是引力源，要使引力相互作用起到主要角色的作用，必须有大质量的物质承担者，这些承担者主要是天体、星系、星系团等物质形态。只有在这种物质条件下，才能产生强大的引力场。因此，大质量、大尺度的天体和引力场，是宇观运动的物质承担者。这同微观运动和宏观运动是根本不同的。这也就是宇观运动区别于微观运动和宏观运动的基本特征。

在宇观领域，同样存在着各种各样的运动形式。首先是天体的位移运动，其根源在于引力相互作用。相对论宇宙学把宇宙看作一个引力场，并用引力场方程来研究宇宙的结构和演化。其次是热运动，各种恒星向太空的热辐射就是热运动的具体形式。恒星内部的热运动来源，可能是引力收缩所造成的结果，也可能是碳氢过程。在太阳的内部，则是氢核合成氦核的热核反应的产物。最后是电磁运动。在恒星中经常出现的磁场，星际空间存在的磁场，脉冲星等的射电波，星际气体中的电离，等等，都是电磁运动的具体表现。除这三种运动形式之外，化学运动和生命运动在宇宙领域同样占有重要地位。天体、宇宙的演化必定经历着元素起源的阶段，各种天体和星系，都有它的化学组成，现在新型的宇宙化学就是以宇观领域中的化学运动为研究对象的学科。自星际分子发现以来，证明宇宙领域同样存在生命运动。因此，宇宙生物学这门独立的学科也逐步形成了。在宇观领域的这些运动形式中，它们既有宏观运动的外部表现，又有微观运动的内部机制。现代宇宙学的研究表明，只有用微观运动的规律才能解释宇宙运动中的宏观现象，这就把宇观运动和微观运动进一步地联系起来。我们把宇宙运动当作区别于微观运动和宏观运动的独立运动形式，其根据在于它是宇观天体、星系以及星系团这些运动承担者的整体运动。在宇观领域，宏观运动中所包含的五种运动形式，是作为宇观运动中的某一方面而出现的。因此，在宇观运动中，虽然实现了微观运动、宏观运动和宇观运动的统一，但它是有比微观运动和宏观运动复杂和丰富得多的具体内容的。

综上所述，把自然界物质的运动分为宇观运动、宏观运动和微观运动三个不同领域，这主要是它们的物质承担者的质量和尺度在量上的差别所引起的质的不同，由此而出现了物质的宇观、宏观和微观的不同形态。尽管在这些同一形态内部仍然存在着更加特殊的物质具体形态，但是，由于微观物体、宏观物体和宇观物体各有自己的共同特征，使它们所具有的运动也带上了共性，决定各种相互作用在各个领域起着各不相同的作用。宇观物体的大质量、大尺度的特征，决定了引力相互作用在宇观物体的整体运动中起着主要的作用；宏观物体的质量和尺度，不能使引力相互作用处于显著地位，从而使电磁相互作用占据了主要的地位；微观物体由于质量很小，使引力相互作用失去了作用条件，电磁相互作用又不能完全地构成微观运动，它必须与弱相互作用和强相互作用一起，决定着微观领域的全部运动。所以运动物质承担者的质量和尺度，以及由物质承担者所固有的相互作用，构成了微观运动、宏观运动和宇观运动的差异。这两个方面也就成了微观、宏观和宇观的不同运动领域划分的根据。这种划分，同样证明了物质和运动的不可分割性。

2. 运动的逐级划分

划分是一种明确概念的外延的逻辑方法，它把一个属（大类）划分成几个种（小类）。正确划分的一个必要条件是，每一次划分都要根据同一个标准。由于时间的需要，我们可以对一个属作一次划分，也可以作逐级划分，显示属有多种的不同层次。把物质运动划分为自然运动、社会运动和思维运动，这是对运动的第一次划分。这种划分的标准，就是运动的物质承担者。对这三类运动还可以根据不同的标准，作出第二级划分。对自然运动曾有过不同的划分。一种划分是把自然运动划分为机械运动、物理运动、化学运动和生命运动四种形式；另一种划分是根据现代物理学发展，划分为机械运动、物理运动、化学运动、亚原子运动和生命运动五种形式，或者再加上地质运动，成为六种形式。这些划分，都有它的合理性，但也存在着一些问题。

第一种划分，主要是以物质承担者为标准。但是，作为机械运动的承担者，不只是一种物质形态，几乎自然界中一切物质形态，都具有机械运动形式。其次，物理运动不是单一的运动形式，在自然界中，并不存在具有物理运动形式的单一物质承担者。所谓物理运动，指的是自然界中的热、电、磁、光等运动现象。在宏观领域，热运动的承担者是分子，光是光磁波，可以大致看成是电磁运动，而电磁运动的物质承担者，是电磁场。分子与电磁场是两种根本不同的物理形态，因此，热运动和电磁运动也是两种不同的运动形式。根据划分的标准，由于在自然界中不存在同一的物理运动的物质承担者，因而也不存在单一的物理运动形式，应把它分为热运动和电磁运动两种形式。在这里根据运动的物质承担者来划分运动形式是可行的。但是，物体的具体形态并不是唯一的根据，同时还要根据物质具体形态的共同属性。作为机械运动的物质承担者，不是根据它是某种物质形态，而是根据所有物质形态都有质量这种属性。这样，我们可以根据质量、分子、电磁场、原子、蛋白质和核酸，把自然界运动划分为机械运动、热运动、电磁运动、化学运动和生命运动五种形式。必须提到的是，机械运动这个名称反映了机械性是宏观物体做位移运动的特征，实际上就是指位移运动。这五种运动形式都属于宏观现象。其中，前三种运动形式在微观领域中，虽然存在，但它们具有不同于宏观领域的微观特征；后两种运动形式不能以独立的形式直接地存在于微观领域，而只是包含在宏观的运动形式内部。在第二种关于运动形式的划分中，把微观领域的运动叫作亚原子物理运动，同样有它的合理性。因为，物理运动并不是一种单一的运动形式，而且在微观领域，并不是只有一种物理运动。“亚原子”也不是一种物质形态，至少在原子核和基本粒子之间，有两个不同层次的差别，就基本粒子本身来说，也被划分为光子、粒子、介子、量子等，它们在物质形态和运动形式方面，都有着显著的不同，参与不同的相互作用。因此，对于自然界物质运动，首先划分为微观运动形式，再作更低一级的划分，比较符合实际情况，并能更严格地遵守划分的逻辑规则。

关于地质运动，它也不是单一的运动形式而是位移运动、热运动、电磁运动和化学运动等运动形式的综合结果。同时，地质运动实际上是地球的起源和演化的问题，是太阳系的起源和演化的一部分，是属于宇观领域的运动。前面说过，宇观运动是由天体和引力场统一的运动所构成的。首先是位移运动，其次还有在宇观规模上的热运动和电磁运动，在天体和宇宙的演化上，除这几种运动外，在特定的阶段上，又增添了化学运动。可见，地质运动与这些运动形式是相容的，但是将它们并列起来是不符合逻辑的。

现代自然科学的发展，为我们提供划分自然界运动形式的标准。前面的分析已经指明，根据运动的物质承担者的质量和尺度，以及它们的相互作用，可以把自然界的运动划分为微观运动、宏观运动和宇观运动。对这三个领域中的运动作进一步的划分，其标准仍然是物质承担者。三个领域中的运动形式基本上是彼此对应的，但各有自己的特征，不能混为一谈。

四、现代自然科学对运动观的新贡献

1. 运动与物质相互关系的新探索

运动形式与物质形式的对应关系，说明了运动与物质的不可分割性。由于对应关系并不是严格的，因此这种说明是很不充分的。自然科学在现代的发展，又进一步揭示了物质与运动的依赖关系的更加深刻的内容，为辩证唯物主义关于物质和运动的不可分割的原理，提供了更强有力的论据。

在牛顿时代，人们把质量定义为“物质的量”，并把它作为物质的象征；把能量定义为运动的量度，也把它作为运动的象征。于是就形成了一种观念：质量和能量的关系，就表征着物质和运动的关系。

我们平常说运动是绝对的，指的正是：运动是物质的存在形式和固有属性，没有物质的运动和没有运动的物质，都是不可想象的。但是，运动的描述却是相对的。当我们说，汽车比自行车跑得快的时候，这些运动都是相对于一个参考系而言的。如果离开了特定的参考系，不仅谈不上运动，而且，更无从做运动快慢的比较了。根据运动的这种特征，伽利略提出了运动的相对性原理。设有两个惯性参考系，K 和K'，分别用 $OXYZ$ 和 $O'X'Y'Z'$表示，它们之间做匀速直线运动，其相对速度是v，在 K 和K'中分别观测同一事件，得到的结果 X 和 X'是不相同的，两个参考系中的坐标变换关系，就叫作伽利略变换：

$$\begin{cases} x = x' + vt \\ y = y' \\ z = z' \\ t = t' \end{cases} \tag{1}$$

式(1)求时间的导数，并以，$u' = \dfrac{dx'}{dt}$，$u = \dfrac{dx}{dt}$，那么在 X 方向的速度测有：

$$u' = u - v \text{ 或 } u = u' - v \tag{2}$$

这就是速度相加公式，这表明，在不同的惯性系中，速度也是相对的量。

但是，在经典力学中，质量是一个绝对的量。任何惯性参考系观测所得的质量，都是不变的，说明质量与物质的运动状态不存在依赖关系。正是这种认识，在牛顿时代，承认了存在着绝对静止的物质实体，物质是可以不运动的。

狭义相对论的建立，以洛伦兹变换代替了伽利略变换，得到了新的变换公式：

$$\begin{cases} x = \dfrac{x' + vt'}{\sqrt{1 - \dfrac{v^2}{c^2}}} \\ y = y' \\ z = z' \\ t = \dfrac{t + \dfrac{v}{c^2}x'}{\sqrt{1 - \dfrac{v^2}{c^2}}} \end{cases} \tag{3}$$

从洛伦兹变换中得到重要的结果之一，就是质量随速度的变化，同一物体在不同的速度下，将具有不同的质量。关系式是：

$$m = \frac{m_0}{\sqrt{1 - \dfrac{v^2}{c^2}}} \tag{4}$$

式中 m_0 是静止质量，m 是运动质量，它要随运动速度而变化。这就告诉我们，质量是绝对不变的量，它也并非与物体的运动状态无关。任何质量总与一定的运动状态相联系。这对于经典力学关于物质和运动可以分离的思想，自然是一个严重的冲击。

由此再做出进一步合乎逻辑的推论：既然质量与运动状态不可分离，那么，它同能量大小也是密切相关的。这就是相对论所发现的质能关系：

$$E = mc^2 = \frac{m_0c^2}{\sqrt{1-\frac{v^2}{c^2}}} \quad (5)$$

式中m_0c^2是物体的静止质量，mc^2是物体的运动质量。当物质的运动速度增大时，它的能量也随之增大。如果从经典力学的观点出发，质量代表物质，能量代表运动，那么质能关系也就证明了物质和运动的不可分割性。但是，不少人从反对经典力学的立场出发，认为质能关系式说明了质量与能量的相互转化，能量可以转化为质量，相反地，质量也可以转化为能量。爱因斯坦进一步把质量和能量同实验和场联系起来，他说："区别实验和场的物理判据是什么呢？在我们熟悉相对论之前，我们可以这样回答这个问题：实物有质量而场却没有质量，场代表能，实物代表质量。但是，我们在熟悉了更多的知识以后，已经知道这样的答案是不充分的。根据相对论，我们知道物质蕴藏着大量的能，而能又代表物质。我们不能用这个方式定性地来区别实物与场，因为实物与场之间的区别不是定性上的区别，最大部分的能集中在实物之中；但是围绕微粒的场也代表能，不过数量特别微小而已，因此，我们可以说：实物便是能量密度特别大的地方，场便是能量密度小的地方。"①爱因斯坦的这番话表明，他企图用能来实现物质的两种基本形式（实物和场）的统一。这种观点，在今天还有一定的代表性。

经典的立场把质量等同于物质，反映了时代的局限性，是把物质看作"绝对不变的质"这种观点的具体表现，质量就被看作是这种"绝对不变的质"。19世纪末和20世纪初，发展了物理学以后，发现原来被认为绝对不变的质量是随着运动状态的不同而变化的，因此，"绝对不变的质"被推翻了，物质也就消失了。这些事实告诉我们，质量并不等同于物质，而只是物质的一种属性，它同运动是物质的一种属性一样。既然如此，质量与能量的关系，并非物质与运动的关系，而是物质的两种不同属性之间的关系。

①[德]爱因斯坦：《物理学的进化》，第1版，第155—159页，上海：上海科学技术出版社，1979。

质能关系式只是说明质量和能量的并存关系，它们之所以能够得以并存，原因就在于它们都是物质的固有属性，但不是所有的物质形态都具有静止质量，因为质量是随着运动状态的不同而变化的，所以，物质在不同的运动状态下，将采取各种不同的质量形式，如静止质量和运动质量，力学质量和电磁质量，惯性质量和引力质量，等等，都是质量的形式。没有静止质量的光子，它都具有运动质量。过去认为中微子也没有静止质量，后来的理论和实验又倾向于认为它具有静止质量。现代自然科学的研究成果表明，没有一种物质形态是不具有质量的，如同没有一种物质形态不具有能量一样。此外，质量与运动还具有内在的联系。在力学质量中，惯性质量标志着对运动的阻抗，它是运动的反面的表现。在研究物体的唯一运动时，力学的出发点是惯性，牛顿力学三定律（$F=ma$）是力学的基本定律，质量则是其中的基本要素，运动与质量如此难解难分，其根源就在于它们都是物质的固有属性，因为能量与质量都是物质的固有属性。所以，在这个意义上，质能关系式可以说明物质与运动的不可分割的联系，也同样可以说明物质与质量的不可分割的联系。这种不可分割的联系纽结，就是物质。在经典物理学中，质量守恒定律和能量守恒定律是独立的，但在相对论中，这两个守恒定律却被结合起来了，它们被综合为一条定律，即质量—能量守恒定律。当物体的运动速度增大，静止质量转化为运动质量时，静止能量也转化为运动能量。过去被称为“质量亏损”的现象，其实并没有什么“亏损”，而是静止质量和运动质量的转化，从而使能量也采取了运动能量的形式，具体地表现了物质、运动、质量之间的内在联系。

2. 新的运动统一观

世界的统一性在于它的物质性，物质和运动是不可分割的。因此，物质的统一性是运动的统一性的最终根源。现代自然科学提出了关于运动统一的新观念。一切运动都服从于共同的规律，这是运动统一性的重要表现之一。要寻求运动的统一，就必须寻求各种运动所遵循的共同规律。列宁说：“规律是现象中统一的东西”，又说：“规律的概念是人对于世界过程的统一和联系、相互依赖和整体性的认识的一个阶段。”① 数学应用的普遍性是运动的统一性的强有力的证据。数学在天文学上的应用，使开普勒发现了行星运动三定律，这就把各个行星的运动统一起来了。天体力学反映天上物体的位移规律，它与地上物体的位移运动规律是否也相同呢？牛顿力学的建立，统一了地上物体和天上物体的位移运动规律，证明了宇宙间运动的统一性。这样一来，牛顿力学运动规律就被认为是宇宙的普遍规律了。对于任何一个惯性参考系，物体的运动保持伽利略变换的不变性。这是近代自然科学关于运动的统一观。

科学的发展进一步揭示了物质运动的更高层次的统一性，说明经典力学只是对宏观低速条件下的物质运动规律的描述。伽利略相对性原理只适用于力学的惯性参考系，对电磁运动的惯性参考系则是不适用的。爱因斯坦创立狭义相对论的功绩，在于把力学惯性参考系和电磁惯性参考系统一起来，以狭义相对性原理代替经典力学伽利略相对性原理，认为物理定律相对于任何惯性参考系都是等效的。相对于任何惯性参考系，一切运动对于洛伦兹变换都具有不变性，从而揭示了低速运动和高速运动、力学运动和电磁运动的统一性，在更加广阔的范围内证明了运动的统一性。

广义相对论的建立，萌发了用统一场论来描述运动的统一性的思想。爱因斯坦将后半生的全部精力放在统一场论的研究上，企图把电磁场和引力场统一起来。尽管他没有获得成功，但仍然抱着最终胜利的希望。他曾在一封信中说过，我完成不了这项工作了，它将被遗忘，但是将来会被重新发现。历史上这样的先例很多。历史证明，爱因斯坦的预言是正确的，今天，统一场论已经被重新发现了。

场的统一也就是相互作用的统一。自然界中的四种相互作用，实际上是同一种相互作用的不同表现，可以用同一个理论模型把它们统一起来，这就是统一场论的基本思想。爱因斯坦的统一场论企图把引力相互作用和电磁相互作用

---

①[俄]列宁：《哲学笔记》，《列宁全集》第38卷，第2版，第158—159页，北京：人民出版社，1990。

统一起来，因为这种相互作用强度差别很大，当时尚未发现除这两种相互作用之外，还有弱相互作用和强相互作用，所以，在那时要完成统一场论的研究，条件并不成熟。爱因斯坦的失败，并非纯属偶然，它反映了时代条件的限制。20 世纪 60 年代，温伯格、莎拉姆和格拉肖等人，提出了弱电统一理论，把电磁相互作用和弱相互作用统一起来，用来说明弱电统一的理论，叫量子味动力学。这个理论预言中间玻色子 Z（0）是一种中性流，1973 年，西欧粒子中心等处用实验证实了这个预言，使弱电统一理论被人们所接受，而且，在 1979 年温伯格、莎拉姆和格拉肖的理论获得了诺贝尔物理学奖。

在弱电统一理论的鼓舞下，不少人从事大统一理论的研究，企图把强相互作用也统一进去。20 世纪 70 年代，为了描述强相互作用，发展出了量子色动力学，为大统一的研究提供了理论工具。美国物理学家格拉肖等人通过选择一种新的规范群，建立了弱、电、强三种相互作用统一的描述。这种理论认为三种相互作用在高能时，它们只是同一种相互作用；在低能时，则表现为三种不同的相互作用。有人计算，这个高能的标度大约为 $10^{15}\,Gev$（$1Gev=10^{9}ev$，ev为 1 个电子伏特 z^{0}）的数量级。这么高的能量，可能只有在宇宙的极早期才具备，因此，在宇宙大爆炸的后期，由于能量很高，当时可能只有一种相互作用，后来由于宇宙温度的下降，才逐步地分化为四种不同的相互作用。大统一理论还预言，质量是不稳定的，它要发生衰变，它的衰变期需要 10^{31} 至 10^{32} 年。这么长的衰变期，平常难以观察，需要难度很大的实验加以证实。如果质子的衰变被证为事实，将是对大统一理论的一个有力支持。

当前，人们已经不满足于大统一理论，于是开始向超统一理论迈进。不仅把弱、电、强三种相互作用统一起来，而且还要把弱、电、强、引四种相互作用统一起来。超统一理论，也叫超引力理论或超对称理论，它力图把重整的规范理论同引力相互作用结合起来，实现四种相互作用的统一。自然科学的进一步发展，必将证明这种运动统一的正确性。

第五章　马克思主义规律观

一、科学规律和客观规律

规律是什么？人们脱口而出的回答是：规律是事物之间的本质的、必然的、内在的联系。这种回答是正确的吗？当然不能说它错误，但这仅仅是问题的一个方面。除此之外，规律还是思维的一种形式。问题的另一方面长期被人所忽视。因此，有必要从辩证逻辑的角度，把规律作为思维的一种形式，加以进一步的探索。

1. 科学规律是客观规律的反映

马克思主义经典作家充分地论述了作为思维形式的科学规律。列宁说："认识是人对自然界的反映。但是，这并不是简单的、直接的、完全的反映，而是一系列的抽象过程，即概念、规律等的构成、形成过程，这些概念和规律等（思维、科学 =‘逻辑观念’）有条件地近似地把握着永恒运动着的和发展着的自然界的普遍规律性，在这里的确客观上是三项：（1）自然界；（2）人的认识 = 人脑（就是那同一个自然界的最高产物）；（3）自然界在人的认识中的反映形式，这些形式就是概念、规律、范畴等等。人不能完全把握 = 反映 = 描绘全部自然界，它的‘直接的整体’，人在创立抽象、概念、规律、科学的世界图景等等时，只能永远地接近于这一点。"① 这就是说，第一，科学规律是认识的形式，是一种"逻辑观念"；第二，同概念、范畴

①[俄]列宁：《哲学笔记》，《列宁全集》第 38 卷，第 2 版，第 194 页，北京：人民出版社，1990。

一样，科学规律是抽象的结果，它是对客观事物的普遍规律性的反映；第三，科学规律是由人创立的，它本身经历着构成、形成的过程，而且它不能完全地而只能近似地有条件地反映事物的客观规律性。因此，我们通常所说的规律，应该是客观规律和科学规律的总称，客观规律是事物的本质的联系，科学规律是思维形式，是移入人脑并在人的头脑中改造过的物质运动的客观规律。

恩格斯也一贯地把科学规律区分为自然规律和思维规律。所谓思维规律，含有两个方面的内容：其一是思维本身的运动和发展的规律；其二是各门科学所阐述的科学规律。黑格尔在研究辩证法的规律时，把这些规律仅仅作为思维规律而强加于自然界和社会，这是他的唯心主义表现。恩格斯纠正了他的错误，指出：作为客观规律，“辩证法的规律无非是历史发展的这两个方面（即指自然界和人类社会——引者注）和思维本身的最一般的规律”；作为科学规律，“辩证法的规律是从自然界的历史和人类社会的历史中抽象出来的”。[①]能够发展和构成这些规律，并由此创造出自己的思想体系，这也“只是人类思维的某一特定发展阶段的产物”。[②]

所以，就辩证法规律来说，一方面，它揭示了自然界、人类社会和思维的运动和发展的最一般的规律，这些规律是事物发展的客观规律；另一方面，作为这些最一般规律在人们认识中的反映，则是辩证法的科学规律，是思维的形式。正是这个原因，恩格斯曾经多次指出：“然而对于现今的自然科学来说，辩证法恰好是最重要的思维形式，因为只有辩证法才为自然界中出现的发展过程，为各种普遍的联系，为一个研究领域向另一个研究领域过渡提供类比，从而提供说明方法。”[③]

---

①[德]恩格斯：《自然辩证法》（单行本），第1版，第75页，北京：人民出版社，2015。

②[德]恩格斯：《自然辩证法》（单行本），第1版，第76页，北京：人民出版社，2015。

③[德]恩格斯：《自然辩证法》（单行本），第1版，第42页，北京：人民出版社，2015。

我们在日常的语言中，总是把科学规律叫作科学原理、科学定律、科学理论等。这些称呼本身，实际上已经把规律当作思维形式了。所以，毛泽东指出："军事的规律，和其他事物的规律一样，是客观实际在我们头脑的反映。"[①]就是说，科学规律是人类认识长期发展的成果，它本身也是不断发展的。各门科学所获得的科学规律的具体形态，可以标志人类认识的水平和高度。

首先，人的认识从假说向科学规律的转化，不仅表明科学规律是一种重要的思维形式，而且还表明科学规律是人类认识日益深化的重要阶段。恩格斯说："只要自然科学在思维着，它的发展形式就是假说。一个新的事实一旦被观察到，先前对同一类事实采用的说明方式便不能再用了，从这一刻起，需要使用新的说明方式——最初仅仅以有限数量的事实和观察为基础。进一步的观察材料会使这些假说纯化，排除一些，修正一些，直到最后以纯粹的形态形成定律。如果要等待材料纯化到足以形成定律为止，那就等于要在此以前中止运用思维的研究，而那样一来，就永远都不会形成什么定律了。"[②]从这里我们可以看到，第一，假说和科学规律之间并没有不可逾越的鸿沟，假说是尚未纯化的科学规律，而科学规律则是纯化了的假说，假说的被证明，即转化为科学的规律、原理，因而科学规律也就是被证实了的假说。第二，假说是说明世界的方式，而又是科学规律的前身，所以，科学规律同样是说明世界的方式，就是说，它是一种思维形式。第三，假说转化为科学规律的过程，也就是科学规律的构成过程，列宁所说的一系列抽象，同假说的这种纯化过程是一致的。所以科学规律是思维的产物，认识的结晶。第四，假说向科学规律的发展，说明科学规律是比假说更高级的认识阶段，科学规律的构成，标志着人类的认识已经把握住事物的本质。

---

① 毛泽东：《中国革命战争的战略问题》，《毛泽东选集》第1卷，第2版，第181—182页，北京：人民出版社，1991。

② 恩格斯：《自然辩证法》（单行本），第1版，第110页，北京：人民出版社，2015。

自然科学理论最初都是以假说的形式提出来的。哥白尼的太阳中心说，康德的星云说，达尔文的生物进化论等，都是由假说转化为科学理论的。社会科学的理论也是如此。马克思发现唯物史观，揭示了人类社会发展的基本规律，最初也是一个假说。《资本论》的问世，光辉地证实了它。列宁说："自从《资本论》问世以来，唯物主义历史观已经不是假设，而是科学地证明了的原理。"① 既然今天的科学规律是昨天的假说，那我们就没有理由，在昨天把假说看作是思维形式，而在今天却把科学规律排除于思维的形式之外，我们应该同样地承认科学规律是最重要的思维形式。

其次，从假说到科学规律的周而复始的运动，是认识的无限循环的体现，而每一个这样的循环，都反映了人类认识从低级向高级的运动，表明科学规律的构成是人类认识发展的一个阶段。人类的认识史，也就是科学规律的发现史。关于资本主义发展规律的发现，是马克思研究近代社会的认识成果，对帝国主义发展规律的揭示，则是马克思主义发展到列宁主义阶段的认识成果，毛泽东同志把马克思列宁主义同中国革命的具体实践结合起来，指明了中国民主革命发展的规律，是对半殖民地半封建社会的认识成果，它丰富和发展了马克思列宁主义。这就说明，对事物发展的基本规律的认识，反映了人类认识发展的基本阶段。

2. 范畴和科学规律

作为思维的一种形式，科学规律就是范畴之间的内在联系。或者说，范畴是科学规律的缩影，科学规律是范畴的展现，范畴构成科学规律。范畴的分解和联合，便成为科学规律的陈述。这是因为，不仅科学规律是客观规律性的反映，而且范畴也是客观规律性的反映。列宁说："客观主义：思维的范畴不是人的用具，而是自然界的和人的规律性的表现。"② 可见，科学规律和范畴是不可分割的，离开了范畴，科学规律也就无从表述了。为了更好

① 列宁：《什么是"人民之友"以及他们如何攻击社会民主党人》，《列宁选集》第1卷，第3版，第10页，北京：人民出版社，2012。

② 列宁：《哲学笔记》（单行本），第1版，第87页，北京：人民出版社，1974。

地了解科学规律和范畴的关系，我们可以将它们同概念和判断的关系做一个比较。一方面，概念是构成判断的要素，没有概念，自然是不会有判断的。另一方面，判断又是概念的展开，一个概念，甚至需要一系列的判断来表达。于是，判断又是概念的一种规定，没有判断，人们也是断然不能把握概念的。范畴和科学规律的关系也是这样，在特定的研究领域，每一门科学都是由范畴构成的，各个范畴之间的联系，都展现为一条科学规律。例如，在经典力学中，力、加速度、质量这三个范畴的相互联系，便构成了机械运动的第二定律。反映社会必要劳动时间、价值和价格等范畴之间联系的是价值规律；反映生产力和生产关系、经济基础和上层建筑等范畴之间联系的是社会发展的基本规律；反映肯定、否定、否定的否定等范畴之间联系的是否定之否定规律等。范畴和科学规律的这种联系，同样说明科学规律是重要的思维形式。

上述的分析，为我们提供了从概念中划分出范畴的一个根据。过去，我们只是抽象地说，范畴是基本的概念。在一门学科中，到底哪些概念是基本的，哪些概念是非基本的，没有一个可行的区分标准。从范畴和科学规律的关系中，我们可以得到启示：在每一门学科中，凡构成基本规律的概念，都是基本概念，因而它们都是范畴，而且在这些范畴的推演中，必然要导出相关概念，构成其他的规律，这些概念也都是范畴。例如，在牛顿力学中，构成四大定律以及从四大定律推演出的其他定律的概念，都是范畴，其中除物质、运动、时间、空间等一般范畴外，惯性、质量、力、速度、加速度、动量、动能、热能、功等，都是力学范畴。在热力学中，构成热力学的三大定律的概念，例如，温度、热量、理想气体、内能、熵、焓等，也都是范畴。在电磁学中，构成安培定律、欧姆定律、焦耳—楞次定律、麦克斯韦方程等基本规律的概念，例如电荷、电流、电阻、电压、电磁场等，也都是范畴。在其他学科中也不例外。它们都有自己的基本规律，因而也都有自己的范畴。

在这里，又提出了判断和科学规律的关系。如果说基本概念就是范畴，那么普遍性判断就是科学规律。就是说，科学规律是由判断来表述的；不过，表达科学规律的判断，必须是普遍性的判断，只有它才能反映规律的普遍性。

恩格斯在分析能量守恒和转化定律的发现过程时，阐述了在这个过程中判断形式的发展：最初是个别性判断，摩擦生热这个单独的事实被记录下来了。第二步发展到特殊性判断，一个特殊的运动形式（机械运动形式）展示出在特殊情况下（结果摩擦）转变为另一个特殊的运动形式（热）的性质。最后达到了普遍性判断。这就是：任何运动形式都证明自己能够而且不得不转变为其他任何运动形式。恩格斯指出："有了这种形式，规律便获得了自己的最后的表现。我们可以通过新的发现为规律提供新的证据，赋予新的更丰富的内容。但是，对于这样表述的规律本身，我们已不能再增添什么。"①

在自然科学中，绝对大部分的规律都以关系判断来表述，并采用了数学的表达式。例如：

机械运动第二定律：$F=ma$；

万有引力定律：$F=G\frac{m_1m_2}{r^2}$

质能关系定律：$F=mc^2$，等等

这些等式表明，范畴之间的关系，不仅表现为质的方面，也表现为量的方面。在社会科学中，许多规律也采用了关系判断的表达形式，但是大部分规律只是明显地表达了质的关系，而没有明确地表达出量的关系。例如，生产力决定生产关系的规律，质的关系表现为决定和被决定的关系；可是，当生产力发展到怎样的程度，生产关系必须随之改变呢？在这里也存在量的关系，但尚未给予具体的规定。大凡规律，都具有范畴之间的质的关系和量的关系这两个方面，从而决定了在各门科学中运用数学的可能性，尤其是近年来，由于系统论、控制论、信息论以及电子计算机科学技术在社会科学研究中的应用，科学的数学化趋势也日益深入社会科学领域，运用数学表达社会科学范畴之间的关系，使各种社会科学规律定量化，进一步增强社会科学的预见性，准确地预测未来的发展，这是现代科学发展的一个新的方向。无视这种发展方向是错误的，但是片面夸大数学在社会科学中的作用，以至否定

①[德]恩格斯：《自然辩证法》（单行本），第1版，第105页，北京：人民出版社，2015。

范畴之间的质的关系，也是错误的。把一切规律仅仅归结为函数关系，就是这种错误的具体表现。诚然，用函数关系来反映范畴之间的量的关系，可以使质的关系具体化，便于人们定量地把握规律，这是科学的进步；但是，函数关系不能代替，更不能取消范畴之间的质的关系，我们可以用函数关系来表达经济范畴之间的量的关系；但是，经济范畴首先是现实的经济关系的反映，这是关系的质的方面，单纯的函数关系是无法表达的，我们在把握规律的时候，应该把范畴之间的质的关系放在首位。这是关于规律理论的一个重要问题。

3. 科学规律的稳定度

规律的抽象所得到的结果，是把握现象中平静的东西，使科学规律成为现象中巩固的内容的反映。所以，称为规律的东西，必定是有质的稳定性。同概念的表达一样，任何规律的表述，都需要有两个方面的规定：内涵方面和外延方面。内涵方面即是科学规律的质的稳定性；外延方面即是科学规律的适用范围，表明这种质的稳定性所能达到的程度。只有把内涵和外延、质的稳定性和量的稳定性统一起来，才能准确地表达科学规律。这种统一，就叫科学规律的稳定度。可见，稳定度是标志特定科学规律的适用范围的逻辑范畴，是正确地应用科学规律的界限。如果超越了这个界限，真理就会转化为谬误。

一切真理都是具体的，任何科学规律都有自己适用的范围，因此，科学规律都具有稳定度。恩格斯曾以著名的波义耳定律为例，说明了真理与谬误的相互转化。因为波义耳定律只有在一定的压强和温度的范围内，对一定的气体是有效的；如果压强很大（接近液化压强），温度很低（接近液化温度），那么气体的压强（P）和体积（V）就不会严格地成反比（$PV=$ 常数）。这一事实，并不说明波义耳定律的根本错误，而只是说明它有自己的稳定度，同样是从另一个角度对它的正确性的检验。人们发现规律之后，首先要做质上的检验，说明它是否具有质的稳定性。如果证明它在质上确实具有稳定性，在各种实验和过程中重复出现，则说明它是一条普遍规律。但是，只有质的证实是不够的，还必须有量上的证实，即判明它的适用范围，确定它的外延。例如，牛顿力学的运动定律在开始创立的时候，被认为适用于自然界一切领域，但是，相对论和量子力学的建立，说明在微观和高速领域，牛顿力学定律是不适用的，从而限制了它的适用范围，这就是对牛顿力学规律的稳定度的确定。宇称守恒定律在创立时期也被认为是普遍规律，适用于电磁相互作用、强相互作用和弱相互作用，后来，经过杨振宁和李政道的研究，推翻了这种普遍性，证明在弱相互作用中宇称是不守恒的。这时，重新确定了宇称守恒定律的稳定度。

科学规律的稳定度取决于思维过程所涉及的事物的范围，即论域。例如，当我们研究人与“非人”的本质区别时，思维过程所涉及的事物范围，就是整个动物界（或高等动物界）。在这个论域内，人与动物的本质区别，就是人类的共性，即类本质，如劳动、理性等，反映了全人类的共同本质。恩格斯指出：“人类社会区别于猿群的特征在我们看来又是什么呢？是劳动。”[①]他还指出，动物仅仅利用自然界，人则能支配自然界，“这便是人同其他动物的最终的本质的区别，而造成这一区别的又是劳动”[②]。劳动使猿进化成人，决定人类的共同本质。这一定律对于一切人都是适用的。当我们研究各种不同的人的特殊本质时，思维过程所涉及的事物范围，不再是动物界，而只是人类了。在这个论域里，人类的共性不再能满足于这种要求了。因为这里所要考察的人，不是“一般的人”，而是处于不同经济地位中的人。正如马克思所说的，“‘人’？如果这里指的是‘一般的人’这个范畴，那么他应该被看作是一种非群居的动物”[③]。在这里，人的本质并不是人的共性，而是一切社会关系的总和。在新的论域内，劳动决定人的本质的定律，就让位给

①[德]恩格斯：《自然辩证法》（单行本），第1版，第308页，北京：人民出版社，2015。

②[德]恩格斯：《自然辩证法》（单行本），第1版，第313页，北京：人民出版社，2015。

③[德]马克思：《评阿·瓦格纳的〈政治经济学教科书〉》，《马克思恩格斯全集》第19卷，第404页，北京：人民出版社，1963。

一切社会关系的总和决定人的本质的定律了。可见，在不同的论域，规定了科学规律的不同的稳定度；而且科学规律的稳定度必定在论域的范围之内，并不小于这个范围。例如，波义耳定律所涉及的事物的范围是气体，严格地说，只有对于理想气体，波义耳定律才能成立。所以，理想气体这个范围，才是波义耳定律的稳定度。偏离理想气体的实际气体，就会偏离波义耳定律。越是偏离理想气体，波义耳定律的实际偏差也就越显著。经典物理学的论域是宏观物体的低速运动状态。在这个论域内，物理运动是它的研究对象（不涉及这种状态中的化学运动、生物运动等），宏观低速的物理运动，就是经典物理学规律的稳定度。量子力学的论域，是微观物体的低速运动状态。这个范围内所涉及的力学运动，就是量子力学规律的稳定度。相对论的论域，是宏观物体的高速运动状态，在这个范围内的一切力学运动，都是相对论规律的稳定度。

不同的科学规律，具有不同的稳定度，从而使规律带有不同程度的普遍性。稳定度越高，科学规律的使用范围就越广，它也就越带有普遍性。两者之间呈正比关系。例如，辩证法的规律适用于自然界、人类社会和思维的一切领域，是宇宙间最普遍的规律。在一切规律中，它的稳定度具有最大值。社会发展的基本规律只适用于人类社会，虽然它的稳定度不如辩证法规律那么高，但对于一切社会科学研究领域，它是普遍适用的。各门具体科学的规律的适用范围越窄，其稳定度也就越低。因此，稳定度的大小，是规律的普遍性的量度，个别规律、特殊规律和普遍规律的区别，其根据就是它们的不同的稳定度。

个别规律具有单一的内涵，它的稳定度是可以明显地确定的。例如，剩余价值规律为资本主义社会所独有，在社会主义制度下，它失去了发生作用的条件，而成为历史的规律。但是，价值规律则不同，它不仅适用于资本主义制度下的价值规律，同时也适用于社会主义社会。虽然社会主义制度下的市场经济不同于资本主义制度下的市场经济，但是，价值规律的稳定度并没有发生明显的变化。一般说来，价值规律的稳定度是商品生产和商品交换的过程。既然在社会主义制度下，还存在着商品生产和商品交换，那么价值规律发生作用的形式和后果也就不同了。社会主义社会商品生产是在公有制基础上的商品生产，价值规律一般都在市场与计划（国家宏观调控）的内在结合的条件下发生作用，出现了人们自觉地利用价值规律为社会谋福利的可能性，限制了市场的消极作用。价值规律的这种特殊内涵，在资本主义制度下是没有的，这就决定了它只适用于社会主义社会。这一事实说明，在特殊规律中，包含有一般内涵和特殊内涵两个方面，它的稳定度也应由一般内涵和特殊内涵的统一来规定。价值规律只用于商品生产和商品交换过程，这对于各种不同的社会都是共同的。但是，由于社会制度的不同，它的作用形式和后果又是不同的，这又限制了它的适用范围。作为两种内涵的统一，社会主义制度下的价值规律的稳定度，是社会主义制度下的商品生产和商品交换的过程。又如，战争规律、革命战争规律、中国革命战争规律等的稳定度，也是这样。就一般内涵来说，它们都适用于战争过程。但是，到底适用于怎样的战争过程？这就要由特殊内涵来规定了。作一般内涵和特殊内涵的统一，中国革命战争的稳定度，是中国革命战争过程。离开这个范围，它就丧失了自己的适用性。

上述的分析告诉我们，准确地掌握规律的稳定度，对于具体运用各种规律具有极为重要的意义。那些把自然规律搬到社会中来，用生存斗争来解释阶级斗争，用能量守恒和转化定律来说明资本主义经济危机的原因，把热力学第二定律推广到无限宇宙，得出"宇宙热寂说"，把牛顿力学推到全宇宙，得出"第一次推动"的结论，等等，都是不明白规律的稳定度的缘故，以致无条件地扩大规律的应用范围，无限制地外推规律，使真理转化为谬误。

4. 科学规律的定量表述：平均值

稳定度是质和量的统一原理在科学规律问题上的具体表现，反映了规律的内涵和外延的统一。但是，任何稳定都是相对的，只是平均地看来具有稳定性，这种平均也是规律的抽象给规律所带来的结果，它是规律的稳定性的量度。价值规律说明价格是由价值决定的，但是价格又不是直接地等于价值，而只是围绕价值轴线上下波动。在解释这种结果时，列宁说："价值（社会的）变为价格（个别的），不是经过简单的直接的途径，而是经过极其复杂的途径，因为很自然，在完全靠市场联系起来的分散的商品生产者的社会中，规律性只能表现为平均的、社会的、普遍的规律性，而不同方向的个别的偏差则相互抵消。"[①]可见，规律的平均值，就是在量上表达它实际实现的程度，它标志包含于事物发展的个别现实中的必然趋势。这个平均值，就表现为科学规律的一般陈述。例如，麦克斯韦的分子速度分布律，就是一条平均又普遍的规律，它告诉我们气体在宏观上达到平衡时，虽然个别分子的速度一般不相同，并由于相互碰撞而不断地发生变化，但平均地说来，速度在某一范围内的分子数在总分子数中所占的百分比总是一定的，这个比值只与气体的种类和温度有关。量子力学用薛定谔方程确定波函数的变化规律，也是平均的和普遍的，它说明波函数绝对值的平方表示在该时刻粒子出现于坐标点附近单位面积中的概率。凡带有统计性的规律，都是平均的规律，反映群体行为的一种必然的趋势。而这种趋势实际上的表现，则围绕着一个平均值而上下波动。这是一切统计性规律的共同特征。

事实上，不仅统计性规律，而且非统计性规律（通常称作动力学规律）也是如此。牛顿力学的运动规律就属于动力学规律，它所描述的是个体行为的规律性。在抽象形式上，这种规律不具有统计性，能够准确地预见物体未来的运动，但是，在具体的实现中，同样具有平均性。因为在现实的联系中，物体的运动总要受到种种偶然因素的干扰。在规律的一般形态中，已经抽掉了这些因素的作用，排除了来自各方面的干扰。因此，在规律的思维形式与它在实际中的实现之间，也同样产生了偏离或波动。比如，运用力学定律可以准确地计算天体运行的轨道，但是，这种准确性是相对的。海王星的发现，在天文学史上是一项重大事件，法国天文学家勒维烈根据观察材料，准确地计算了海王星的质量、轨道和位置，后来果真被德国天文学家加耳发现，与

①[俄]列宁：《卡尔·马克思》，《列宁选集》第2卷，第3版，第434—435页，北京：人民出版社，2012。

计算位置相差不及1°。这一事实表明了计算的准确性，同时也说明还存在着与平均值的偏差，这就是由偶然因素的干扰所造成的与规律的偏离。又如，对哈雷彗星运行轨道的计算，其准确度也是惊人的。天文学家经计算认为，哈雷彗星过近日点的周期为76年，其时间为1759年4月中，可能误差一个月；实际时间是1759年3月13日，比预测的日期正好提前一个月。预测于1835年11月13日，哈雷彗星再次过近日点，实际时间是同年11月16日，仅比预计迟了三天。预测1910年4月20日哈雷彗星过近日点，实际时间仅仅迟了两天半。这些事实同样说明，动力学规律的实际实现，也仍然存在着偏离和波动，具有平均值的基本特征。

平均值是定量表述科学规律的思维形式。在自然科学中，例如在天文学中，实际观测与理论计算之间的偏差，主要不是由于测量的误差，而是客体的运动受到偶然因素的干扰。按照开普勒定律，行星绕太阳运行的轨道是一个椭圆，这个椭圆轨道就是一种理想的平均值，行星的实际轨道总是要发生偏差的。不仅是太阳系的行星，其他天体也是这样。月球绕地球运行的实际轨道，也会发生偏离，这在二体问题中是一种普遍现象，叫作摄动，即一个天体绕另一个天体按二体问题的规律运行时，因受别的天体的吸引或其他因素的影响，在轨道上产生偏差。类似摄动的概念，在物理学中称为“微扰”。由此可见，平均值是定量地表述科学规律的一种普遍形式。

在规律中所反映的巩固的东西，只能通过暂时的、易逝的东西表现出来，这就使它在现实的过程中，不能不受到干扰，使它同规律的思维形式产生偏离。科学规律所追求的是一种真值，但是，如同单纯的离开相对真理的绝对真理不能实现一样，这种真值在实际上也是不能达到的。它所能达到的，是与真值相偏离的实际值。这些实际值的平均，表现出了一种必然的趋势，并接近于真值。马克思指出：“一般规律作为一种占统治地位的趋势，始终只是一种极其复杂和近似的方式，作为从不断波动中得出的，但永远不能确定的平均情况来发生作用。”① 科学规律所能反映的正是这种平均值，它可以无

①[德]马克思：《资本论》第3卷，第181页，北京：人民出版社，1975。

限地接近真值，但永远不能达到真值。这是两条渐近线，它们可以无限地接近，但永远不会相交，也不会复合，显示了科学规律只能是一种思维形式的意义。

对科学规律的偏离，并不是表示个别的例外，而是反映一般和特殊（个别）、抽象和具体的对立统一。作为思维形式的规律，是一种科学的抽象，是规律的一般形态。一般又是不能单独存在的，它总要寓于特殊之中，以某种特殊场合表现出来。也就是说，当把抽象回到具体时，现实的表现则是更丰富、更多样、更具体。所以，这种所谓偏离，并非说明个别事物违反一般规律，而是表明规律借以实现的具体形式，反映了一般规律的相对近似性。马克思指出："这个表面上的例外，远不是和一般规律相矛盾，远不是一般规律的一个例外，它实际上只是一般规律应用上的一定特殊场合。"①

稳定度和平均值是一切科学规律的两个基本特征。我们在运用规律时，既要注意它的稳定度，把握普遍规律、特殊规律和个别规律的相互联系和区别；同时也要注意它的平均值，防止思想僵化，把规律看作抽象的绝对法则。我们应该记住列宁的话："规律、任何规律都是狭隘的、不完全的、近似的。"②

二、或然决定论

决定论是关于各种事物相互之间具有规律性联系的理论。在历史上，它是一种发展着的科学规律观。非决定论否认这种规律的联系，是与决定论相对立的规律观。在近代，决定论带有机械论的性质，人们称它为机械决定论。现代自然科学的发展，不断地改变着决定论的形式，使规律观经历了一元决定论、统计决定论和或然决定论的根本变革。或然决定论是决定论的现代形式，即是当代的科学规律观。

1. 一元决定论

一说到一元决定论，就离不开事物的进程，事物之间的规律性联系，不

①[德]马克思：《资本论》第3卷，第161页，北京：人民出版社，1975。
②《列宁全集》第55卷，第2版，第127页，北京：人民出版社，1990。

仅包含有空间的概念，更重要的是指时间上的概念。任何事物都是运动和发展着的，所谓规律，也只能是事物的运动和发展的规律。决定论所要说的事物的规定性，正是它们在时间上的相互联系，具有一定的规律。因此，决定论涉及对事物的过去、现在和未来各种状态之间的相互联系。

近代物理学的成果，为人们提供了严格决定论的世界图景，不仅物理客体，而且整个宇宙，只要它们从一定的初始条件产生之后，未来的发展也就被注定了；根据现在的状态，就可以预见它们未来发展的必然过程。马克思主义以前的唯物主义，把事物状态的这种联系移植到哲学中，把因果关系描述为单值函数关系，认为只要存在某种原因，必然会导致某种结果。这种对规律性的认识是研究二体问题的成果。原因和结果的关系，就是二体关系。物质和意识的关系，也是二体关系。物质第一性，意识第二性，物质决定意识，意识是物质的产物。在二体的关系中，必有一体是决定者，另一体是被决定者。由于它是一体决定另一体的规律，因此而名之曰：一元决定论。在近代，一元决定论属于拉普拉斯所叙述的机械决定论。在这种决定论中，只承认决定作用，不承认反作用。例如，在物质与意识的关系中，只承认对意识的决定作用，不承认意识对物质的反作用等，这是旧唯物主义的基本特征。

在马克思和恩格斯创立马克思主义哲学的时候，近代物理学中的一元决定论仍然占领着整个自然科学。19 世纪中叶的能量守恒和转化定律，生物进化论和细胞学说的最新成就，虽然打破了当时绝对不变的形而上学思维方式，但是，它们却没有动摇一元决定论中的严格决定论思想。恩格斯在概括这些自然科学成就时，揭示了与绝对不变的思想相对立的辩证发展的观点，他说："新的自然观就其基本点来说已经完备了：一切僵硬的东西溶解了，一切固定的东西消散了，一切被当做永久存在的特殊的东西变成了转瞬即逝的东西，整个自然界被证明是在永恒的流动和循环中运动着。"[①] 在这种思想的基础上，恩格斯对旧唯物主义的一元决定论，作了辩证的改造，消除了它的机械论和

①［德］恩格斯：《自然辩证法》（单行本），第 1 版，第 18 页，北京：人民出版社，2015。

形而上学的特征，把它变成辩证的一元决定论。

马克思主义的一元决定论，是以物质范畴为基石的，彻底的唯物主义一元论，把这种一元决定论贯彻到社会历史领域，便建立了唯物史观的新思想。物质决定意识，社会存在决定社会意识，生产力决定生产关系，经济基础决定上层建筑，经济决定政治，等等，这就是彻底的辩证和历史的唯物主义一元决定论的基本内容。这些思想贯彻到认识领域，则表现为实践第一的基本观点；在辩证法中，则有主要矛盾和矛盾主要方面决定事物的性质，内容决定形式，原因决定结果等学说。与旧唯物主义一元决定论不同，辩证的一元决定论承认决定作用的同时，又承认被决定者的反作用，由此导致在一定条件下的决定作用和反作用的相互转化。这些高于旧唯物主义的一元决定论的理论规定，构成了辩证法的新的规律观。

辩证的一元决定论，对规律观是一次革命。但是，为了把握事物的最本质的联系，它把现实世界中的复杂运动简化了。要把握事物的一切方面、联系和“中介”，我们还应该把这种科学的抽象，上升到具体的认识。生产力和生产关系之间的相互关系，是复杂的社会关系中最本质的关系。要说明整个社会的历史发展，必须首先抓住生产力和生产关系的辩证运动。不过，要进一步说明具体社会形态的演变，单纯地限于生产力和生产关系的矛盾运动，显然是不够的，还要研究其他的关系。例如，社会主义革命都发生在生产力比较落后的国家和地区，十月革命发生在帝国主义阵线中落后的俄国，也发生在落后的半殖民地半封建的中国革命，从而使落后的生产力对应着社会主义的生产关系。发达的资本主义国家不仅过去未曾发生过革命，而且现在也并没有出现革命形势，使资本主义的生产关系目前仍然容纳着高度发达的生产力。这些事实表明，在生产力与生产关系之间，并不单纯地表现为一元决定论的关系，它们之间有着更加复杂的关系，应把一元决定论上升到更高一级的决定论形式，以说明更加复杂的现象。

2. 统计决定论

在 19 世纪后半期，热力学和统计物理学的发展，为人们贡献了统计决定论的规律观。我们面对着的世界，从感官所知，是一个由宏观系统所组成的世界。为了进一步揭示宏观系统的基本性质，需要对组成宏观系统的微观物体进行深入的考察，由微观物体的行为来说明宏观系统的特征。但是，在这些宏观系统中，企图用每个粒子的力学运动来决定整个系统的运动规律是不可能的。因为这些含有大量粒子的系统，在整体上具有新的统计规律性，因此，必须用统计的方法来研究宏观系统的基本性质。研究证明，宏观上测定的量，反映了与大量微观粒子运动相应的统计平均值，实际数值在平均值附近有一定的涨落。系统包含的粒子越多，相对的涨落就越小。在处理这种由许多微观粒子构成的宏观系统时，必须运用概率的概念，它是我们讨论宏观系统的全部问题的基础。

在自然界和人类社会中，存在着随机现象。在相同的条件下，它们可能发生，也可能不发生。但是，如果我们长期观察这类现象，或者做大量的重复实验，就不难发现，出现这类现象的频率也是大致确定的。大数定律就是这类随机现象的基本规律。例如，人们进行某种测量，由于各种具体因素的影响，每次测量的结果可能都是不相同的。但是，人们在进行了大量的测量之后，测量结果的平均值，必然接近于某一个确定的数。在一只口袋中，装着 1/2 的黑球，1/4 的白球，1/4 的红球，如果每次从这只口袋中取出一只球，摸出来的可能是黑球，也可能是白球和红球，这就是一种随机现象。这种可能性的大小，就是随机事件发生的概率。只要取球的次数很多，一直重复地取下去，那么，就有可能趋于这样的一种结果：在取出的总球数中，黑球占 1/2，白球占 1/4，红球占 1/4，于是我们就把 1/2 叫取出黑球的概率，1/4 叫取出红球或白球的概率。显然，必然发生的事件的概率等于 1；根本不可能发生的事件的概率等于 0；随机事件发生的概率则处于 0 与 1 之间。所以，概率越大，事件发生的可能性的程度也就越高。对于大量事件的系统，作为个体行为的总体结果，是大体确定的，它趋向于某一种概率，达到一个确定的数，这是必然的，它具有决定论的意义。但是，对于每一个事件的个体行为来说，则是不确定的，是偶然的，因而又具有非决定论的意义。这种偶然性、非决定性，又不是完全否认必然性和确定性。通过对大量偶然、非确定的事件的总概率演算，既统计，又得到了必然性和确定性。可见，这种决定论不同于一元决定论，它是统计的结果，所以，我们称它为统计决定论。

马克思和列宁都把规律表述为平均值。以个别事件对平均值的偏离，来印证规律的近似性。实际上，这已经表述了统计决定论的思想，马克思说："一般规律作为一种占统治地位的趋势，始终只是以一种极其错综复杂和近似的方式，作为从不断波动中得出的，但永远不能确定的平均情况来发生作用。"[①] 列宁同样认为，"价值（社会的）变为价格（个别的），不是经过简单的直接的途径，而是经过极其复杂的途径，因为很自然，在完全靠市场联系起来的分散的商品生产者的社会中，规律性只能表现为平均的、社会的、普遍的规律性，而不同方向的个别的偏差则相互抵消。"[②] 价值规律是以平均值表现为自己的一种典型。商品的价格，主要由价值决定，同时也受到了市场供求关系的影响，从而使价格对价值发生偏离，表现出上下波动的运动形式。这就是所谓涨落。个别偏差的相互抵消，最终达到了平均值，显示了价值决定价格的实质。因此，平均地看来，仍然是价值决定价格，反映了决定论的正确性。但是，这种决定论的辩证性质在于，它承认了决定论中的非决定论因素，同时又反映了它的统计性质。比起一元决定论来，统计决定论的内容更加丰富和具体，统计决定论既以一元决定论为基础，又高于一元决定论，它能说明一元决定论所不能说明的问题。从一元决定论发展到统计决定论，反映了规律观的重大变革。

社会领域的现象，都带有随机的性质，而且又是大量的事件，因此，必须运用统计决定论来研究。在经济研究中，应用统计理论，利用数理统计的方法研究经济活动，建立了经济统计模型，描述在具有概率性质的输入变量和输出变量之间的依赖关系，从而使它成为描述在大量重复的现象中由于许

---

①[德]马克思：《资本论》第3卷，第181页，北京：人民出版社，1975。

②[俄]列宁：《卡尔·马克思》，《列宁选集》第2卷，第3版，第434—435页，北京：人民出版社，2012。

多因果作用而产生的随机耦合和规律性的手段。数理统计方法之所以在经济研究中得到了广泛的应用，是因为经济的数据都是统计数据。在社会学、心理学以及其他某些社会科学的研究中，统计方法也被不同程度地采用。这些事实说明，统计决定论正确地反映了社会经济运动的规律。

3. 或然决定论

现代自然科学的发展，不仅打破了一元决定论，而且对经典统计决定论也做了根本性的改造，产生了与量子统计相适应的或然决定论。

在量子力学诞生时，就开始了决定论和非决定论的争论。在这场争论中，爱因斯坦和波尔的论战是最有代表性的。爱因斯坦站在经典的统计决定论的立场，把量子概率看作是不完备的描述。波尔对量子概率做了互补性的解释，认为，“在这种形势下，不可能有什么企图对辐射现象进行因果性分析的问题，而只能通过对立绘景的结合使用来估计发生个体辐射过程的几率”[①]。由此，波尔得出结论说：“这些概念带来了因果性描述的进一步放弃。”[②] 爱因斯坦在新的物理学成就面前，仍然坚持经典的统计决定论，说明他还没有完全摆脱经典物理学的立场，波尔完全放弃了因果律，反映了他转向非决定论的意向。所以两人虽然都坚持了部分真理，但是他们都没有准确地概括量子力学的新成果所反映的新规律观。爱因斯坦的不足，在于要求用经典物理学的统计理论来解释量子力学的概率现象，没有看到量子力学中的概率理论是一种不同于经典统计的理论。关于这一点，波尔已经看到了，他认为，经典的统计理论所处理的是复杂的力学体系，在量子力学中，所描述的是单个粒子在运动中所表现出来的概率特征。如果通过控制粒子的时空定域，其动量传递和能量传递同样存在着一些固有的动量不准量和能量不准量；反过来，如果我们控制动量交换和能量交换，那么就会失去在空间和时间中精确定域各

①[丹麦]N. 波尔：《原子物理学和人类知识》，第 2 版，第 38 页，北京：商务印书馆，1964。

②[丹麦]N. 波尔：《原子物理学和人类知识》，第 2 版，第 38—39 页，北京：商务印书馆，1964。

部分的可能性。①

在这里，不同于经典物理学统计理论的，就是微观粒子同时具有粒子性和波动性，因而，它们的概率描述是建立在测不准关系的基础上的。量子概率的行为，既反映了它们的不确定性，同时也包含有确定性的一面，例如，微观粒子的测不准关系，反映了粒子的不确定性，同时也反映了确定性。任何微观粒子都具有测不准关系的特征，这一点又是确定的。在这里，传统的因果关系已经不复存在了，它表现出了另一种形式的决定论，这就是或然决定论。这种决定论，既不是一元决定论，因为粒子的行为不是严格决定的；又不是统计决定论，因为它不是指统计系统的整体运动，不是在统计平均值上涨落。微观概率本身表明，微观粒子的个体行为是不确定的，但是它们具有怎样的一种概率，又不是完全非决定论和完全任意的，它又是确定论的。描述微观粒子不确定性的测不准关系式，反映了微观粒子非决定论的行为。但这个公式的存在本身，就反映了一种决定论。把这种决定论的方面和非决定论的方面结合起来，我们就可以看到，这种决定论的形式和内容都不是严格的、必然的，而是随机的、或然的，所以我们可以称它为或然决定论。或然决定论是对个体行为的描述，任何事物的发展都存在多种可能状态，它在未来的实现，到底是哪一种状态，是难以确定的。事物发展的可能状态的集合，却构成了一个“可能性空间”。事物的未来状态只能出现在这个空间范围内，而绝不会超越这个空间。事物的未来状态，是实现了的可能性，也就是可能转化为现实。到底是哪一种可能状态转化为现实，是非决定论的，是带有或然性的，因而每一个现实，都是一种偶然事件。在这个意义上说，对未来的预言，并不具有严格的规定性。但是，未来的发展不能超越事物的“可能性空间”，这又是确定的，表明这种或然性仍然受到了决定论的制约，它不是完全非决定论的。把这两方面结合起来，就是或然决定论。例如，我们可以把电子云看作是原子在电子核外围各区域出现的可能性空间。由于电子

①[丹麦]N. 波尔：《原子物理学和人类知识》，第2版，第46—52页，北京：商务印书馆，1964。

不仅具有粒子性，同时又具有波动性，它在原子核外围空间的分布是不确定的，分布的概率就表现了这种不确定性。如果我们以不同浓淡程度表示概率的大小，以图像反映这种概率分布，可以给人们以直观的认识。这样，就像电子在原子核周围形成了浓淡不同的云雾，故称电子云。原子核周围的电子，到底处于何区域是带有或然性的。概率就表示这种区域分布的可能性。但是无论如何，电子分布于电子云所表示的可能性空间范围之内，这又是确定的。这是决定论与非决定论的统一的另一种形式。或然决定论就是这种形式，它是决定论和非决定论在更高形态上的综合。

继量子力学以后，自然科学的进一步发展，更加全面而深刻地揭示了或然决定论的普遍意义。

现代自然科学的一个基本精神，就是普遍地应用概率范畴，说明了或然性是规律的普遍形式。现代生物学特别强调突变、重组、遗传、跃迁等种种运动，影响着基因频率的变化。虽然影响基因频率变化的在于自然选择，但是，环境的变化对基因频率的影响，并不是线性的，不存在一一对应的关系。

在系统论中，系统的因果关系有着多种性质。概率因果对复杂系统的规定，也起着普遍的作用。在系统分析中，当利用模型来设计方案时，概率模型也同系统的概率描述一起被普遍采用。所谓概率模型，就是表示受到随机变动影响下事件出现的次数的一种形式。这种形式的采用，表明了系统演化中的概率特征。

信息论直接以概率来描述信息，信息源中各个要素发出信息时，总是采取某种概率的形式。各个要素发出信息的概率 $P(i)$（$i=1, 2, 3, \cdots, n$）之和等于 1，它们的总信息用公式：

$$H=-K\sum_{f=1}^{N}P(i)\ \mathrm{Log}\,p(i)$$

来计算（式中 H 表示信息量，K 为波尔兹曼常数）。信息量是系统的组织化程度的量度，具有概率的形式。在控制论中，控制、反馈、信息是三个基本概念，要对系统实行控制，离不开信息和反馈。但是，系统输入的过去状态，并不能严格地决定输出的现在状态，系统输出的现在状态是由输入的过去状态按某种概率分布统计地决定的，同样反映了概率描述的普遍性。

普利高津创立的耗散结构，用热力学和统计物理学方法，研究了耗散结构形成的条件、机理和规律。耗散结构是在远离的非线性区形成的有序结构，是一个开放的系统，同外界进行着物质、能量的交换。涨落在耗散结构的最后形成中起着根本的作用。当系统离开线性平衡区，越过了分支点，进入远离平衡态时，由于内部各要素发生非线性的相互作用，导致系统离开原来的轨道，形成几个分支，增长最快的涨落，就有可能使系统跃迁到一个稳定有序的分支点上，从而形成耗散结构，所以，在实质上，耗散结构对应着一个“巨涨落”，由于非线性的相互作用，涨落具有随机性，因此系统处于哪一个分支上，只具有某种概率的趋势，它不具有必然地严格决定的意义。

哈肯提出的协同学，进一步发展了耗散结构理论。它运用了现代数学中的概率理论、分支理论和突变理论，从微观粒子的单个随机变量着手，得出系统微观粒子的概率分布，说明如何从混沌状态产生自组织。协同效应是协同学中一个基本概念。系统通过内部要素的协同作用，使其从无序到有序演化，而且这种演化又是非线性的分支化的过程，说明了系统的过去和现在，并不是必然地孕育着它的未来。系统的未来和前途，没有必然决定论的意义，同样是由内部要素和外部的相互作用概率地决定的。在这个过程中，涨落起着决定性作用。正如哈肯所指出的，在很多方面，涨落起着决定作用。一个由涨落支配的系统不会永远停留在一个状态，它趋于过渡到新的状态。

或然决定论不是描述大量事件的集体行为的必然规律，而是描述单独事件的个体行为的或然规律，这同统计决定论是显然不同的。在研究个体行为这一点上，它似乎又回到了一元决定论。但是，与一元决定论不同，或然决定论不是研究个体行为的必然规律，只是指明个体向未来发展的概率。在辩证的规律中，一元决定论、统计决定论和或然决定论中这三者的联系和区别十分明显。一元决定论的基础是单值因果关系，描述的是二体问题，阐述决定论和被决定论者之间的线性关系；统计决定论以大量偶然事件为基础，统计事件系统的整体运动的必然性；或然决定论以过去、现在和未来的非线性关系为基础，以概率的形式描述某一随机事件的发展趋势和规律。三种决定论对应着三种不同的世界图景。一元决定论对应着简单的二体世界。一切都被归属于决定者和被决定者这两大阵营，其他的关系均已被抽象不顾了，所以它描述的只是决定作用和反作用。统计决定论对应着复杂的多体随机事件。在这个世界里，各个成员都在做随机的运动，看不到个体的运动规律。但是，作为所有个体运动的结果，世界的总体运动是可以统计地确定的。或然决定论对应着更加复杂的或然世界，每个事件的运动，都有自己的概率，它不仅取决于内部的相互作用，同时也取决于外部环境的影响，在许多方面，涨落和外部影响起着决定的作用。一元决定论从二体的关系中描述某一事物的运动和发展的规律；统计决定论则从多体随机事物的运动中来描述作为整个的群体运动和发展的规律；或然决定论综合了一元决定论和统计决定论优秀的成果，又回到了个体运动规律的研究，并用统计的方法来研究个体的概率行为。这种规律观的演化，反映了思想从抽象上升为具体的运动。

对于统计决定论和或然决定论来说，一元决定论是它们的极限情况和理想状态。不管社会现象如何复杂，无论起作用的因素如何众多，归根到底，社会存在决定社会意识，经济决定政治，经济和政治决定文化，以及文化对经济、政治，政治对文化，社会意识对社会存在的反作用，这是正确的。坚持这种一元决定论的基本观点，也是统计决定论和或然决定论所要求的，而且是它们的基本出发点。当我们说："归根到底"是一元决定论的时候，已经把其他作用的因素，忽略不计了。所以，这是一种理论上的抽象。正是这种科学的抽象，反映了一切社会现象的共同本质。因此，当我们运用统计决定论和或然决定论来观察社会时，并不是要放弃一元决定论，而是要包含一元决定论，使一元决定论以扬弃的形式，成为统计决定论和或然决定论的有机构成。应该看到，人类社会的发展是由多种因素和力量交互作用的结果，现实的历史，风云动荡、变幻神速，是难以用一条反映线性关系的基本线索来概括无遗的。恩格斯已经指明了这一点，他认为，在历史上，"有无数互相交错的力量，有无数个力的平行四边形，由此就产生出一个合力，即历史结果，而这个结果又可以看作一个作为整体的、不自觉地和不自主地起着作用的力量的产物。”他还进一步指出：“各个人的意志——其中的每一个都希望得到他的体质和外部的、归根到底是经济的情况（或是他个人的，或是一般社会性的）使他向往的东西——虽然都达不到自己的愿望，而是融合为一个总的平均数，一个总的合力，然而从这一事实中决不应作出结论说，这些意志等于零。相反，每个意志都对合力有所贡献，因而是包括在这个合力里面的。”① 在看到历史发展的基本线索的同时，应该着重注意历史的复杂性和多样性。由于各种因素对历史的发展都有自己的贡献，历史绝不会沿着基本线索而直线地发展着，各种现象之间也绝不会是单纯的线性关系，而应该是更复杂的非线性关系。例如，从人类社会发展的总趋势来说，要经历原始社会、奴隶社会、封建社会、资本主义社会和社会主义社会等基本阶段。对于某一个民族和国家来说，由于外部环境和内部条件的影响，可以超越某一特定的社会阶段，显示出社会发展的随机性。

在生产力和生产关系之间，同样具有非线性关系，根据一元决定论关于历史发展的基本线索，生产关系不再能容纳生产力的发展时，就要发生社会革命，改变生产关系。但是，对于某些国家、民族和地区，生产力与生产关系不会简单地表示出线性关系，使发达的生产力对应着先进的生产关系。因为，就整体来看，社会发展的动力是一个合力，影响生产关系发展的，不只是生产力，而且有其他更复杂的因素。所以我们所要研究的不是二体问题，即单纯的生产力和生产关系二者之间的关系，而是多体问题，考察社会所有各种因素对生产关系的影响。正是这些影响，造成了生产力和生产关系的非线性关系，也显示出随机的性质。生产力发达的国家，生产关系不一定就先进。生产力落后的国家，可以首先发生革命、变革落后的生产关系。在第二

①［德］恩格斯：《致约瑟夫·布洛赫（1890年9月21—22日）》，《马克思恩格斯文集》第10卷，第1版，第592—593页，北京：人民出版社，2009。

次世界大战之后，中国、印度、印度尼西亚、越南等国家的经济、政治、文化等情况都是十分相似的，它们是否都会同时取得革命的胜利呢？事实已经做了回答，革命并没有都成功。到底谁成功，谁不成功，对于每一个国家来说，都不是严格决定的，而是带有或然性、概率地决定的。就是说，它们都具有革命胜利的某种概率，即可能性，但是否将这种可能性变为现实，还要取决于经济（生产力）因素之外的政治、军事、文化、外交等因素的作用。如果我们对生产力和生产关系之间的关系有了这种或然决定论的理解，那么，对于当前的革命形势，就可以做出概率的解释。资本主义国家生产力的发展，并不说明资本主义生产关系的先进。以资本主义生产关系还能容纳生产力发展的事实，怀疑马克思主义革命论的正确性是没有根据的。

第六章 对象化活动

一、对象化和对象化活动

世界上的事物都处于相互联系的整体之中。所谓相互联系也就是相互作用。作用者以被作用者为对象，反之，作用者也是被作用者的对象。于是，相互作用着的事物构成互为对象的关系。

从事物的运动来考察互为对象的关系，把这种关系看作运动，它就是对象化活动。不仅在自然界中，而且在社会历史领域，都存在着对象化活动。我们在研究社会现象时，只有从对象化活动出发，才能真正地把握社会生活的本质，揭示历史之谜。

1. 自然界的对象化活动

自然界就是相互联系的整体。处于相互联系和相互作用中的事物，都具有互为对象的联系，由此构成的运动，都可以叫作对象化活动。

由于自然界的普遍联系，使各种处于相互作用的事物互为对象，事物之间的这种关系，就是对象性关系。牛顿力学第三运动定律，即作用和反作用的定律，从力学上反映发生机械作用的两个事物的对象性关系。一切力的作用都是相互的，作用与反作用也是相对而言的。作用物体以被作用物体为对象，反之，被作用物体同样以作用物体为对象，因而构成了互为对象的关系。由于作用物体的作用，使被作用物体的运动状态发生变化，产生了物体运动的加速度。这种运动状态的变化，也就成为作用物体的力量的现实，是这种力量的对象化。牛顿力学第二定律就是对这种运动状态变化的描述。它说明在惯性体系中，物体运动的加速度的大小，与其所受的合力的大小成正比，与其质量成反比，加速度的方向与其所受合力的方向相同。第二定律所描述的被作用物体运动状态的这种变化，就是作用物体对象化的表现和结果。万有引力定律则进一步表明这种对象性关系的普遍性。这些事实表明，力学中的机械运动，是自然界中对象化活动的一种形式。

除机械运动以外，自然界中的热运动、电磁运动、化学运动、生命运动等，都是对象化活动。电磁感应现象、磁化现象、化学中的化合与分解，以及生命机体中的同化与异化，都是自然界中的对象化活动。马克思说："太阳是植物的对象，是植物所不可缺少的、确证它的生命的对象，正像植物是太阳的对象，是太阳的唤醒生命的力量的表现，是太阳的对象性的本质力量的表现一样。"①太阳以植物为对象，作用于植物，提供热和光，植物吸收太阳提供的热和光，进行光合作用，把它们转变为生命机体的成分。这里所进行的是物理的、化学的和生命的对象化活动。太阳的热和光，给植物以生命，这是太阳的对象化的结果和产物。太阳又是植物的对象，植物反作用于太阳，耗费太阳的生命，吸取它的热和光，从而确证植物的生命存在，表现它的属性和力量。

因此，对象性关系是自然界中事物的普遍联系和相互作用的普遍形式，马克思说："一个存在物如果在自身之外没有自己的自然界，就不是自然存在物，就不能参加自然界的生活。一个存在物如果在自身之外没有对象，就不是对象性的存在物。一个存在物如果本身不是第三存在物的对象，就没有任何存在物作为自己的对象，就是说，它没有对象性的关系，它的存在就不是对象性的存在。"②

马克思还进一步提出，非对象性的存在物，是一种非现实的、非感性的、

①[德]马克思：《1844年经济学哲学手稿》（单行本），第3版，第106页，北京：人民出版社，2000。

②[德]马克思：《1844年经济学哲学手稿》（单行本），第3版，第106页，北京：人民出版社，2000。

只是思想的即只是虚构出来的存在物，是抽象的东西。显然，这种在数学上虚构出来的、抽象的存在物，是没有自然界的生活的，这才成为非对象性的存在物。

一个为它而存在的存在物，就是它的对象。拥有对象的存在物，是对象性存在物。对象性的存在物是在对象中表现出自己物质的本质力量的存在物。对象则是它的物质的本质力量的现实。植物是太阳的对象，因而植物是太阳的本质力量的现实。对象性存在物和对象之间的关系，是对象性关系，对象性的本质力量实现于对象中，称为对象化。实现这种对象化的运动，是对象化活动。自然界的物质运动，都是对象化活动。这种活动的实现，都是自发的、盲目发生作用的结果。

作为一种自然存在物，人也参与了自然界的对象化活动，所以他同样地参加了自然界的生活。因此，自然界的对象化活动，构成了人的对象化活动的基础。饥饿是一切生命物质的自然现象，对于人来说，饥饿也是一种自然的需要。为了使自己得到饱暖，需要在人之外得到自然物质，不是所有自然物质都能满足饱暖的需要的，因而必须从自然物质中分离出能满足这种需要的物质，使之成为对象，构成对象性关系。把一部分自然物质变成实物，满足人的需要，这就是对象化过程，把人的物质的本质力量实现于对象中，把自然物质转变为人的机体的组成部分，是人把食物作为对象，也是对象化过程，它们都是对自然界的对象化活动，马克思说："自然界，就它自身不是人的身体而言，是人的无机的身体。人靠自然界生活。这就是说，自然界是人为了不至死亡而必须与之处于持续不断的交互作用过程的、人的身体。所谓人的肉体生活和精神生活同自然界相联系，不外是说自然界同自身相联系，因为人是自然界的一部分。"[①]

在自然界中，对象性存在物与对象之间的关系，是客观存在的物质之间的关系，它的对象都独立于它而存在着，使对象性存在物受对象的制约。这种受

①[德]马克思：《1844年经济学哲学手稿》（单行本），第3版，第56—57页，北京：人民出版社，2000。

制约、受限制，是对象性存在物的受动性的表现。作为自然的对象性存在物，人同样也具有这种受动性，马克思说："人作为自然的、肉体的、感性的、对象性的存在物，同动植物一样，是受动的、受制约的和受限制的存在物，就是说，他的欲望的对象是作为不依赖于他的对象而存在于他之外的；但是，这些对象是他的需要的对象；是表现和确证他的本质力量所不可缺少的、需要的对象。"①

人不仅参与了自然界的对象化活动，同时又在自然界的对象化活动的基础上发展起来了社会的对象化活动。自然界的对象化活动不带有人的目的性，是自然过程；社会的对象化活动是人的有目的的活动，是社会过程。这两种对象化活动虽然有本质的区别，但它们都是客观过程，是客观对象化过程的两种不同形式。列宁说："客观过程的两种形式：自然界（机械的和化学的）和人的有目的的活动。这两种形式的关系：人的目的对于自然界最初似乎是不相干的（'另外的'）。"又说："机械的和化学的技术之所以服务于人的目的，是因为它的性质（实质）就在于：它为外部的条件（自然规律）所规定。"②

我们所说的人的对象化活动，主要是指社会的对象化活动，首先是指劳动。正是这种对象化活动，最充分地表现了人的本质力量。

2. 社会的对象化活动

自然界的对象化活动是社会的对象化活动的基础，它包含有两个方面。一方面，社会的对象化活动是人有目的的活动，而人作为自然存在物，是自然的对象性存在，处于自然的对象性关系中。为了维持自己的生命，人必须以自然界为对象，表现出自己的物质的本质力量。这种力量，就是人的生命的新陈代谢，确证人是有生命的存在物。马克思、恩格斯说："任何人类历史的第一个前提无疑是有生命的个人的存在。因此，第一个需要确定的具体事实就是这些个人的肉体组织，以及受肉体组织制约的他们与自然界的关

①［德］马克思：《1844年经济学哲学手稿》（单行本），第3版，第105页，北京：人民出版社，2000。

②［俄］列宁：《哲学笔记（1895—1996年）》，《列宁全集》第55卷，第2版，第208—209页，北京：人民出版社，1990。

系。”[①] 历史是以有生命的个人为前提的，任何社会历史活动也都必须以自然界的对象化活动为前提，以人的自然生活为前提。另一方面，在人的有目的的活动中，仍然包含有自然界的对象化活动，使机械的化学的技术服务于人的目的。因此，只有将社会的对象化活动建立在自然界的对象化活动的基础上，人们才能从事有目的的活动，从而使社会的对象化活动受自然规律的制约。

社会的对象化活动是自然界的对象化活动长期发展的产物。这个发展过程就是人类的起源过程，其根源就在于生产劳动。诚然，动物也有生产，但是，动物只是在直接的肉体需要的支配下生产，它仍然没有超出自然界的对象化活动。人的生产则不受肉体需要的支配，因而是真正的生产。显然，人的生产是动物的生产的长期发展的结果，并扬弃动物的生产。人的生产是有目的的活动。目的的形成取决于意识和语言，它们都是劳动的产物。马克思、恩格斯说："语言和意识具有同样长久的历史；语言是一种实践的，既为别人存在因而也为我自身而存在的、现实的意识。”[②]

语言和意识都是在和他人的交往的迫切需要而产生的。由于有了语言和意识，人才把自己与自然界分开，并与自然物相对立；也正是语言和意识使人把能够满足自己需要的自然物与其他自然物分离开来，使对象“为我而存在”，以满足需要，实现人的目的，从而形成“为我而存在”的对象性关系。自然界的对象性关系不包含人的目的性关系，因而是对象性关系的低级形态；社会的对象性关系包含人的目的性关系，因而是对象性的高级形态。马克思说：“凡是有某种关系存在的地方，这种关系都是为我而存在的；动物不对什么发生‘关系’，而且根本没有‘关系’；对于动物来说，它对他物的关系不是作为关系而存在的。”[③] 人类在从动物界分离的这种进化过程中，逐

①［德］马克思：《德意志意识形态》，《马克思恩格斯选集》第1卷，第24页，北京：人民出版社，1972。

②《马克思恩格斯文集》第1卷，第1版，第533页，北京：人民出版社，2009。

③《马克思恩格斯文集》第1卷，第1版，第533页，北京：人民出版社，2009。

步地形成了语言和意识，从而产生出活动的目的性，把自然界的对象化活动提升为社会的对象化活动，因此产生了人类。

在自然界中，例如生物机体和自组织系统中，也包含有合目的性行为，但是，它们不是观念的设计和意识的产物，完全是自然系统本身的特征。在这种活动中，没有人的参与，因而也不存在意识的作用。在自然界中，一切活动，包含有合目的性关系的活动，都是不自觉的、盲目的动力起着作用，任何现象都不是作为人的预期的自觉目的发生的。社会的对象化活动，作为人的活动，总是自觉地追求某种目的。恩格斯说："在社会历史领域内进行活动的，是具有意识的、经过思虑和凭激情行动的、追求某种目的的人；任何事情的发生都不是没有自觉的意图，没有预期的目的的。"[①] 人的实践活动的目的，都是在对自己生活有用的形式上占有自然物。在实践活动开始之前，已经存在着实践活动结束时所要达到的预期结果。这个预期的结果在观念上的表现，就是人的活动的目的。活动目的的产生，一方面，反映了人自身的需要；另一方面，取决于对象的性质。当对象的性质能够满足人的需要时，人就要在对自身有用的形式上占有它，从而产生了实践活动所要达到的预期结果。在活动开始时，这个结果只能在观念中存在，于是它表现为目的。马克思在阐明目的在劳动过程中的作用时，指出："劳动过程结束时得到的结果，在这个过程开始时就已经在劳动者的表象中存在，即已经观念地存在着。他不仅使自然物发生形式变化，同时他还在自然物中实现自己的目的，这个目的是他所知道的，是作为规律决定着他的活动方式和方法的，也必须使他的意志服从这个目的。"[②] 在社会的对象化活动中，人的目的作为活动的规律起着决定的作用，这是社会的对象化活动与自然界的对象化活动的根本区别。因此，生产劳动不单纯是自然物质之间的变换关系，而且是人与人之间发生的物质变换关系，其中同时包含着人的精神活动，人类特殊的能动性。毛泽

①[德]恩格斯：《路德维希·费尔巴哈和德国古典哲学的终结》，《马克思恩格斯选集》第4卷，第2版，第247页，北京：人民出版社，1995。

②[德]马克思：《资本论》第1卷，第1版，第202页，北京：人民出版社，1975。

东说："做就必须先有人根据客观事实，引出思想、道理、意见，提出计划、方针、政策、战略、战术，方能做好。思想等是主观的东西，做或行动是主观见之于客观的东西，都是人类特殊的能动性。这种能动性，我们名之曰'自觉的能动性'，是人之所以区别于动物的特点。"① 这里所说的做或行动，就是社会的对象化活动，是精神活动和物质活动的统一，主观和客观的统一。

在社会的对象化活动中，虽然人的目的、精神活动决定着物质活动的方式和方法，但是，归根到底，人的目的、精神活动是第二性的，是由物质活动所决定的。人的目的不是纯主观的产物，而是自然的和社会的规律的反映。列宁说："人的目的是客观世界所产生的，是以它为前提的——认定它是现成的、实有的。但是人却以为他的目的是从世界以外拿来的，是不以世界为转移的。"② 人要在活动中达到预期的目的，获得自由，必须正确地认识客观规律，掌握事物的必然性。自由是对必然的认识，并将这种认识运用于人的活动中。任何目的的具体内容都来自外部世界，作为观念的形式把它设计出来，这是人的主观能动性的产物。只有当目的正确地反映了外部世界的客观规律时，人的活动才能达到预期的结果。由于人们不能完全地掌握客观规律，活动的结果也往往与最初的目的相对立。恩格斯说："人们所期望的东西很少如愿以偿，许多预期的目的在大多数场合都被互相干扰，彼此冲突，或者是这些目的本身一开始就是实现不了的，或者是缺乏实现的手段的。这样，无数的单个愿望和单个行为的冲突，在历史领域内造成了一种同没有意识的自然界中占统治地位的状况完全相似的状况。行为的目的是预期的，但是行动实际产生的结果并不是预期的，或者这种结果起初似乎还和预期的目的相符合，而到了最后却完全不是预期的结果。"③ 外部世界的规律性是人

① 毛泽东：《论持久战》，《毛泽东选集》第2卷，第2版，第445页，北京：人民出版社，1991。

②［俄］列宁：《哲学笔记》，第1版，第201页，北京：人民出版社，1974。

③［德］恩格斯：《路德维希·费尔巴哈和德国古典哲学的终结》，《马克思恩格斯选集》第4卷，第2版，第247页，北京：人民出版社，1995。

的目的性活动的基础，只有建立在客观规律的基础上，才能正确地掌握合目的性关系，人们所期望的东西才能如愿以偿。

人的活动目的客观性表明，社会的对象化活动必须以自然的对象化活动为基础。在社会的对象化活动中，同时以扬弃的形式包含着自然界的对象化活动。在实践活动中，人是活动的主体，活动的对象是客观世界，即客体。要把主观的东西见诸客观的东西，实现主体和客体的统一，不仅要正确地确定目标，同时还要正确地选择实现目的的手段。目的的确定和手段的选择，依赖于精神活动，要求思想正确反映客观规律性。但是，一旦思想方案付诸实施之后，使手段作用于活动对象，手段和对象的相互作用便是独立于活动主体的客观过程了，它是纳入社会的对象化活动中的自然界对象化活动。在生产劳动过程中，劳动资料和劳动对象的关系是自然的物质变换关系。马克思说："劳动工具本身由于它对劳动材料发生力学的或化学的关系，它也在它的静形式上被消费。"[①] 工业过程、农业过程都是人化的自然过程，是为人的目的服务的自然过程，因而是人化的自然界的对象化活动。

可见，社会的对象化活动不仅是自然界的对象化活动长期发展的产物，而且一切社会的对象化活动都是建立在自然界的对象化活动的基础上的，所以，社会的对象化活动受自然界的对象化活动的制约。这正是列宁所说的："人在自己的实践活动中面向客观世界，以它为转移，以它来规定自己的活动。"[②]

3. 活动的对象化

任何一个存在物都是以对象的存在为前提的。由于一切事物都是互为对象的，因此对象化也是相互的。这种作用与反作用的相互性，在自然界和社会历史中都是存在着的。当人通过对象化活动改变自己的对象时，同时也改变了自身。就是说，人的对象化活动不仅转化为对象性存在物，同时也转化为人的本性。这就是人们所说的，活动过程中的双向对象化。

---

①《马克思恩格斯全集》第46卷（上），第258页，北京：人民出版社，1979。

②［俄］列宁：《哲学笔记》，第1版，第208页，北京：人民出版社，1974。

对象化的第一个内容，即对象化的第一个方向，就是对象化活动转变为对象性存在。劳动产品是劳动所生产的对象，是固定在对象中、物化为对象的劳动。这就是劳动的实现，即劳动的对象化。马克思说："劳动不仅被消费，而且同时从活动形式转变为对象形式，静止形式，在对象形式中被固定，被物化；劳动在转变为对象时，改变着自己的形式，从活动变为存在。"①

自然界的存在物并不都是为了人的需要而存在的，不是直接地都具有满足人的需要的使用价值，只有通过人的活动，才能使人在有用的形式上去占有对象，使之具有某种效用，从而使对象成为"为人而存在"，建立它与人之间的对象性关系。

人与对象的关系是合目的性关系，对象必须服务于人的目的，否则，它就不能成为人的对象。因为，凡是有某种关系存在的地方，这种关系都是为我而存在的。所以，劳动对象化，实际上是人把自己的需要和目的注入对象中去，使对象本身成为人的需要和目的的现象。应该看到，意识、目的、理论、思想，等等，一些观念的东西不能无中介地直接成为物质的东西，它们只有通过人的活动，才能实现物化。观念的物化是以劳动的物化为中介、为前提的。从活动和结果来看，劳动包括活劳动和过去劳动（死劳动）。劳动者物质资料生产过程中脑力和体力的消耗，是发挥作用的劳动力，称为活劳动。凝结在产品中的、过去完成了的劳动，称为过去劳动，或死劳动。这些产品是在生产过程中作为物质要素发挥作用的，如厂房、机器、原料、材料、燃料等生产资料都是过去劳动。过去劳动又称物化劳动，或对象化劳动。劳动者借助于劳动资料，进行劳动，使劳动对象发生预定的变化，生产出新产品。劳动资料和劳动对象都是过去劳动的凝结，它们同活劳动相结合，创造出新的物质形式。这种新产品、新的物质形式，就是劳动的物化。它使人的劳动取得了物质的存在形式，从而实现了人的活动的对象化。所以，在劳动过程结束后，劳动就由活的形式转化为物质存在的形式，使劳动凝结在物中，

①《马克思恩格斯全集》第46卷（上），第258页，第1版，北京：人民出版社，1979。

同物相结合。马克思说："在劳动过程中，人的活动借助于劳动资料使劳动对象发生预定的变化。过程消失在产品中，它的产品是使用价值，是经过形式变化而适合人的需要的自然物质。劳动与劳动对象结合在一起。劳动物化了，而对象被加工了。在劳动者方面曾以动的形式表现出来的东西，现在在产品方面作为静的属性，以存在的形式表现出来。"①

由于在劳动过程中，劳动不断地凝结在物质存在中，使这种物质存在不再是单纯的自然存在，而同时成为社会存在，从而使自然存在拥有了从属于社会存在的属性。从形式上看，在劳动过程结束时，人的劳动是"消失"了；但是，从内容上看，它并没有消失，而是转移了，物化了。它被物化到物质存在的形式中去了。这就是人的本质力量的对象化，从而使自然存在成为对象性的存在，获得了社会性，取得了社会存在的资格。

实践活动，生产劳动只有在一定的社会关系中才能进行，因此，在实现人的活动对象化的时候，也就把这种人与人之间的关系对象化了，使在物的关系中包含着人与人的关系。所以，对象性关系不仅反映了人与物之间的关系，同时也反映了人与人之间的关系。马克思说："实物是为人的存在，是人的实物存在，同时也就是为他人的定在，是他对他人的关系，是人对人的社会关系。"②这里所说的实物，就是指人的对象。对象是为人而存在的，是人有目的的活动的产物，能够满足人的某种需要，表现为人与物的关系。同时，人的活动的产品不仅是为了自己，也是为了他人的。通过交换劳动产品的活动，为产品创造了主体，成为他人的定在，从而发生了人与人之间的社会关系。可见，对象的社会属性，都是人的对象化活动所创造，所赋予的，它们都是人活动的对象化。

一切社会存在物，都是人的对象。不成为人的对象的存在物，也就不能成为社会存在物。因此，一切社会存在物的本质，都是人的对象化活动所创

①[德]马克思：《资本论》第1卷，第1版，第205页，北京：人民出版社，1975。

②[德]马克思：《神圣家族》，《马克思恩格斯全集》第2卷，第52页，北京：人民出版社，1957。

造的，是人的本质力量的现实。社会存在物不是先天就有的，它是在人类社会生成和发展的过程中而产生和发展的。所以，我们不能离开对象性关系，因而不能离开人的发展，考察任何社会存在物。这是对象化的第一个内容、第一种方向所告诉我们的真理。

对象化的第二个内容，即对象化的第二个方向，是人的被对象化，活动转变为人的存在。当人将他物作为自己的对象时，他也就成为他物的对象。这时，人就不是孤立的存在物，而是对象性存在物，对象的属性也就注入人的自身中去。

人的被对象化，使人成为处于对象性关系中的人，因而是现实的具体的人，处于对象性关系中的人，不是抽象的存在物，而是与对象发生相互作用的人，因而是行动中的人，它是以活动的形态出现的。马克思说：劳动“是这样的人的紧张劳动，这种人不是用一定方式刻板训练出来的自然力，而是一个主体，这种主体不是以纯粹自然的，自然形成的形式出现在生产过程中，而是作为支配一切自然力的那种活动出现在生产过程中”[①]。显然，要使人成为活生生的人，必须有活动的对象，这种对象的存在，是人的活动的客观条件。而只有在活动中，人才能表现出自己的本质力量。正是人的对象使人成为现实的人，成为活生生的人，因而成为社会的人。这是人被对象化的结果。费尔巴哈不了解人的对象性关系，不懂得人的对象性活动，因此在他那里的人，是抽象的人，而不是现实的人。恩格斯说：“从费尔巴哈的抽象的人转移到现实的、活生生的人，就必须把这些人作为在历史中行动的人去考察。”[②]

人的活动是对象化的过程。它不仅使对象被人化了，同时也使人被对象化了。人作为有生命、理性、思维的自然存在物，他具有能动的方面，从而能够使自然人化，把自己的本质力量外化为对象；人作为自然的、肉体的、感性的、对象性的存在物，又依赖于自然界，受到自然界制约和限制，因而

①《马克思恩格斯全集》第46卷（下），第113页，第1版，北京：人民出版社，1980。

②［德］恩格斯：《路德维希·费尔巴哈和德国古典哲学的终结》，《马克思恩格斯选集》第4卷，第2版，第241页，北京：人民出版社，1995。

又具有受动的方面。人有这种受动性，是对象内化为人自身的表现和环节。自然界是人的无机的身体，这是自然界的对象化活动转变为人的存在，即人的生命活动。自然界内化为人自身，表明人直接的是自然存在物，具有受动性。

作为活动的主体，人不仅要能动地作用于对象，还要接受对象的反作用，同样使人具有受动性。因此，人的受动性，就是人接受对象的反作用，不只属于人的自然属性，也属于人的社会属性。人具有能动性，只是因为他本身具有受动性。能动性表明人能从事对象化活动，因而人也是对象化活动后的产物。这又是人的受动性，被活动的对象所制约。所以，人们在改造自然和改造社会的过程中，同时也改造了自己。在生产劳动过程中，“人自身作为一种自然力与自然物质相对立，为了在对自身生活有用的形式上占有自然物质，人就使他身上的自然力——臂和腿、头和手运动起来。当他通过这种运动作用于他自身外的自然并改变自然时，也就同时改变他自身的自然，他使自身的自然中沉睡着的潜力发挥出来，并且使这种力的活动受他自己控制”[①]。人的自然力，是他的劳动力，是体力和智力的总和。人的智力是随着人类控制自然能力的提高而发展的，是对象化活动的产物。由于观念的东西不是外移入人的头脑并在人的头脑中改造过的物质的东西，它是从人的外部对象注入人脑的，所以，人的智力的发展，标志人的被对象化。智力的发展是无限的，因此，这种对象化的过程也是没有止境的。

人的体力的发展也是被对象化的过程。这种对象化的主要形式是工具的发展。黑格尔把工具看作人的意志的表现，“因为人有理性，所以他制造工具；工具是人的意志的首要表现。不过，这种意志自然是抽象的意志；是人对工具的自豪”[②]。意志表现为工具，可以看作人化的自然，人的观念、劳动精神的物化。但是，工具的发展同时也表现为对象向人的内化，是人的自然力的发展，从而提高了与自然物质相对立的人自身的自然力。针对劳动资

①[德]马克思：《资本论》第1卷，第1版，第202页，北京：人民出版社，1975。

②[墨西哥]阿道夫·桑切斯·巴斯克斯：《实践的哲学》，第1版，白亚光译，第55页，哈尔滨：黑龙江人民出版社，1987。

料与人自身能力的相互关系，马克思说："这样自然物本身就成为他的活动的器官，他把这种器官加到他身体的器官上，不顾圣经的训诫，延长了他的自然的肢体。"①劳动资料当然是工业的产物，是由人类的手所创造的人类头脑的器官，"是变成了人类意志驾驭自然的器官或人类在自然界活动的器官的自然物质"②。

工具的发展同样表明：人，活动的主体，在活动中的发展，由于工具、机器等劳动资料是物化的智力，因此，它不仅反映了人的体力的发展，同时也反映了人的智力的发展。这种发展是人逐渐被对象化、对象日益向人自身内化的客观过程。劳动资料的发展，是劳动物化的结果，表明了人的本质力量的发展。这种发展又反作用于人自身，进一步推动了人及其本质力量的更大发展。

社会财富都是劳动物化的形式。财富是由人所创造的，反过来，它又规定着人的发展，创造人的本质。马克思说："每种形式的自然财富，在它被交换价值取代以前，都以个人对物的本质关系为前提。因此，个人在自己的某个方面把自身化在物质中，他对物品占有的同时就表现为他的个性的一定的发展：拥有羊群这种财富使个人发展为牧人，拥有谷物这种财富使个人发展成为农民，等等。"③对财富的不同占有，不仅创造了牧人和农民的差别，而且还创造了奴隶和奴隶主、农民和地主、工人和资本家等的根本对立的阶级本质。

物质的生产和再生产不仅生产和再生产着物质财富、劳动产品，同时也生产和再生产着生产关系。因此，不仅劳动产品是人所创造的对象，而且生产关系、社会关系也是人所创造的对象。财富反过来作用于人，从而把人对

①[德]马克思：《资本论》，《马克思恩格斯文集》第5卷，第1版，第209页，北京：人民出版社，2009。

②《马克思恩格斯全集》第46卷(下)，第1版，第219页，北京：人民出版社，1980。

③《马克思恩格斯全集》第46卷(上)，第1版，第494页，北京：人民出版社，1979。

象化，对财富的不同占有规定着人的不同本质。同样地，作为人的对象，生产关系、社会关系也反作用于人，规定着人的本质，从而使人的本质在现实性上成为社会关系的总和。人的这种社会性质不是天生的，而是生产劳动的产物。关于资本主义生产方式的基本特征，马克思说："这种生产方式的主要当事人，资本家和雇佣工人，本身不过是资本和雇佣劳动的体现者、人格化，是由社会生产过程加在个人身上的一定的社会性质，是这些一定的社会生产关系的产物。"①

人在从事对象化活动，创造自己的历史的时候，同时也创造对象化活动的现实条件。这些现实条件，以致我们周围的整个感性世界，又成为人的对象化活动的对象，反作用于人自身，全面地影响人的发展。马克思说："在再生产的行为本身中，不但客观条件改变着，例如乡村变城市，荒野变耕地等，而且生产者也改变着，炼出新的品质，通过生产而发展和改造着自身，造成新的力量和新的观念，造成新的交往方式，新的需要和新的语言。"② 生产劳动创造出多种多样的对象，这些对象共同地来塑造人，使他的个人获得多方面的发展。由于生产发展的时代性，决定了劳动对象化的时代特征。这些特征又给人打上了时代的烙印。因此，不同时代的生产方式造就了不同时代的人的不同本质。如果要使人获得全面自由的发展，那么，作为人的发展的客观条件，人的对象，应该获得充分而全面的发展。

因此，当我们说，人是社会人的时候，就是指人是社会劳动和社会关系的承担者。作为社会活动的承担者，人首先是生产劳动的承担者，指的是人与自然的关系。除此之外，人还是阶级斗争、科学实验等活动的承担者。在人与人的关系中，人不仅是经济关系的承担者，同时也是政治关系、思想关系的承担者。因为一切社会关系都是通过人及其活动而发生的，离开了人，任何关系都将无从发生，所以，人被对象化，就是人的社会关系，作为对象

①[德]马克思：《资本论》第3卷，第1版，第995页，北京：人民出版社，1975。

②《马克思恩格斯全集》第46卷(上)，第1版，第494页，北京：人民出版社，1979。

的社会关系灌入了人的本质之中。马克思说："我决不用玫瑰色描述资本家和地主的面貌。不过这里涉及的人，只是经济范畴的人格化，是一定的阶级关系和利益的承担者……不管个人在主观上怎样超脱各种关系，他在社会意义上总是这些关系的产物。"①

人通过对象化活动，创造了对象性关系。在这种活动中，人不仅创造了人类社会，创造了一切社会存在物，同时也创造了自己。人的本质、人的自由，既不是人的天性，也不是人的自由意志，它首先是人的对象化活动的产物，是社会关系的产物。人的对象化活动，不仅是社会的本原，同时也是人的本原。

二、对象化活动中的主体和客体

在社会的对象化活动中，人是活动的承担者，因而是对象化活动的主体；人的对象，是对象化活动所指向的东西，是对象化活动的客体。所谓双向对象化，指的就是主体和客体的对象化。

在哲学史上，主体和客体范畴的内涵，经历了种种演变。马克思主义哲学产生以后，科学地制定了主体和客体范畴。但是，在不同的场合和关系中，主体和客体的内涵规定是有区别的，不应该把它们混为一谈。特别值得注意的是，必须承认主体和客体的关系，除了实践关系、认识关系，还具有本体论的关系。不仅客体具有本体论的意义，而且主体也具有本体论的意义。道理很简单，这就是：历史是由历史主体所创造的，没有历史主体，就不会有人类的历史，也不会有人类社会。

1. 实在主体——运动、变化的承担者

在近代哲学中，主体范畴可以不与客体范畴相对而言，而同哲学的基本问题有联系。自然界是不断运动和变化的，这种运动、变化根源是什么？谁是这种运动变化的承担者？这是一种十分自然的提问。人们的回答是：充当

---

①[德]马克思：《资本论》第3卷，第1版，第12页，北京：人民出版社，1975。

这个运动、变化的承担者的，就是主体。在这种关系中的主体范畴，所要回答的是世界的本原问题，因而同存在与思维的关系问题有着密切的联系。近代的唯物主义者都认为物质是变化的主体，而唯心主义则承认思维、意识是变化的主体。

费尔巴哈从思维与存在的相互关系出发，对主体做了规定。他说："思维与存在的真正关系是这样的：存在是主体，思维是宾词。思维是从存在而来的，然而存在并不来自思维。"[①] 存在是本原，它只能从自身而来，只能为存在所产生，思维则是存在的属性，是由存在产生的，从属于存在。所以，存在是变化的主体，是一切属性的主体、承担者。

黑格尔则提出了相反的主张。他说："照我看来——我的这种看法的正确性只能由体系的陈述来予以证明—— 一切问题的关键在于：不仅把真实的东西或真理理解和表述为实体，而且同样理解和表述为主体。同时还必须注意到，实体性自身既包含着共相（或普遍）或知识自身的直接性，也包含着存在或作为知识之对象的那种直接性。"[②]

黑格尔所说的主体，就是绝对主体，即绝对观念。马克思、恩格斯指出："用思辨的话来说，就是把实体了解为主体，了解为内部的过程，了解为绝对的人格。"[③] 又说："黑格尔善于用巧妙的诡辩把哲学家利用感性直观和表象从一实物推移到另一实物时所经历的过程，说成想象的理智本身即绝对主体所完成的过程。"[④] 可见，在黑格尔那里，绝对精神、理智就是绝对主体，是一切运动、变化的承担者，是世界的本原。费尔巴哈指出："在黑格尔看来，思维就是存在，存在是宾词。逻辑学是思维要素以内的思维，或者是自己思维自己的思想——

① 北京大学哲学系外国哲学史教研室：《十八世纪末—十九世纪初德国哲学》，第1版，第599页，北京：商务印书馆，1975。

② 北京大学哲学系外国哲学史教研室:《十八世纪末—十九世纪初德国哲学》，第1版，第253页，北京：商务印书馆，1975。

③《马克思恩格斯全集》第2卷，第1版，第75页，北京：人民出版社，1957。

④《马克思恩格斯全集》第2卷，第1版，第75—76页，北京：人民出版社，1957。

这种思想或者是无宾词的主体，或者是同时兼为主体和宾词。”①

所以，主体是本原的东西，第一性的东西，它是世界上发生的一切变化的承担者，一切性质和属性的承担者。对主体的这种理解，在唯物主义者看来，或者在唯心主义者那里，都是一致的。不过，在主体到底是什么的答案上，其结论是同对哲学基本问题的不同回答相一致的。唯物主义从存在第一性、思维第二性的基本前提出发，认为存在是主体；唯心主义从思维第一性、存在第二性的基本前提出发，认为思维是主体。这样一来，主体范畴不仅是认识论的范畴，同时也是本体论的范畴，它所要回答的正是世界的本原问题。

马克思对主体的理解，同样表明主体范畴的本体论意义。在讲到人类运用具体思维的方式来掌握世界时，马克思说：“整体，当它在头脑中作为被思维的整体而出现时，是思维着的头脑的产物，这个头脑用它所专有的方式掌握世界，而这种方式是不同于对世界的艺术精神的、宗教精神的、实践精神的掌握的。实在主体仍然是在头脑之外保持着它的独立性；只要这个头脑还仅仅是思辨地、理论地活动着。因此，就是在理论方法上，主体，即社会，也必须始终作为前提浮现在表象面前。”②

作为思维的对象，现实的整体，是社会；而思维的具体，则是对现实整体反映。社会具体是实在的，思维具体是第二性的，它是头脑的产物。马克思把社会称作“实在主体”，表明它对于思维来说，是第一性的，本原的。主体具有对思维、对人脑的独立性。这是唯物主义的立场。唯心主义者把思维、自我意识看作主体，同样赋予主体以独立性。马克思说：“鲍威尔的自我意识也是提升为自我意识的实体，或作为实体的自我意识；于是，自我意识就从人的属性变成了独立的主体。”③

---

①北京大学哲学系外国哲学史教研室：《十八世纪末—十九世纪初德国哲学》，第 1 版，第 598 页，北京：商务印书馆，1975。

②［德］马克思：《〈政治经济学批判〉导言》，《马克思恩格斯选集》第 2 卷，第 2 版，第 19 页，北京：人民出版社，1995。

③《马克思恩格斯全集》第 2 卷，第 1 版，第 175—176 页，北京：人民出版社，1957。

在这里，独立的不是存在，而是自我意识。因此，这种自我意识的本质不是人，而是理念，是人化了的理念。人的一切属性就这样神秘地变成了自我意识的属性，一切事物都起源于自我意识，并从自我意识中找到解释，找到它本身存在的根据。

在这里，提一下列宁对波格丹诺夫歪曲物质与运动关系的批判，是很有启发性的。波格丹诺夫认为：在“物质是运动着的东西”这个句子中，物质是句子的主语，“运动着”是句子的谓语，这样一来，人们就把“运动”作为“物质”的一种属性看待了。波格丹诺夫说：“相信物质的人们说：‘要知道，能量应该有承担者呀！……’奥斯特瓦尔特问得有道理：‘为什么呀？难道自然界一定要由主语和谓语构成吗？’”对波格丹诺夫的这番话，列宁评论说：“事实上，在思想上把作为‘主语’的物质从自然界中排除掉，这就是默认思想是哲学上的‘主语’（即某种第一性的、原初的、不依赖于物质的东西）。被排除掉的不是主语，而是感觉的客观源泉，因此感觉变成了‘主语’，就是说，不管以后怎样改变感觉这个词，哲学变成了贝克莱主义哲学。”[①]这里所讲的句子的“主语”，也就是现实世界的主体，所谓句子的谓语，也就是主语的属性。实在主体，就是这个主语，它是世界的本原。在实体与属性的关系中，实体就是主体。这种主体论就是本体论。

由于对世界本原的不同回答，使“主体”范畴产生了分化。唯心主义者把主体看作精神、观念、感觉等，这就使“主体”范畴向“人”的范畴演化，从而把主体看作社会的人，并把存在于人以外的世界（实体和属性）叫作“客体”，形成了主体和客体两个范畴之间的关系。这样，主体和客体的关系，也就对应着人与世界的关系。于是，哲学基本问题在这里有具体表现形式：人是本原的，还是世界是本原的？这就是主体和客体关系的本体论基础。

2. 自在主体——自在客体长期发展的产物

当主体从实体与属性的关系转向主体和客观的关系时，本体论也就转向

①［俄］列宁：《唯物主义和经验批判主义》，《列宁选集》第2卷，第3版，北京：人民出版社，2012。

认识论，同认识论合流了。马克思以黑格尔为例，说明了本体论和认识论的这种统一。由于黑格尔把绝对精神作为主体，因此，马克思说："主词和宾词之间的关系被绝对地相互颠倒了：这就是神秘的主体—客体，或笼罩在客体上的主体性，作为过程的绝对主体，作为使自己外化并且从这种外化返回到自身的，但同时又使外化回到自身的主体，以及作为这一过程的主体；这就是在自身内部的纯粹的、不停息的旋转。"由于主体是绝对精神，它的发展经历了否定之否定的过程，并以"圆圈"的形式，不断地外化为外部世界，这个外部世界也就成为与主体相对立的客体。这时，主体就与客体相对了。

马克思主义在批评旧唯物主义的缺陷时，指明了客体就是外部世界的含义。他说："从前的一切唯物主义（包括费尔巴哈的唯物主义）主要的缺点是：对事物、现实、感性，只是从客体的或直观的形式去解释……"[①]其所说的客体，就是在直观形式上的外部感性世界，即不受主体任何影响而独立于主体之外的世界，这就是自在客体。如果从主体的形式去理解，那么，外部世界不再是"客体"形式的世界，而是"主体—客体"形式的世界了。就是说，它已经受到了主体的干扰。所以，从哲学基本问题第一方面的意义来考察主体和客体的关系，那么，主体和客体不是不可分割的，客体并不依赖于主体，而是在主体之外独立地存在着。普列汉诺夫指出："唯心主义说：没有主体就没有客体。地球的历史表明：客体在主体出现以前早就存在了。"[②]

随着对哲学基本问题第一方面的不同回答，对主体和客体的关系也有不同的看法。在这里，主体和客体不仅都具有认识论的意义，同时也都具有本体论的意义。唯物主义认为客体是物质，是感性世界等，它是第一性的，是世界的本原，主体则是客体长期发展的产物；唯心主义认为，主体是有意识的人，是精神、自我意识等，它是第一性的，是世界的本原，客体则是主体

---

①［德］马克思：《关于费尔巴哈的提纲》，《马克思恩格斯文集》第1卷，第1版，第499页，北京：人民出版社，2009。

②《普列汉诺夫哲学选读》第1卷，第1版，第541页，北京：生活·读书·新知三联书店，1961。

的产物；二元论者则站在两者的中间，把主体和客体看作是两个相互平行的、互相独立的本原。

在哲学基本问题第一方面的意义上的主体和客体，是自在主体和自在客体的关系。唯物主义把客体看作独立于主体的客观实在，这就是“自在客体”。列宁在批判马赫主义者的原则同格论、心理经验和物理经验同一论、独立系列和依存系列的不可分论等错误观点时，曾引证过费希特关于主体和客体不可分割的观点。费希特说：“你所能理解的就是意识和物，物和意识；或者说得更确切些时，不是二者之中的哪一个，而是那种后来才分解为这二者的东西，那种绝对的主体—客体和客体—主体。”接着，列宁对此做了评论：“这就是经验批判主义的原则同格的全部实质，就是最新实证论对‘素朴实在论’的最新式的保护的全部实质。”①在“自在客体”的意义上，认为主体和客体具有不可分割的联系的观点同是唯心主义观点。列宁说：“‘承认对立项的独立性’，这就是（如果把喜欢装腔作势的阿芬那留斯的矫揉造作的语言翻译成普通人的语言）承认自然界、外部世界不依赖人的意识和感觉的，这就是唯物主义。把认识论建立在客体和人的感觉有不可分割的联系这一前提上（‘感觉的复合’=物体；‘世界要素’在物理和心理方面是同一的；阿芬那留斯的原则同格等等），就必然会陷入唯心主义。”②

在这里，物质、客观实在、客体、自在之物等名称，指的是同一个东西，这就是“自在客体”。与此相对应的主体，也就是“自在主体”，它是同“实在主体”根本不同的。在本体论的意义上，在谁是本原的、谁是派生的问题上，对“自在主体”和“自在客体”关系的不同回答，使哲学分成了唯物主义和唯心主义两大阵营。正如普列汉诺夫所正确指出的，那种认为没有主体就没有客体的观点，是唯心主义的观点，其中自然地包括原则同格论。现代西方

①［俄］列宁：《唯物主义和经验批判主义》，《列宁选集》第2卷，第3版，第65页，北京：人民出版社，2012。

②［俄］列宁：《唯物主义和经验批判主义》，《列宁选集》第2卷，第3版，第70页，北京：人民出版社，2012。

资产阶级著作中，不少人都是从自在主体和自在客体的意义上，主张主体和客体的不可分割性，同样地陷入了唯心主义。我们今天在讨论主体和客体问题时，如果不去区分主体和客体之间的本体关系、实践和认识关系，不加区别地把主体和客体的关系，一概说成是不可分割的关系，那么，我们就很难同各种唯心主义观点划分界限。为什么现在有不少人反对主体性以及主体和客体问题的讨论？原因就在于他们强调主体和客体之间存在着本体关系，所以，一听到主体和客体的不可分割的联系，就认为是唯心主义观点，强烈地加以反对；为什么另一些人，一讲主体和客体，就是不可分割的联系，除这种联系之外，似乎再也没有其他的联系了？同样在于他们否认主体和客体的本体关系，因而不了解主体和客体不可分割联系的主张中所包含的唯心主义观点。如果我们提出在主体和客体的关系中，除实践关系、认识关系之外，还有本体关系，那么，过去的那些争论和误会，也就会很快地被消除了。

自在客体是不依赖于自在主体而存在着的。没有自在主体的时候，自在客体已经存在着。因此，自在主体不是本来就有的，它是派生的，是自在客体长期发展的结果和产物。主体和客体的这种关系，就是它们的本体关系。这是产生和被产生的关系，它既不同于改造与被改造的关系，也不同于反映与被反映的关系。而且，实践关系和认识关系都要以本体关系为前提。唯心主义者认为主体是第一性的、本原的，客体是第二性的、派生的，这同样是对主体和客体的本体关系的一种阐明。但是，这不是唯物主义的本体论，而是唯心主义的本体论。在唯物主义本体论看来，如果没有本体关系，客体就不会产生出主体，连主体都没有，还谈论什么主体和客体的关系呢？否认主体和客体的本体关系，就否认了主体和客体的起源，从而也就否认了它们的实践关系和认识关系。只讲人类的发展，而不知道人类的起源，只讲社会的发展，不讲社会的起源，能够把唯物主义坚持到底吗？同样地，只讲主体和客体的实践关系、认识关系，而不讲这种关系的起源，否认它们之间的本体关系，能够成为彻底的唯物主义者吗？

列宁在批判马赫主义的时候，曾提出了两个尖锐问题。第一个问题是：

“在人类出现以前自然界是否存在？”第二个问题是：“人是否用头脑思想？”这两个问题，都是主体的起源问题。关于第一个问题，列宁说：“自然科学肯定地认为：在地球上没有也不可能有人类和任何生物的情况下，地球就已经存在了；有机物质是后来的现象，是长期发展的结果。这就是说，当时没有具有感觉的物质，没有任何‘感觉的复合’，没有任何像阿芬那留斯的学说所讲的那种与环境‘不可分割地’联系着的自我，物质是第一性的，思想、意识、感觉是高度发展的产物。这就是自然科学自发地主张的唯物主义认识论。”① 列宁所提的问题，就是主体和客体的本体关系，正是关于客体的长期发展而产生主体的问题。

所谓主体的起源，也就是人类的起源。主体本来是客体的一部分，随着客体的发展，它才从客体中分离出来，从而形成主体和客体的关系。这种分离，首先是自然过程，是自然界长期发展的结果；其次是社会过程，是劳动的产物。劳动是人类区别于猿群的基本特征，它在从猿转变为人的过程中，起了决定的作用。由于随着完全形成的人的出现，便产生了完全新的因素，这就是社会。恩格斯说：“动物仅仅利用外部自然界，简单地通过自己的存在在自然界中引起变化；而人则通过他所作出的改变来使自然界为自己的目的服务，来支配自然界。这便是人同其他动物的最终的本质的差别，而造成这一差别的又是劳动。”②

3. 社会主体和社会客体在创造社会历史中的本体论意义

如果确认主体是社会的人，那么，它是否仍然还具有本体论的意义呢？如果赋予主体以本体论的意义，我们是否就会陷入唯心主义？这是主体和客体问题讨论的一个焦点。不少人认为，使主体具有本体论意义，这是唯心主义的主张，唯物主义是坚决反对的。

其实，问题并非这么简单。

---

①［俄］列宁：《唯物主义和经验批判主义》（单行本），第1版，第65—66页，北京：人民出版社，2015。

②［德］恩格斯：《自然辩证法》（单行本），第1版，第313页，北京：人民出版社，2015。

物质生产劳动是人类社会产生、存在和发展的基础。生产劳动过程是人与自然的物质变换过程。因此，主体和客体的关系，首先是人与自然的关系。马克思说："生产的一切时代有某些共同特征，共同规定。"① 把生产的这些共同标志、共同规定抽象出来，就可以看到它的统一。他说："主体是人，客体是自然，这总是一样的，这里已经出现了统一。"②

这种统一表明，人和自然的关系首先是本体关系。人本身是自然界的一部分，说明客体包含着主体；而且，自然界还是人的无机的机体，说明客体又是主体的成分。在人与自然发生物质交换过程时，人的活动必须遵循自然规律，人自然以一种自然力的形式与自然界相对立。人与自然的这种本体关系属于自然界内部的关系，是世界的物质统一性的具体表现。如果否认了人与自然、主体与客体的这种本体关系，也就难以坚持唯物主义物质一元论的立场了。

社会历史的客体，除自然力之外，还有人所创造的社会存在物。社会的生产力、生产关系、经济基础、上层建筑、意识形态等，都是社会的人所创造的，都是主体的产物。可是，社会主体创造出这些社会存在物之后，又成为自己创造活动的条件，它不仅制约着主体的创造活动，而且还成为主体的活动对象，从而成为社会客体。人们创造了各种社会关系，而社会关系又规定了人的现实本质。就是说，客体决定主体，而主体又创造着客体，主体和客体的这种互为创造者，又互为创造物的关系，并不是单纯的实践关系和认识关系，而首先是本体关系，表明主体具有本体论的意义。

不少人把历史观与本体论分开，认为它们是两个不同的哲学理论。这种把本体论仅仅局限于自然观的做法，是片面的。如果把本体论作为存在的学说，那么，它不仅包括自然存在的学说，同时也包括社会存在的学说。在马

---

①［德］马克思：《〈政治经济学批判〉导言》，《马克思恩格斯选集》第2卷，第2版，第3页，北京：人民出版社，1995。

②［德］马克思：《〈政治经济学批判〉导言》，《马克思恩格斯选集》第2卷，第2版，第3页，北京：人民出版社，1995。

克思主义哲学中，除认识论和逻辑学以外，其他一切理论都是本体论。从世界的总体来说，物质是第一性的，是世界的本原，这就是唯物主义的本体论。就人类社会来说，归根到底，它的本原也是物质，因为社会是自然界长期发展的产物。但是，人类社会到底还是不同于自然界的，它有自己的特殊本质，所以，应该有不同于自然本体论的社会本体论（或历史本体论）。值得研究的是，造成社会这种特殊本质的原因是什么呢？

马克思说："社会生活在本质上是实践的。""环境的改变和人的活动的一致，只能被看作是并合理地理解为革命的实践。"① 历史唯物主义就是马克思主义的社会本体论，它从直接生活的物质生产出发来考察现实的生产过程，并把它与该生产方式相联系的、它所产生的交往形式，理解为整体历史的基础。在这个现实历史基础上，不是从观念出发来解释实践，而是从物质实践出发来解释观念的东西。人们通过社会的革命实践，创造出一定的物质结果、生产力、人和自然、人与人之间的各种关系，从而造成了社会环境，而人们又必须在这个既得的环境中创造历史，从而使这个社会环境也创造着人。人与环境的统一、人与社会的统一，亦即社会的主体和客体的这种统一，它们的现实基础，就是社会实践。造成人类社会不同于自然的本质区别，是社会实践，是人们创造历史的活动。所以，实践是社会生活的本原。由此可见，实践范畴不只是认识论的范畴，而首先应该是唯物史观的范畴。在这里，实践充当了社会的本原，因而是社会本体论的范畴。

实践的基本要素是实践的主体和实践的客体，以及实践活动本身。这里所说的实践主体和实践客体，就是社会主体和社会客体。凡是实践的、认识的、审美的、伦理的等关系的主体和客体，都是社会主体和社会客体，或叫历史主体和历史客体。这些不同的叫法，指的都是同一主体和客体，它们只是从不同的关系来考察各自的具体内容。从社会实践是社会生活的本原来看，社会主体和社会客体的本体论意义是显而易见的。

---

①［德］马克思：《关于费尔巴哈的提纲》，《马克思恩格斯文集》第 1 卷，第 1 版，第 500 页，北京：人民出版社，2009。

历史观的基本问题是社会存在和社会意识的关系问题。社会生活应由社会存在所决定，社会存在和社会实践虽然是不同的说法，但实际上指的是一回事。马克思说："意识在任何时候都只能是被意识到的存在，而人们的存在就是他们的实际生活过程。"[①]这里讲的实际生活过程就是人们的社会实践活动，因为人类社会是一种活动的有机体，它不是不变的事物的集合体，而是过程的集合体。所谓社会存在，绝不是僵死不变的结晶体，而是不断变化发展的社会物质生活的过程，是人类的一切创造活动。因为，社会生活在本质上是实践的，而社会实践就是人们的存在，所以，社会存在决定社会意识，这是唯物史观的基本前提。或者说，社会存在决定社会意识是唯物史观的基本前提，而社会实践就是人们的社会实践活动过程，所以，社会生活在本质上是由社会实践所决定的。

从认识上看，实践是认识的基础，它不仅是认识的唯一来源，而且是检验认识是否为真理的唯一标准。社会存在决定社会意识，讲的也是社会实践对社会意识的决定作用，因为只有社会实践才是人们的意识产生、变化和发展的现实基础。毛泽东说："马克思主义的一个基本特点，就是存在决定意识，就是阶级斗争和民族斗争的客观现实决定我们的思想感情。"[②]如果离开了实践，那么社会存在如何决定社会意识，社会意识又如何产生和变化呢？如果把社会存在与社会实践分开，或者把它们对立起来，我们势必又要回到直观唯物主义的立场上去，否认实践对认识的决定作用。

社会的人通过社会实践来创造环境；环境同样地通过社会实践来创造人。人的变化和环境的变化、社会主体的变化和社会客体的变化的这种一致性，都根源于社会实践。社会本质和人的本质，在现实性上，都是由实践决定的。不过，值得注意的是，这里所讨论的范围，仅仅是指社会的本质，并不包括自然界。社会也就是人，人也就是社会，两者是同一个问题，所以，社会的

①[德]马克思：《德意志意识形态》，《马克思恩格斯选集》第1卷，第2版，第73页，北京：人民出版社，1995。

②毛泽东：《在延安文艺座谈会上的讲话》，《毛泽东选集》第3卷，第2版，第852页，北京：人民出版社，1991。

本质和人的本质也是一个东西。有人把实践是社会的本原的原理概括为：实践本体论，或社会本体论，这也未尝不可。可是，有人反对说，世界的本原只能是物质，而不是实践。这种批判不仅是软弱无力的，而且是完全错误的。因为它把“社会”这一概念偷换成“世界”这一概念，然后反驳说：独立于人类之外的自然界、宇宙、物质世界也是由实践创造的吗？使人感到不解的是，如果离开了实践，单纯地用物质，怎么能说明人区别于其他动物、人类社会区别于自然界的特殊本质？我们平时总是说：劳动创造了社会、劳动创造了人类，这难道不正是说实践是社会的本原吗？所以，主体和客体的实践关系，同时又是本体关系；或者说，在主体和客体的实践关系中，包含有本体关系。

主体和客体之间的实践关系，既包含本体关系，又高于本体关系。因此，实践本体论既包含物质本体论，又高于物质本体论。首先应该承认，人是主体，自然界是客体，人是自然界长期发展的产物，这里所反映的主体和客体的本体关系，属于物质本体论范畴。其次也必须承认，人是主体，社会是客体，人是社会的产物，是劳动的产物。这里所反映的主体和客体的关系，是实践关系，而且在实践关系之中，包含有本体关系。因此，这时的主体和客体的本体关系，属于实践本体论范畴，而且其中包含着物质本体论的含义。因为，人是社会的产物，这不仅不排除人是自然的产物，而且是以它为基础的。因此，把实践本体论和物质本体论对立起来，以物质本体论否认实践本体论，或以实践本体论否认物质本体论，都是不正确的。

主体和客体的本体关系，是主体和客体的实践关系、认识关系、价值关系的基础。正因为主体和客体具有本体关系，因此，对主体和客体关系问题的不同回答，把哲学家划分为两个不同的学派，即唯物主义学派和唯心主义学派。在唯物主义学派中，只有辩证唯物主义才从主体的方面去理解感性世界，把感性世界看作是主体和客体的统一。所谓主体和客体的统一又是什么呢？这就是实践活动。因此，只有把社会生活在本质上看作是实践的，才不仅能同唯心主义划清界限，而且还能同形而上学唯物主义划清界限。

三、价值的本原

从主体创造价值以满足自身需要的思路，考察价值的生成，是价值研究的一个方向。价值的研究还可以有另一条思路，没有被人们所充分地注意，这就是，从自然和人类社会的发展考察价值的发生和形成，揭示价值的本原。研究证明，这个本原不是别的，正是实践。这是一条追本溯源的道路，它是现代系统科学方法在价值研究中的具体运用。

1. 价值是对“使用价值”的概括

作为哲学范畴，价值并不是指政治经济学中的商品价值，体现一般人类劳动的耗费，而是指物品能够满足人们某种需要的属性。对于自然物品来说，物品的这种属性，只是它的自然属性，而不是社会属性，它使物品具有有用性。马克思说：“物的有用性使物成为使用价值。”① 洛克把物质的这种有用性称为自然价值，认为“任何物的自然价值都在于它能满足必要的需要，或给人类生活带来方便”。②

显然，“有用性”不单纯地属于商品。当我们在考察商品的二重性时，把商品分解为使用价值和价值两个方面的属性；而任何物品都可以使用价值而不是价值，因而它成为商品，不仅是物，而且人类的各种社会活动、思想观念、道德规范、社会制度等，也都具有某种有用性，因而也都是使用价值。

一般说来，使用价值并不是政治经济学的范畴，因而它不属于政治经济学的研究对象。政治经济学所研究的是财富生产的特殊社会现实，即生产的社会关系。由于使用价值是商品价值的物质承担者，商品生产的经济关系给

①［德］马克思：《资本论》第1卷，第1版，第48页，北京：人民出版社，1975。

②［德］马克思：《资本论》第1卷，第1版，第48页，北京：人民出版社，1975。

使用价值打上了商品的印记，使它成为商品的使用价值。事实上，使用价值绝不限于商品，甚至不限于劳动产品，例如，空气、原始森林、处女地等，都具有某种有用性，即具有使用价值。

鉴于使用价值不属于政治经济学范畴，同时，不仅商品、产品、自然物品具有使用价值，而且，人类各种活动、道德法律规范、社会制度、思想概念、理论学说等都具有使用价值。因此，我们可以对这种有用性做出进一步的哲学概括，使它成为更为普遍的、概括的范畴，这就是：价值。所以，作为哲学范畴的价值，是对使用价值的概括。图加林诺夫说："价值概念起源于这样的日常基本事实：人们在生活过程中，通过利用各种物体及其特性，利用各种物和自然力，同时也利用人们社会活动的各种'产品'，来满足自己各种各样的需要。这些客体的一部分是对人有益的、必需的，即能满足他们需要的，另一部分是有害的、不需要的、无益的。人们把前一种客体归结为价值物。"① 图加林诺夫主张价值应该是具有肯定意义的，不能把有害的东西称为价值。因此，他为价值所下的一般定义是："价值是一定社会或阶级的人们以及个人所需要的、作为满足其需求和利益的手段的那些物、现象及其特性，也包括作为规范、目的或理想的种种观念和动机。"②

值得注意的是，阿·瓦格纳因在《政治经济学教科书》中也作了类似的"概括"而遭到了马克思的批评。既然如此，为什么我们仍然把价值范畴看作是对使用价值的概括呢？其实，我们这种概括同阿·瓦格纳的"概括"是根本不同的。

阿·瓦格纳的概括，仍然停留在政治经济学的范围之内，把价值作为政治经济学的种概念，把使用价值作为价值的属概念。这样，就把价值和使用价值的关系，看作一般与个别、种与属的关系，并从价值一般中得出使用价

①[苏]图加林诺夫：《马克思主义中的价值论》，第1版，第7页，北京：中国人民大学出版社，1989。

②[苏]图加林诺夫：《马克思主义中的价值论》，第1版，第11页，北京：中国人民大学出版社，1989。

值。瓦格纳的思路是这样的：首先从“使用价值”中得到“价值”的概念，他所采取的办法是把“使用”两字去掉，“按照德语的用法”改称为“价值”，由此得到了价值一般；然后，他又从价值一般中得出特殊的价值，即使用价值。其实在政治经济学中，价值和使用价值并不是种属关系。使用价值是商品的自然形式，价值是商品的社会形式，两者是根本不同的。马克思说：“直到现在，还没有一个化学家在珍珠和金刚石中发现交换价值，可是那些自命有深刻的批判力、发现了这种化学物质的经济学家，却发现物的使用价值同它的物质属性无关，而它们的价值倒是它们作为物质所具有的。在这里为他们作证的是这样一种奇怪的情况：物的使用价值只能在交换中实现，就是说，只能在一种社会的过程中实现。”① 价值和使用价值没有一点共同之处，它们没有共性，因而不存在一般和个别的关系，也不存在种和属的关系。因此，在它们之间，既不能做概括，也不能做限制。

如果超越政治经济学的范围，“价值”概念就不再标志商品的社会形式，也不是指无差别的人类劳动的单纯凝结，而且“使用价值”也不局限于标志商品的自然形式，而是指一切（物质的和精神的）“产品”的属性。这时，价值和使用价值都不再是政治经济学的范畴了，从而使“价值”成为对使用价值的概括，成为使用价值的种概念，成为哲学范畴。马克思所说的，“‘价值’这个普遍的概念是从人们对待满足他们需要的外界物的关系中产生的”含义，指的就是使用价值的一般形态，而不是政治经济学中的“价值”范畴。瓦格纳把它作为政治经济学的“价值”范畴是错误的，理所当然地受到马克思的批评。我们把它作为哲学范畴，超越商品的使用价值的局限，使它具有更加普遍和一般的意义，标志一切事物的有用性，是符合马克思的原意的。

马克思和恩格斯也经常在“使用价值”的意义上使用“价值”范畴。例如，马克思说：“珍珠和金刚石所以有价值，是因为它们是珍珠和金刚石，也就是由于它们的属性，由于对人有使用价值——也就是由于它们是财富。”②

---

①［德］马克思：《资本论》第1卷，第1版，第100页，北京：人民出版社，1975。
②《马克思恩格斯全集》第26卷（Ⅲ），第176页，北京：人民出版社，1974。

他们还提到“矿物的商业价值”，作家在“文学上的价值”，形式反映内容的认识“价值”，科学抽象与现实历史结合的理论“价值”，等等。这里所使用的“价值”范畴，都不是政治经济学中的“价值”，即商品的社会形式，而是指物的有用性，它的确是从人们对待满足他们需要的外界物的关系中产生的，“实际上是表示物为人而存在”的物和人之间的自然关系。马克思恩格斯对“价值”范畴的这些用法，同样表明“价值”范畴是对“使用价值”的概括。

如果价值是对使用价值的概括，根据使用价值的特点来考察价值，那么，我们可以获得关于价值的两点基本的认识：第一，价值是物品满足人们某种需要的属性，它是由物品所具有的；第二，价值发生于物品和人的关系中，是物为人而存在的关系，物品的有用性是相对人而言的，所以，价值只有在客体与主体的相互关系中才能发生。在没有人和人类社会的时候，是无所谓价值的。价值是随着人类社会的产生而产生的，所以，它是自然界和人类社会长期发展的产物。

2. 功能向价值的转化

价值是客体所具有的某种特性，可是，当客体处于与主体的联系之外时，这种特性还不能生成价值，只有当它满足主体的某种需要时，这种特性才转化为价值。

对价值的生成，可以从两个方面去考察，一是从系统的进化方面去考察，二是从主体和客体关系的生成方面去考察。

从系统进化的方面看，意识是物质长期发展的产物，是物质的最高级的反应特性，它是在物理的、生物的反应特性基础上发展起来的，在最一般的意义上说，所谓反应，就是由外界的作用所引起的反作用。由于事物是相互联系着的，而相互联系着也就是相互作用。因此，反应特性是一切事物所普遍具有的，事物所具有的对外界作用的反应能力、行为就是事物的功能。一般系统论认为，任何系统都处于内部联系和外部联系之中，就内部联系来说，任何系统都是由要素集合而成的有机整体、要素联系的内在形式、构成系统的结构，而系统的不同结构则决定着系统的不同功能。就外部联系来说，任何一个系统都与外部环境之间进行物质、能量和信息的输入与输出的变换，系统的功能就是这种变换关系的体现。换句话说，如果给予一定的输入，就可以得到一定的输出。将输入变为输出，就是系统状态的变换，也就是系统的功能。所以，系统的功能是系统对外部环境的作用所引起的反应。

任何自然物对外部环境的作用都会做出反应，例如，“空谷回音”，说的就是空谷具有回音的功能，这是无机物的物理功能。食物可以充饥，表明食物具有充饥的化学功能。植物和原生动物都具有趋光性、趋营养性、趋利避害性等，这些特性都是生物系统对外部环境的反应形式，因而也就是它们的生物功能。在自然界的长期发展产生了人类之后，便出现了社会的人，人与外部环境的关系便成为主体和客体的关系，主体对客体的作用所做出的反应活动，不再单纯是物理的、化学的、生物的活动，而是社会活动。这种社会的活动，即以生产劳动为主要形式的社会实践活动，也就是社会的人的功能。在主体和客体的这种实践关系中，包含着价值关系，即客体以自己的属性来满足主体的某种需要。主体的需要得到满足，就是主体对客体的作用所引起的一种反应，是主体所具有的功能。客体能够满足主体的某种需要，也是客体对主体的作用所引起的一种反应，是客体所具有的功能。主体和客体的这两种功能在实践过程中的统一，就成为客体对主体的价值。这种价值的指向是主体，由主体所享用。但它的承担者是客体，由客体所具有。可见，客体对主体的价值，是从主体和客体的功能转化而来的。如果主体和客体不具有这种功能，价值也是不会存在的。例如，玫瑰花不具有美丽的颜色，不能反射一定波长和频率的电磁波，或者人们不具有视觉，因而不能吸收不同波长和频率的电磁波而做出反应，没有颜色的感觉，那么玫瑰花就不具有对于主体的审美价值，所以主体和客体存在相应的功能，是价值关系的物质前提，价值关系是由功能关系发展来的，在价值关系中必然地以扬弃的形式包含着功能关系，从而使功能关系成为价值关系的基础，反映出价值的客观性。

可见，客体对主体的价值并不是由于主体评价的结果，价值也不是完全由主体的需要所决定的，不能把价值完全地等同于主体性。应该承认，价值关系是建立在功能关系基础上的，而功能也就是系统的行为或活动，对于社会的人来说，这就是社会实践活动。首先是实践，然后才有评价。价值虽然依赖于主体，但它不是主观随意的，而是有客观的物质基础的。价值关系不是先天地存在着的，也不是以主观形式为转移的，而是人类社会实践活动的产物。只有实践才能作为事物同人所需要的那一点的联系的实际确定者，从而建立主体和客体之间的价值关系。有了这种价值关系的实践活动，才能以评价活动来反映这种价值关系。实践关系是价值关系的基础和前提，因而使价值关系也包含着某种物质关系。

在物质的生产劳动领域中，价值关系包含有物质关系，这是显而易见的。劳动资料对于劳动过程来说，具有工具的价值。这完全是由劳动过程中人与自然之间的物质变换关系所决定的。这种物质产品以自己的属性满足人们的吃、喝、住、穿等的需要，都依赖于主体和客体的自然物质属性。具有审美价值的艺术品同审美主体之所以能够建立价值关系，一方面取决于客体本身的审美属性，另一方面也取决于主体的审美能力至少要具备健全的视听等感觉器官。所以，即使是审美关系，也是以自然的物质关系为基础的。如果不具备这种基础，同样是不能建立审美价值关系的。

可见，从系统进化的方面来考察，价值起源于人类。在产生人类之前，自然界各种事物的相互作用，只能表现为反应特性。从系统和环境的相互关系来考察，每一种系统都具有对环境作用的反应能力即具有特定的功能。由于系统存在的普遍性，系统与环境划分，也是相对的，系统可以成为环境，环境也可以成为系统。在出现人类之后，系统与环境之间的关系，便演化为主体和客体的关系。主体是一种系统，客体也同样是一种系统，主体和客体都具有各自的功能。因此，相对于主体来说，客体是环境；相对于客体来说，主体也是环境。主体和客体的相互作用，便产生相互的反作用，呈现出各自的功能，这就形成了客体对主体的价值。

自然界的物质运动表现为因果规律。人类社会的规律，除因果关系之外，还包含有合目的性关系，并以此与自然界的物质运动规律相区别。因此，价值是同合目的性关系分不开的，并主要地表现为合目的性关系。维纳等人说："一切有目的的行为都可以看作需要负反馈的行为，如果一个目标要被达到的话，那么来自该目标的信号就有必要在某一时候来校正行为。负反馈行为就是这样的行为：没有来自目标的信号来改变客体在其行为过程中的活动。"① 不仅人类，凡是控制系统，都有负反馈的机制，因此，它们的行为都是合目的性行为，对一个受控系统，输入是原因，输出则是结果；而输出又反馈回来影响输入，从而产生新的输出。于是，输入和输出构成了互为因果的关系，逐步地实现行为的目标，建立起合目的性关系。可见，合目的性关系建立在因果关系基础之上，但又高于因果关系。实现功能向价值的转化，就是在因果关系的基础上建立起合目的性关系，从而使价值目的相互联系。主体和客体处于因果关系时，主体和客体的属性表现为功能关系；当主体和客体进入合目的性关系时，主体和客体的属性就表现为价值关系。在合目的性关系中，仍然包含着因果关系，因而在价值关系中也仍然包含着因果关系，并受因果关系制约，由此而决定着价值的客观性。

3. 实践是价值的源泉

功能向价值的转化告诉我们，任何价值，既包含自然属性，又包含社会属性，它是自然属性和社会属性的统一。

价值是由多种因素构成的：客体的属性、主体的属性，以及主体和客体的互相关系，是构成价值的三个基本要素。

作为价值的客体，可以是自然物质或物质的和精神的产品，也可以是各种社会活动，以及各种社会制度和设施等，它们之所以成为价值客体，都在于具有某种功能，从而满足价值主体的某种需要，哲学客体的功能的性质是多种多样的，因而能够满足主体多方面的需要。

---

① 庞元正、李建华编：《系统论控制论信息论经典文献选编》，第1版，第284页，北京：求实出版社，1989。

任何价值不仅以客体的某种功能为前提，同时也可以以主体的某种功能为前提。作为价值客体，食物具有营养的功能，当价值主体同时具有吸收营养的功能时，食物的营养成为主体的价值。如果主体不具有这种功能，客体的功能也就不会成为主体的价值。一种科学理论，由于它具有正确反映客观规律性和指导人们实践活动的功能，因而它又可能具有价值。这种可能性是否转化为现实，还取决于主体是否具有运用科学的理论来指导自己的实践的需要，如果不具有这种功能，那么，理论的功能也不会成为价值。

主体和客体，虽然都具有各自的功能，但是，它们如果孤立地存在，不发生任何相互性的作用，那么，价值还是不能形成的。主体和客体的相互作用，就是实践活动。人类的实践不仅是认识的源泉，而且是价值的源泉。只有在实践中，人们才能创造出价值来。无论是主体，还是客体，它们在彼此孤立存在时，其功能都不能表现出来，而只能以潜在的形式存在着，只有在受外界的作用时，才引起自身的反作用，做出对外界作用的反应，就呈现为功能。因此，只有在主体和客体的相互之间的作用和反作用中，才能使主体和客体的功能取得耦合，达到统一，表现为价值。在这种意义上说，价值是由实践创造的。但是，实践是不能凭空创造价值的，它只能在主体和客体所具有的功能的基础上创造价值。恩格斯指出："政治经济学家说：劳动是一切财富的源泉。其实劳动和自然界一起才是一切财富的源泉，自然界为劳动提供材料，劳动把材料变为财富。"[①] 实践在创造价值的时候也是这样，它总是以某种原始的价值材料为前提。自然景观之所以具有观赏价值，是因为有崇山峻岭、奇松怪石、山清水秀等自然资源。离开了这些原始材料，任何价值都是不可能创造出来的。所谓创造价值，也就是创造主体和客体的关系。显然，没有主体和客体，人们是无法创造出主体和客体的关系的。由于客体具有多种属性，主体也有多种需要，将客体属性和主体需要建立一一对应关系，实现主客体功能的耦合，从而形成主体和客体的多种价值关系。这种创造，实

①[德]恩格斯：《自然辩证法》（单行本），第1版，第303页，北京：人民出版社，2015。

际上也就是选择。主体到底要选择哪一种关系，取决于具体的、历史的环境和人们所从事的实践活动。客体的属性与主体的需要之间的价值联系，只能依赖于实践活动来建立，因为，实践是“事物同人所需要它的那一点的联系的实际确定者”①。

价值是由实践创造的，而实践的主体是社会的人，所以，在这种意义上也可以认为，价值是由人所创造的。价值的创造主要在于满足人的需要，而人的需要是由人的本性所决定的，因此，人只能根据自己的本性来创造价值。马克思说：“假如我们想知道什么东西对狗有用，我们就必须探究狗的本性。这种本性本身是不能从‘效用原则’中虚构出来的，如果我们想把这一原则运用到人身上，想根据效用原则来评价人的一切行为、运动和关系等等，就首先要研究人的一般本性，然后要研究在每个时代历史地发生了变化的人的本性。”② 根据人的本性，我们可以进一步探讨价值的构成，深化对价值本原的认识。

人具有自然属性，因此，人类生存的第一个前提，就是要以客体的属性来满足人的自然需要，衣、食、住、行等的需要。这就表明，价值首先来源于客体的自然属性和主体的自然需要，由此而创造的价值，我们称它为自然价值。自然价值不是价值的独立形态，它不能从价值总体中分离出来，而只能以从属的地位被社会价值所支配。

作为价值的主体内容，当然不是自然价值，而是社会价值，这是由人的本性所决定的。在社会价值中，又包括两个方面，一是社会的一般价值，它对全人类来说，都是共同的；二是社会的特殊价值，它不属于全人类而属于特定的社会集团。

在动物和自然界的关系中，不存在价值关系，而只有功能关系。价值关

---

①［俄］列宁：《再论工会、目前局势及托洛茨基同志和布哈林同志的错误》，《列宁选集》第 4 卷，第 419 页，北京：人民出版社，2012。

②［德］马克思：《资本论》，《马克思恩格斯文集》第 5 卷，第 1 版，第 704 页，北京：人民出版社，2009。

系是在人产生以后才有的，它同样是人区别于动物的根本标志之一。在这一层次上的价值，是由全人类所共有的，是由全人类的共同本性所决定的。列宁在阐述认识的价值时，说：“认识只有在它反映不以人为转移的客观真理时，才能成为对人类有机体有用的认识，成为对人的实践、生命的保存、种的保存有用的认识。”[①] 真理性的认识对整体人类来说是有价值的，因为它对人类有机体是有用的，对人类的生命的保存、种的保存是有用的。生态破坏、人类爆炸、环境污染等，危害人类生命的保存、种的保存，因此，保持生态平衡、控制人口增长、防止环境污染，等等，反映了人类的共同利益和要求，是全人类的需要。凡是能满足这一人类需要的都是全人类共有的价值。一切自然景观，当它们独立于人类之外存在的时候，并未构成“景观”；它们之所以成为“景观”，是因为它们能满足于人们观赏的需要，从而具有的审美价值。为什么一系列的自然属性都被人们共同地确认为审美价值呢？其根源在于这些审美属性表征着人类的本质力量，对于人类种的保存和发展起着积极作用。黄海澄说：“自然界的美实质上是人类和人类社会生活中的美的反照，是人的某种本质、本质力量或理想的对象化。”[②] 因此，人类之所以喜爱自然美，也是由人类和人类社会生存和发展的利益所决定的，同样属于社会价值的一般形态，由全人类所共有。

除了社会的一般本性外，人的本性主要的还是指社会的特殊本质，这就是马克思所说的：“人的本质并不是单个人所固有的抽象物。在其现实性上，它是一切社会关系的总和。”[③]

由于人们在社会中，都在一定的社会关系中生活，不同的社会关系就规定了人们的不同本质。在阶级社会里，社会关系主要表现为阶级关系，因此，

---

① 列宁：《唯物主义和经验批判主义》（单行本），第1版，第138页，北京：人民出版社，2015。

② 黄海澄：《系统论、控制论、信息论、美学原理》，第1版，第68页，长沙：湖南人民出版社，1986。

③ 马克思：《关于费尔巴哈的提纲》，《马克思恩格斯选集》第1卷，第2版，第60页，北京：人民出版社，1995。

人的社会性又主要表现为阶级性。由于人的不同本性，便产生了不同的需要和理想，因而不同的阶级就有不同的价值取向和价值标准，形成了社会价值的特殊形态。这种特殊的价值，不是由全人类所共有，而是由特殊的社会集团、阶级和民族所独有。这些社会集团、阶级和民族都有自己的不同利益和需要，作为价值主体，必定同客体构成不同的价值关系。马克思、恩格斯说："对资产者来说，只有一种关系——剥削关系——才具有独立自在的意义；对资产者来说，其他一切关系都只有在他能够把这些关系归结到这种唯一的关系中去时才有意义，甚至在他发现了有不能直接从属于剥削关系的关系时，他最少也要在自己的想象中使这些关系从属于剥削关系。这种利益的物质表现就是金钱，它代表一切事物，人们和社会关系的价值。"① 这就是资产阶级所企望创造的特殊价值。资产阶级对这种价值的追求使工人与厂主的关系成为劳动与资本的关系。

价值，是一个由自然价值、一般社会价值和特殊社会价值构成的综合体，它来源于人的自然本性、一般社会本性和特殊社会本性的统一。由于人的本性是一个系统，它的系统质是由特殊的社会本性所决定的，其他两种本性处于从属的和被支配的地位。因此，价值也是一个同一体的系统，并以特殊的社会价值为系统质，其他两种价值处于从属的和被支配的地位。要使人的本性得到显现，并根据这种本性来创造价值，这就是人的实践活动。只有通过实践活动，才能使人的本质对象化，从而使对象性的存在成为人的本质力量的现实。因此，创造价值的，作为价值本原的，不是单纯的主体，更不是单纯的客体，而是实践。所以，价值本体论也就是实践本体论，而决不是物质本体论。

---

①［德］马克思：《德意志意识形态》，《马克思恩格斯全集》第3卷，第1版，第480页，北京：人民出版社，1960。

四、价值评价

主体和客体之间的价值关系揭示了对象的有用性。人的一切对象化活动的目的，归根到底，都是为人创造价值对象，把“自在的存在”变成“为我的存在”。使对象具有价值，不仅要有创造的过程，同时还要有实现的过程。价值的创造和实现，都需要有评价。由于价值范畴反映主体和客体之间的关系，因此，价值评价的任务就是揭示主体和客体的价值关系。就客体对主体的有用性作出价值判断，以指导价值的创造和实现。

1. 价值评价的实质

要知道评价的实质，必须具体分析价值与需要之间的关系。人类社会之所以是从生产劳动开始的，这是由人的肉体组织的需要所决定的。对象的价值就是从这种需要发源的。凡是能够满足人们的需要的对象，都具有某种价值。

既然社会的人都是现实的、具体的人，那么，人的需要也是现实的、具体的需要。因此，任何需要都有特定的主体，它是主体的需要，产生需要的根源是主体的本性，因而不同本性的主体就会产生不同的需要。但是，单有主体还不能构成需要，必须还有需要的对象。由于需要是具体的，因而主体所要求的对象必须具有某种具体的属性，才能适应主体的需要。要使需要得到满足，主体必须选择适用于自己需要的对象，把它从外界物中分离出来，确定对象同主体的寻求相联系的那一种属性。这种选择、分离和确定属性的过程，就是对象化过程。可见，需要起源于主体的本性、对象的属性和对象化活动。这三者的统一，构成了主体的一种状态。这种状态，就表现为主体的需要。所以，需要是主体由自身本性所引起的活动而向外部环境寻求特定属性的价值对象的欲求状态。

因此，需要的基本要素是：（1）需要主体；（2）需要客体；（3）满足需要的对象化活动。需要主体是寻求对象而实现自己目的的人，需要客体是以自己的属性满足主体需要的对象。当主体和对象都处于静止、孤立的状态时，由于没有构成主体和客体的关系，因而不产生需要。只有两者彼此联系起来，活动起来，才产生需要。所以，需要是对象化活动的产物，而且它是对象化活动的内在因素。正是需要，推动着对象化活动的产生和发展。

要真正了解评价的实质，还要进一步认识人的需要和动物的需要之间的本质区别。

动物和人，都为满足自己的自然性需要而进行着对象化活动，这是共同的。但是，动物的活动与人的活动却有本质的区别，动物只是适应环境，人则是改变环境来适应自己的需要。人的这种改变环境的活动，就是劳动。对于人来说，劳动首先是生命活动，是维持肉体生存需要的手段，因而是满足自然性需要的手段，但是，劳动的特性，正是类特性，它又根本不同于动物的生命活动，这就是：劳动是自由的自觉的活动。马克思说："动物和它的生命活动是直接同一的。动物不把自己同自己的生命活动区别开来。它就是自己的生命活动。人则使自己的生命活动本身变成自己的意志和自己意识的对象。他具有有意识的生命活动。这不是人与之直接融为一体的那种规定性。有意识的生命活动把人同动物的生命活动直接区别开来。正是由于这一点，人才是类存在物。或者说，正因为人是类存在物，他才是有意识的存在物，就是说，他自己的生活对他来说是对象。仅仅由于这一点，他的活动才是自由的活动。"① 为什么说动物和它的生命活动是直接同一的呢？因为动物的活动是在直接的肉体需要的支配下进行的，而不是在自己的意识支配下进行的，因而它不能自由地对待对象；人的活动则不同，它不受肉体需要的支配，而受自己的意识支配，因而它能够自由地对待产品，不必直接地同自己的肉体相联系。劳动的这种自由自觉的活动，恰恰就是人的类特性。

使人的活动成为自由的自觉的活动，最基本的因素是人的生命活动是有意识的活动，从而把这种生命活动变成自己的对象，产生了关于活动的意识。马克思所分析的蜘蛛建筑蜂房的活动和人类劳动之间的根本区别，同样是以

①［德］马克思：《1844年经济学哲学手稿》（单行本），第3版，第57页，北京：人民出版社，2000。

是否有目的为根据的。这就把动物的活动与人类的劳动区别开来了。在整个劳动的过程中，这个目的是作为规律始终起着决定作用的。

人的目的，仅仅为人的对象化活动所独有，是区别于自然的对象化活动的根本标志。动物的活动是直接受肉体需要支配的，因而是在这种需要推动下进行的。这就使肉体的需要成为动物的生命活动的直接动力。人的活动则不同，它不再受肉体需要的支配，而是受观念的支配，即受自觉的目的所支配。在人的活动中，肉体的需要不是完全不存在，而是被扬弃了，被包摄到了关于目的的观念之中。在目的观念中，不仅反映着肉体的、自然的需要，而且还反映着历史地形成的社会的需要。因此，构成活动目的的实际内容，就是关于活动主体的需要。作为主体的目的，它是关于需要的反映，这个需要就是在活动结束时所要得到的结果。所以，目的是关于满足需要的自觉的意识。目的对活动的决定作用，表明了观念的反作用。这种作用表明，主体的需要对活动起着推动的作用。就是说，观念的反作用是建立在物质基础上的，这个基础就是需要。

需要表现为人在对象化活动中的目的。在对象化活动中，人不仅创造对象的价值，而且还实现对象的价值，以满足自己的需要，即在有用的形式上占有对象。由此可见，离开了人的需要，就无法谈论价值。离开了对人的需要的满足，就无法确定对象是不是具有有用性，对象也就无法成为主体的对象，因而也就不再成为对象，这也就无所谓对象的价值了。

当我们把对象的价值规定为有用性时，这种有用性也就是它能够满足人的需要。凡是能够满足人的需要的对象，对人来说都是有用的，因而具有某种价值。所以，从需要来看使用价值，它就是物品能够满足人们某种需要的对象，而使用价值的创造，其目的也就是满足人的需要，所以，价值是满足主体需要的对象。

价值的创造使活动的目的得到实现，但是，活动目的的实现，还不等于需要的满足，为了使需要得到满足，不仅要创造价值，同时还要实现价值。如果一种价值对象被创造出来，但它找不到需要主体，那么，它的价值还是不能实现的。毛泽东说：“我们的斗争需要马克思主义。”[①] 马克思主义的创立目的，正是在于满足工人运动的需要，回答无产阶级革命和社会主义建设中提出的实际问题，指导斗争实践。但是，毛泽东又说：“如果有了正确的理论，只是把它空谈一阵，束之高阁，并不实行，那么，这种理论再好也是没有意义的。”[②] 所以，正确理论的主要价值在于应用，指导实践活动，解决实际中提出的具体问题。如果对理论采取教条主义的态度，不进行实际应用，它的价值还是不能实现的，因而也就不能真正地满足主体的需要。同样地，一种产品被生产出来，创造了它的价值（有用性），但是，这种价值还只是在可能性上存在着；要最终地实现它的价值，必须找到消费主体，使它被消费。铁路的建造，自然是为了满足交通的需要，因而它具有价值；但是，只有通车，被使用，被消费，铁路的价值才能被实现。所以，只有当对象的价值得到实现的时候，人的需要才最终得到实现。从需要、目的、价值三者的相互关系来看，我们把价值评价的实质看作揭示主体和客体的价值关系，指的是两种含义：第一种含义是价值对象的创造是否实现了人的对象化活动的目的；第二种含义是指价值对象是否最终地满足人的需要。

活动的目的是活动在结束时所要达到的结果在观念上的反映。这种反映可能是正确的，也可以是不正确的或不完全正确的。即使有了正确的目的，由于所采取的实际手段和活动因素的影响，结果并不一定都能实现活动的目的，这就是动机和效果的关系。我们是动机和效果的统一论者，既肯定目的和结果的统一，又确定目的和结果的对立，活动的结果是否符合活动开始时的目的，必须进行科学的评价。这就是价值评价活动的第一种含义，也是评价活动的第一阶段。

价值对象被合乎目的地创造出来以后，必须进一步以自己的价值来满足

① 毛泽东：《反对本本主义》，《毛泽东选集》第 1 卷，第 2 版，第 111 页，北京：人民出版社，1991。

② 毛泽东：《反对本本主义》，《毛泽东选集》第 1 卷，第 2 版，第 292 页，北京：人民出版社，1991。

主体的需要，从而使价值得到实现。由于目的只是对需要的近似正确的反映，所以，被创造的价值对象不一定能够完全满足主体需要，或者只是部分地满足需要，或者不能满足需要。因此，对价值对象是否满足主体的需要，还必须进一步进行评价。这是价值评价的第二种含义，也是评价活动的第二阶段。

评价活动两种含义的共同之处在于，它们都揭示价值客体对价值主体是否具有价值关系，即客体是否满足主体的需要，主体以什么有用的形式占有客体。通过评价，确定主体对客体应该采取的态度，从而确认评价对象的社会关系和社会地位。

在评价过程中所反映出来的评价主体对评价客体的兴趣和态度，既取决于评价对象的属性，同时也取决于评价主体的本性，是两者的统一。可见，评价的实质是指揭示评价客体与评价主体之间的关系。这种关系即是一种社会关系。评价主体的需要是一种社会需要，当评价客体满足了评价主体的需要时，就使评价客体成为一种社会存在。只有通过评价，价值对象才能找到自己的主体，从而使自己被社会所承认，所运用，所占有，实现自己的价值。伟大著作《资本论》受到了工人阶级的欢迎和理解，表达了工人阶级对《资本论》的高度评价。马克思说："《资本论》在德国工人阶级广大范围内迅速得到理解，是对我的劳动最好的报酬。"[①] 工人阶级对《资本论》所作出的评价，使《资本论》被称为"工人阶级的圣经"，它"所作的结论日益成为伟大的工人阶级运动的基本原则"，[②] 这种评价的实质，是对《资本论》的社会关系和社会地位的确定。由于评价主体的不同，对同一个评价客体会作出不同的评价，从而反映了评价主体的不同态度，以及评价客体与评价主体之间的不同关系。资产阶级对《资本论》作了完全不同的评价，表达了对评价客体截然不同的态度和关系。马克思说："德国资产阶级的博学和不学无术的代言人，最初企图像他们对付我以前的著作时曾得逞那样，用沉默置

①［德］马克思：《资本论》第 1 卷，《马克思恩格斯选集》第 2 卷，第 2 版，第 105 页，北京：人民出版社，1995。

②［德］马克思：《资本论》第 1 卷，第 1 版，第 36 页，北京：人民出版社，1975。

《资本论》于死地。”①

对我国第一次国内革命战争时期的农民运动，不同的阶级和政治势力，都有不同的评价。从中层以上社会人士至国民党右派，无不一言以蔽之曰："糟得很"；农民及其他革命派则认为："好得很"。这两种不同的评价，一方面，是由评价主体的阶级地位所决定的；另一方面，而且主要的方面，是由评价客体，即农民运动本身的性质所决定的。农民运动乃是广大的农民群众起来完成他们的历史使命，乃是乡村的民主势力起来打翻乡村的封建势力。毛泽东说："你若是一个确定了革命观点的人，而且是跑到乡村里看过一遍的，你必定觉到一种从来未有的痛快，无数万成群的奴隶——农民，在那里打翻他们的吃人的仇敌，农民的举动，完全是对的，他们的举动好得很！"②

革命派和反革命派对农民运动的不同评价，反映了他们对农民运动的不同态度和社会关系。

评价是评价主体对评价客体的价值作出肯定或否定的判断，揭示价值客体是否满足价值主体的需要，反映评价主体对评价客体的利害关系、兴趣和态度。

2. 绝对价值评价和相对价值评价

评价是一种认知活动，又不同于一般的认知活动。认知是揭示认知对象的本质和规律，评价是以认知为基础，进一步揭示价值可以是满足价值主体需要，显示价值客体对价值主体之间的价值关系。

价值是客体属性满足主体需要之间的关系。一种客体的属性同主体的需要的关系，具有三种不同的情形：一是客体的属性能够满足主体的需要，它对主体具有某种价值；二是客体的属性不能满足主体的需要，它对主体不具有某种价值；三是客体的属性不仅不能满足主体的需要，相反，还损害主体的需要，它对主体不仅不具有价值，而且还对主体有害。这三种情形，反映

---

①［德］马克思：《资本论》第 1 卷，第 1 版，第 18 页，北京：人民出版社，1975。

② 毛泽东：《湖南农民运动考察报告》，《毛泽东选集》第 1 卷，第 2 版，第 16 页，北京：人民出版社，1991。

了客体对主体的三种不同的价值关系：第一种情形表明客体对主体具有价值，或有正价值；第二种情形表明客体对主体不具有价值，或具有零价值；第三种情形表明客体对主体具有负价值，即有损于主体的需要。当然，这三种情形都是有条件的，由于条件的变化，价值关系也会发生变化。随着科学技术的进步，能够废物再利用，变废为宝，就是客体对主体的价值，从零价值甚至负价值向正价值的转化。

客体对主体的价值关系是多种多样的，具有极为丰富的内容。如果撇开价值的具体内容，即具体的有用性，那么，任何客体对主体总具有某种价值。它们总是表现为正价值、零价值和负价值，称为价值的三种一般形式。任何客体总要采取其中的一种价值形式，这是无条件的，因而是绝对的。这就是客体的绝对价值，它反映客体对主体的是否有用性。

但是，一种客体到底具有哪一种价值形式，这又是有条件的。由于条件的不同，各种价值形式也是可以相互转化的，说明无条件只能存在于有条件之中。

客体对主体具有绝对价值，这是价值关系中的质的规定性。由于科学事物都是质和量的统一，价值关系除质的规定性之外，还有量的规定性。价值的三种形式都有量的规定性。零价值的量是零，这是显而易见的。正价值和负价值也有一个量的大小问题，表明不同的客体对主体的有用性或有害性的程度是各不相同的。客体对主体有用性的程度，称为相对价值。

客体的相对价值可以分别从三种不同的情形加以考察。

第一，客体对主体具有正价值，表明它对主体具有某种有用性。但是，不同的价值客体对价值主体的有用性是不同的。一种客体是否具有绝对价值，既然在于它是否满足主体的需要，那么，一种客体的相对价值就是它满足主体需要的程度，以及满足主体需要的优劣方式。显然，这种满足需要的程度和优劣方式，只有在不同价值客体的相互比较中，才能加以确定。马克思说："一座房子不管怎么小，在周围的房屋都是这样小的时候，它是能满足社会对住房的一切要求的。但是，一旦在这座小房子近旁耸立起一座宫殿，这座小房子就缩成茅舍模样了。这时，狭小的房子证明它的居住者不能讲究或者只能有很低的要求；并且，不管小房子的规模怎样随着文明的进步而扩大起来，只要近旁的宫殿以同样的或更大的程度扩大起来，那座较小房子的居住者就会在那四壁之内越发觉得不舒适，越发不满意，越发感到受压抑。”[①]小房子和宫殿都能满足人们对住房的需要，但是，它们对需要满足的程度显然是不同的。宫殿不仅能供居住，而且还住得更加舒适，具有审美价值。如果两者可供选择的话，人们自然会选择宫殿而不会选择小房子，因为宫殿具有更大的相对价值。

第二，客体对主体具有负价值，表明它对主体具有某种有害性。同样，不同负价值的客体对主体的有害程度也是不同的。这种有害程度，就是客体的属性损害主体需要满足的程度，它也是在不同的负价值客体之间的比较中而加以具体确定的。在抗洪斗争中，人们采取了蓄洪的方法，把由水灾所造成的损害程度降至最低。蓄洪给一部分人带来负价值，这是无疑的。但是，蓄洪只是损害局部的利益，不蓄洪则损害更大的利益，甚至是整体的利益，因为它们具有不同的相对负价值。如果这种选择是不可避免的，那么人们自然要选择较小的相对负价值，以减少损害。这种选择表明，正价值和负价值也是相对而言的，有用性是相对于无用性、有害性而获得规定的。不同的活动都可以带来负价值，而且这种负价值是无法避免的，那么，我们就应该选择较小的负价值。毛泽东说：“危害人民的问题同此道理。不在一部分人民家中一时地打烂坛坛罐罐，就要使全体人民长期地打烂坛坛罐罐。惧怕一时的不良的政治影响，就要长期的不良影响做代价。”[②]在损害不可避免的条件下，减少损害，选择较小负价值的客体（活动），这对于主体来说，较小的负价值也就转化为正价值了。正是这个原因，我们同样要把负价值看作价值的一种形式。

①[德]马克思：《雇佣劳动与资本》，《马克思恩格斯文集》第1卷，第1版，第729页，北京：人民出版社，2009。

②毛泽东：《中国革命战争的战略问题》，《毛泽东选集》第1卷，第2版，第212页，北京：人民出版社，1991。

第三，客体对于主体的价值，往往具有两重的形式，既有正价值，同时又有负价值。这时，客体的价值是两种价值相互抵消后的余值。一种活动给人带来了好处，同时又带来了坏处。工业化对文明的发展具有不可否定的意义，但它同时也带来了环境污染和生态平衡的破坏，以致损害人类的生存和发展。现代科学技术革命极大地推动了社会生产力的发展，促进了社会进步，但是，由于科学技术被应用于资本主义生产，成为资本的属性，而与劳动相对立，成为资产阶级剥削和压迫的工具。同一种价值客体之所以具有不同的价值，一方面是因为相对于不同的价值主体，具有不同的价值关系；另一方面是因为相对于同一主体也具有不同的有用性而产生不同的价值关系。核武器掌握在侵略者手中，它是杀人的武器；掌握在人民手里，它是保卫世界和平的武器。这是同一客体在与不同主体的关系中具有不同的价值。革命战争要造成重大牺牲，但是它最终所得到的是永久的和平。这是同一客体在与同一主体的关系中具有不同的价值。毛泽东说："革命运动所造成的丧失是破坏，而其取得的是进步的建设。"①

由于同一客体既有正价值又有负价值，因此这一客体所具有的价值，是正价值和负价值相互抵消后所具有的价值。如果利大于弊，它就具有正价值；如果弊大于利，它就具有负价值。

由于客体具有绝对价值和相对价值，评价也有两种形式，即绝对价值评价和相对价值评价。

绝对价值评价是揭示客体的绝对价值，确认可以具有哪一种或几种价值形式，即指明正价值或负价值或零价值，或兼有正价值或负价值。肯定客体对主体具有正价值，我们可称作肯定评价；肯定客体对价值主体具有负价值，我们可称作否定评价。绝对价值评价一般都属于对客体价值的总体评价。例如，"知识就是力量""科学是生产力""科学是历史有力的杠杆""科学是最高意义上的革命力量"等，都是以人类为价值主体，以对这整体社会现

① 毛泽东：《中国革命战争的战略问题》，《毛泽东选集》第1卷，第2版，第211页，北京：人民出版社，1991。

象的科学技术为价值客体所作出的肯定评价，表明科学技术满足社会生产力的发展，促进社会经济、政治和文化进步的需要，从而推动整个社会的发展。列宁对马克思主义作了如下的绝对评价，他说："马克思认为他的理论的全部价值在于这个理论'按其本质来说是批判的和革命的'。后一性质的确完全的和无条件的是马克思主义所固有的，因为这个理论公开认为自己的任务就是揭露现代社会的一切对抗和剥削形式，考察它们的演变，证明它们的暂时性和转变为另一种形式的必然性，因而也就帮助无产阶级尽可能迅速地、尽可能容易地消灭任何剥削。"① 这种评价的主体是无产阶级，由此得到的价值判断是一个肯定马克思主义具有正价值的结论：马克思主义的全部价值在于它是无产阶级革命的理论。列宁对宗教也做过如是评价，他说："宗教是麻痹人们的鸦片——马克思的这一名言是马克思主义在宗教问题上的全部世界观的基石。马克思主义始终认为现代所有的宗教和教会、各式各样的宗教团体，都是资产阶级反动派用来捍卫剥削制度、麻醉工人阶级的机构。"② 这里所作的实质上是一种否定的判断，肯定了宗教对人们具有负价值。对客体作这种价值评价，是一种普遍的评价活动。任何社会存在物，对于社会的人来说，都是"为我而存在"，因而都处于一定的价值关系中，为了在有用的形式上占有这些存在物，都要揭示这种价值关系，对客体作出绝对价值评价，把握它的价值形式。

相对价值评价不是揭示客体的绝对价值，而是具体表明各种不同客体所具有价值的大小，断定各种价值客体属性满足价值主体需要的不同程度。根据相对价值的具体内容，相对价值评价的目的有以下几个方面。

第一，揭示客体正价值的量的规定性。客体价值的量是客体属性满足主体需要的程度。需要是随着历史的发展而变化的，不仅需要是历史的产物，

①［俄］列宁：《什么是"人民之友"以及他们如何攻击社会民主党人》，《列宁选集》第1卷，第3版，第82页，北京：人民出版社，2012。

②［俄］列宁：《论工人政党对宗教的态度》，《列宁选集》第2卷，第3版，第247—248页，北京：人民出版社，2012。

而且需要的程度也是历史的产物。马克思对小房子和宫殿满足人们居住需要的分析表明，随着住房建筑的发展，人们对居住的质量和数量上的需求都在提高，从而使客体价值的量也在发生变化。所以相对价值评价必须对不同价值客体满足需要的不同程度进行比较，由此确定它们所具有价值的优劣、高低、大小。“科学技术是生产力”的论断，肯定了科学技术具有推动生产发展的价值，这是对科学技术的绝对价值评价。“科学技术是第一生产力”的论断则进一步在量上作了规定，是对科学技术的相对价值评价，肯定了在推动生产力发展的各种力量中，科学技术的力量是决定性的、第一位的。如果没有同影响和推动生产力发展的其他力量比较，是不能作出这种评价的。可见，相对价值评价实质上就是价值比较评价。有比较才能鉴别。价值比较评价是在具有正价值的客体之间的比较，判定各客体所具有的正价值的大小和需要满足的程度。

第二，揭示客体负价值的量的规定性。负价值的量是对主体需要有损害的程度。对这种负价值量的揭示方法，同正价值的相对价值评价是相同的，必须对具有负价值的客体的不同价值进行比较，逐次确定它们所造成损害的不同程度。这些损害，有的是在量上可以准确地计算的，虽然不能完全地避免灾害，但它可以部分地减轻灾害。这些大概的量都可以估计出来。

第三，揭示客体双重形式的价值余量。由于客体具有双重价值形式，是一种极为普遍的现象，所以在进行相对价值评价时，不仅必须对这两种价值形式的价值量作出判断，而且还要对这两种价值量作出损害比较，确定它们互相抵消后的价值余量。在战争中，战略退却往往要付出很大的代价，这表现为负价值，但是，从战争的全局来看，付出这种代价是值得的，它将取得战争的更大胜利，又表现为正价值。判断这种利弊、得失，需要我们进行相对价值评价。在总结我国民主革命时期第二次国内革命战争的经验时，毛泽东说：“主张‘御敌于国门之外’的人们，反对战争退却，理由是退却丧失土地，危害人民（所谓‘打烂坛坛罐罐’），对外也产生不良影响。”“回答这些意见是容易的，我们的历史已经回答了。关于丧失土地的问题，常有这样的情形，就是只有丧失才能不丧失，这也是‘将欲取之必先予之’的原则。如果我们丧失的是土地，而取得的是战胜敌人，加恢复土地，再加扩大土地，这是赚钱生意。市场交易，买者如果不丧失金钱，就不能取得货物；卖者如果不丧失货物，也不能取得金钱。革命运动所造成的丧失是破坏，而其取得是进步的建设。睡眠和休息丧失了时间，却取得了明天工作的精力。如果有什么蠢人，不知此理，拒绝睡觉，他明天就没有精神了。我们在敌人第五次‘围剿’时期的蚀本正因为这一点。不愿意丧失一部分土地，结果丧失了全部土地。”[①] 丧失部分土地，表现为负价值；丧失全部土地，则是更大的负价值。两者比较，应取前者，而不取后者，这是对负价值的相对价值评价。更进一步，丧失部分土地虽然是负价值，但是，它所换来的是更大的正价值，因而能在更大程度上满足需要，这是对两种价值形式的价值余量的相对价值评价。对于我国古代和外国的文化，也应该作相对价值评价，把它们分为精华和糟粕两部分，取其精华的正价值，去其糟粕的负价值。对于西方的现代思潮，从总体上看，它们是资产阶级的思想体系，因而具有负价值，由此来决定我们的基本态度和基本立场。但是，其中包含有某些合理的成分，因而具有正价值。我们也应该加以批判地吸收，补充和发展自己。

第四，揭示价值形式相互转化的方向和条件，发展正价值，抵御负价值。正价值和负价值的相互关系，是对立的统一，它们在一定条件下是可以相互转化的，因此，在作相对价值评价时，必须分析这种转化的方向和条件。部分地丧失土地，可以向丧失全部土地转化，也可以向恢复和扩大土地转化；战略退却，可以向战略失败转化，也可以向战略胜利转化。前一种情况所得到的价值余量是负价值量，后一种情况所得到的价值余量是正价值量。最终的结果怎样，当然取决于条件。我们的任务是防止前一种情况，争取后一种情况。好事具有正价值，坏事具有负价值。好事和坏事在一定条件下的相互

① 毛泽东：《中国革命战争的战略问题》，《毛泽东选集》第1卷，第2版，第211—212页，北京：人民出版社，1991。

转化，在它们的价值上，就表现为正价值和负价值的相互转化。因此，在作相对价值评价时，必须指明这两种价值形式相互转化的方向和条件，始终保持客体的正价值。

3. 价值评价的标准

无论绝对价值评价，还是相对价值评价，都必须通过比较才能实现，一种客体是否具有价值，是相对于是否满足主体的需要而言的，有用性是指能够满足主体的需要，因而客体具有正价值；有害性是指有损于满足主体的需要，因而具有负价值；既无害，又无用，因而具有零价值。对客体价值的这种断言，都要以主体的需要为标准。只有同需要相比较，才能确定客体的价值。这种需要，就是价值评价的标准。

价值评价标准相当于商品交换中的等价物，客体是否具有价值，只有在同这种等价物的比较中才能确定。人的需要都是具体的，作为个体的生命存在，人首先需要吃、穿、住等，满足吃的需要，必须有食物；满足穿的需要，必须有衣服；满足住的需要，必须有房子等。衣服不能满足吃的需要，食物也不能满足穿的需要。这就表明，对主体某种需要的满足，要求客体的相对应的某种特定属性，不是客体的所有属性都能满足主体的某种需要的。因此，对于满足吃的需要来说，只有食物才有价值，衣服、房子或其他东西，都不具有价值。所以，主体和客体的价值联系，是主体需要和客体属性的统一。价值评价的标准就是在这种统一的基础上建立起来的。

在评价活动中，人们经常采取象喻标准去评价客体的价值，即以某种众所周知的客体属性来比喻某种客体的价值。例如，把儿童象喻为花朵，把青年象喻为早晨八九点钟的太阳等。通过这种象喻标准的评价，人们自然明白客体的价值。在革命低潮时期，毛泽东用“星星之火，可以燎原”来象喻革命高潮时期的必然性，对当时的个人罢工、农民暴动、士兵哗变、学生罢课等革命活动作了高度评价。他说：“中国是全国都布满了的干柴，很快就会燃成烈火。‘星火燎原’的话，正是时局发展的适当的描写。只要看一看许多地方工人罢工、农民暴动、士兵哗变、学生罢课的发展，就知道这个‘星星之火'距'燎原'的时期，毫无疑义的是不远了。"[①]象喻标准的评价在政论中、在文艺作品中，以及各种评论中，都得到了普遍的运用，它以形象的优点，使人们领悟客体的价值。这种评价标准不仅可以应用于对正价值的评价，也可以应用于对负价值的评价。马克思把宗教象喻为鸦片就是一例。恩格斯把中世纪的科学象喻为神学的婢女，也是对当时的科学为神学服务的负价值的评价。旧欧洲的一切反对势力把共产主义运动象喻为幽灵而联合起来加以驱逐，这也是一种相对于反对势力这个评价主体的负价值的评价。

象喻评价的标准，具有形象、生动、深刻的优点，能够很快地使人们从总体上领悟到客体的价值，帮助人们把握事物的本质。但是，这种评价标准的缺点是，缺乏具体细节的价值分析，也没有揭示价值的量的规定性，因此，要深入地进行评价，必须制定价值评价的科学标准。由于评价有绝对价值评价和相对价值评价，评价的科学标准也应有绝对价值评价标准和相对价值评价标准。

绝对价值评价标准主要是用来确认客体具有何种价值形式的标准。它的基本内容是满足主体需要的客体属性的基本规定性。凡是能够满足吃的需要的客体属性，主要是食用性；凡是能满足穿的需要的客体属性，主要是防寒性；等等。我们根据这种有用性来对客体的价值作出评价，客体的有用性是多种多样的，因此，绝对价值评价也应该是多种多样的。制定这些标准的主要根据是主体的需要和客体的属性两者之间的统一，既不能单纯地从主体需要出发，也不能单纯地从客体属性出发，而是寻求能够满足主体需求的那种属性，使需要和属性获得对应和耦合。由此得出的评价标准，应该是一些具体的规定。要制定评价社会主义国家中人们言论和行动的政治价值的标准，首先要根据社会主义国家的性质，这也就是主体的需要，它在宪法中得到了规定。这是最根本的依据。毛泽东说："从广大人民群众的观点来看，究竟什么是我们今天辨别香花和毒草的标准呢？在我国人民的政治生活中，应当怎样来

---

① 毛泽东：《星星之火，可以燎原》，《毛泽东选集》第1卷，第2版，第102页，北京：人民出版社，1991。

判断我们的言论和行动的是非呢？我们认为，根据我国宪法的原则，根据我国最大多数人民的意志和我国各党派历次宣布的共同的政治主张，这种标准可以大致规定如下。”[①] 接着，毛泽东提出了众所周知的六条标准的言论和行动，反映了客体（言论和行动）符合主体需要（社会主义政治）的基本规定性。凡是符合这六条标准的言论和行动，都具有正价值；凡不符合这六条标准的言论和行动，都具有负价值。同政治标准的评价一样，其他标准的评价，如艺术的审美价值评价，科学的学术价值评价，技术的经济价值评价等，都有各自的价值评价的具体标准，在进行评价活动时，也都要做出具体的规定。

相对价值评价的标准，主要是用来衡量客体价值的大小、程度的标准。它的具体内容除满足主体需要的客体属性的质的规定外，还包括这些属性的量的规定性，从而判断客体属性满足主体需要的程度。相对价值评价一般是在经过绝对价值评价之后进行的，首先判定了客体的价值形式，然后对这种价值的量作出评价。对于一项基础工程，往往提出了多种技术方案。对这些技术方案的价值，可以从各个方面加以评价，如经济价值、社会价值、技术价值（先进性、社会性等），以及其他方面的价值。自然，我们首先应该对各种技术方案是否具有正价值做出评价，然后再对所具有的正价值的大小作出评价，对各种技术方案的价值的大小进行比较，由此排列出价值高低的次序，供决策者选择。因此，相对价值评价标准是在绝对价值评价的基础上，进一步量化的结果，而不是另立新的价值标准。对社会科学成果的评价，除了政治价值评价标准，还应该有学术价值评价标准，这些标准都应该在进行绝对价值评价时制定出来，从而肯定它具有正价值，还是具有负价值。在进行相对价值评价时，对绝对价值评价标准进行量化之后，进一步判定它的价值大小。一般说来，社会科学的绝对价值主要有：认识价值、指导价值、意识形态价值和文化价值。因此，社会科学的绝对价值评价标准应该是：促进对社会规律的认识；有利于指导实践活动；成为积极从事意识形态领域斗争

---

① 毛泽东：《关于正确处理人民内部矛盾的问题》，《毛泽东文集》第 7 卷，第 1 版，第 233—234 页，北京：人民出版社，1999。

的理论工具；有利于构造社会的进步文化氛围，产生塑造人物、约束行动、创造世界等的积极作用。凡是符合这些标准的社会科学，都具有正价值；凡是不符合这些标准的，都具有负价值。对社会科学的相对价值评价，主要是对科学研究成果的评价。一种新的理论，一部新的著作，一篇新的论文，到底具有多大的价值，要作出具体的判定，它的评价标准就不能过于一般和抽象，而必须具有较高的可操作性。因此，在定性规定的基础上，还要使它量化。例如，出版社级别、刊物级别的高低，论著被摘、转、引的次数等，都可以作评价的标准，并由此建立起相对价值评价标准的指标体系。这种指标体系就成为对各种不同价值客体进行比较的手段，从而判断它们的价值高低，划分出各种不同的等次。

绝对价值评价和相对价值评价的标准，都是主体需要和客体属性的统一。如何实现这种统一，涉及如何制定价值标准的问题。应该看到价值标准的制定是主体的价值选择，显然带有主观性，但是，这种选择又不能是任意的，它要受到客体的制约。对于不同种类的价值客体，应该有不同种类的评价标准，这又使评价标准具有客观性。这种主观性和客观性的统一，就是价值客体以自己的客观性满足价值主体的主观需要（这种需要，归根到底，也是客观的产物）。所以，建立价值的标准，就是寻找两者联系的确定者。列宁说：人的全部实践是“事物同人所需要它的那一点的联系的实际确定者”。①

如何建立评价标准，所建立起来的评价标准是否合理，最终还是由实践来判定。所以，说到底，价值评价的最后标准，还是社会实践。

必须指出，实践活动本身就是一种评价活动。由于在实践中外部事物以自己的属性来满足实践主体的需要，或损害实践主体的需要，因而产生了有用性和有害性的区分。当人们以有用的形式占有对象时，也就把它从有害的事物中分离出来了，从而使这些对象对主体具有满足需要的价值。可见，价值主体和价值客体之间的关系，首先是实践关系。只有在实践关系中，才能

①［俄］列宁：《再论工会、目前局势及托洛茨基同志和布哈林同志的错误》，《列宁选集》第 4 卷，第 3 版，第 419 页，北京：人民出版社，2012。

产生价值关系。马克思说："人们实际上首先是占有外界物作为满足自己本身的需要的资料，如此等等；然后人们也在语言上把它们叫做它们在实际经验中对人们来说已经是这样的东西，即满足自己需要的资料，使人们得到'满足'的物。"①

所以，一切价值评价活动都必须以实践活动为基础。价值评价的标准应该是对实践经验的总结，实际上，它是对实践评价活动的反映。价值评价标准的制定，使实践标准由感性形态上升到理性形态，使它成为一种规范体系。

实践是发展的，主体和客体之间的价值关系也要随着实践的发展而不断地变化着。马克思、恩格斯说："在工业中向来就有那个很著名的'人和自然的统一'，而且这种统一在每一个时代都随着工业或慢或快的发展而不断改变。"②由于主体需要和客体属性的统一的这种变化，引起了价值评价标准随时代的发展而不断改变。所谓价值观念的改变，价值取向的变化，说到底，也就是价值评价标准的变化。因此，任何价值评价的标准都带有时代性，不同时代有不同的价值评价标准，因而对同一客体的价值会有不同的评价。在中世纪，教会把自然科学看作恭顺的婢女；在近代，自然科学被看作推动生产力发展的强大力量，但是，在资产阶级那里，科学被看作与劳动相对立、服务于资本的力量，而在无产阶级那里，科学则被看作最高意义上的革命力量。这些不同的评价，都是由于时代的不同，评价主体的不同，因而有不同的评价标准所得出的结论。

4. 价值评价中的党性原则

价值评价的标准包含有主体需要的内容，评价的结果反映了主体的态度和兴趣。这些事实都表明了评价的主体性。这种主体性的具体表现是：对同一价值客体的不同评价，主要依赖于价值主体，从而使价值评价成为社会关

①[德]马克思：《评阿·瓦格纳的〈政治经济学教科书〉》，《马克思恩格斯全集》第19卷，第406页，北京：人民出版社，2006。

②[德]马克思、恩格斯：《德意志意识形态》，《马克思恩格斯选集》第1卷，第2版，第76—77页，北京：人民出版社，1995。

系的反映和表现。

主体实践地位不同，对同一价值客体必定要作出不同的评价，因为这种实践地位决定着主体的利益和需要，从而决定了他们对价值客体的不同态度。矿物学家和矿物商对矿物有着不同的兴趣，各自都会作出不同的价值评价。森林的守护者和估价者对森林的评价也是这样，马克思说："护林人不同于估价者，就像矿物家不同于矿物商一样。护林官员不能估量被窃林木的价值，因为他每次在笔录中确定被窃物的价值时，也就是在确定自己本身的价值，即自己本身活动的价值；因此，难道你们能够设想，他保护自己客体的价值会不如保护自己的实体吗？"[①] 就是说，守护者把森林看作就是一切，好像林木具有绝对的价值，与他自己合为一体，维护私有者的利益；估价者则相反，他只是用普通的尺度来衡量被窃林木。这一事实表明，不同的评价取决于价值主体的不同实践地位。在阶级社会中，这种不同的实践地位表现为不同的阶级地位，从而使评价的主体性表现为评价的阶级性。

价值评价的主体性、阶级性，向我们提出了价值评价中的党性原则。列宁说："唯物主义本身包含有所谓党性，要求在对事变作任何评价时都必须直率而公开地站到一定社会集团的立场上。"[②]

列宁在这里所表述的，也是在价值评价中必须坚持党性原则的问题。当然，不同的阶级和社会集团都会有不同的立场和不同的党性，对同一价值客体的不同评价就是他们的党性的反映。毛泽东说："我们是站在无产阶级的和人民大众的立场，对于共产党员来说，也就是站在党的立场，站在党性和党的政策的立场。"[③] 这就是我们在价值评价中应该坚持的立场和党性原则。

价值评价的党性原则，最集中地表现在价值评价的标准中，任何一个阶级

①［德］马克思：《关于林木盗窃法的辩论》，《马克思恩格斯全集》第1卷（上），第2版，第257页，北京：人民出版社，1995。

②［俄］列宁：《民粹主义的经济内容及其在司徒卢威先生的书中受到的批评》，《列宁全集》第1卷，第363页，北京：人民出版社，1984。

③ 毛泽东：《在延安文艺座谈会上的讲话》，《毛泽东选集》第3卷，第2版，第850页，北京：人民出版社，1991。

和社会集团都根据自己的利益和需要来制定价值评价标准。由于价值评价标准反映着不同的阶级和社会集团的需要，因而对同一价值客体采用了不同的评价标准，由此得到截然不同的结论。这是完全符合逻辑的。无论在政治思想领域，还是在科学艺术领域，所谓香花和毒草，都是一种价值评价的范畴，属于象喻标准的评价。把香花象喻为正价值，把毒草象喻为负价值。说“某某是香花”“某某是毒草”等，这些断定，都是一种价值判断。对于不同的阶级和社会集团来说，评价香花和毒草的标准是根本不同的，毛泽东说：“所谓香花和毒草，各个阶级、阶层和社会集团也有各自的看法。”[①]同一价值客体，被一些人看作香花，被一些人看作毒草；同是农民运动，一些人说“好得很”，另一些人说“糟得很”；同是一部《资本论》，一些人喻它为“工人阶级的圣经”，另一些人则“用沉默”置它“于死地”。凡此种种，都反映了价值评价中的党性原则，都是根据不同的评价标准所得到的不同价值判断。

价值评价活动中的党性，首先表现为对社会价值客体评价的阶级性。这种阶级性，既是由价值客体的属性所决定的，又是由评价主体所决定的。对社会运动、社会制度的评价所表现出来的阶级性，是显而易见的。这一方面是由于社会运动、社会制度具有阶级性；另一方面是由于评价主体具有阶级性。当共产主义运动刚出现的时候，就受到了资产者的反对、攻击和诋毁，而无产者和共产党人则把它作为自己毕生的事业；社会主义制度的建立，同样遇到了这种类似的历史命运。这种根本对立的评价之间的斗争，至今尚未止息，而且还要长期地存在下去。今天，对社会主义和资本主义两种制度评价中的斗争，就是一个例证。对于社会理论的评价，无产阶级和资产阶级始终有着截然不同的价值判断。马尔萨斯在《人口原理》的小册子中，提出了他的人口理论，得到了不少人的拥护。马克思说：“这本小册子所以轰动一时，完全是由党派利益引起的……英国的寡头政府认为它可以最大有效地扑

① 毛泽东：《关于正确处理人民内部矛盾的问题》，《毛泽东文集》第7卷，第1版，第233页，北京：人民出版社，1999。

灭一切追求人类进步的热望，因而报以热情的喝彩。”[①]对这种人口理论作价值评价所表现出来的这种强烈的党性，不仅取决于评价主体的党性，同时也取决于价值创造主体的党性。马尔萨斯在创造人口理论时，已经创造了这种理论的某种价值，从而赋予了它某种特定的社会关系。正是价值客体的这种属性，使价值主体坚持党性原则给予价值评价。无产阶级以自己的党性原则严厉地判断了马尔萨斯的人口理论，马克思说：马尔萨斯“这个无赖，从已经由科学得出的（而且总是他剽窃来的）前提，只做出对于贵族反对资产阶级以及对于贵族和资产阶级两者反对无产阶级来说，是‘合乎心意的’（有用的）结论。他不希望为生产而生产。他所希望的只是维持或加强现有制度并且为统治阶级利益服务的那种限度内的生产”[②]。

马尔萨斯人口理论创造本身是有党性的，事实上它是为满足贵族阶级否认人类进步的需要服务的。人口理论的价值所反映的阶级关系，正是这种价值创造主体，即马尔萨斯的阶级本质的确证。马克思对这种人口理论价值的评价，同样地反映了这种评价的价值关系，它同样地确证了评价主体，即马克思的阶级本质。在价值的创造和评价过程中这种阶级关系和阶级本质的显露，正是党性原则的反映。

不同的阶级性价值主体也可能对同一价值客体作出相同的价值判断，抱以相同的态度。这种情况并不否认价值评价中的党性原则，相反，恰好是党性原则的确证。因为在这种价值评价中，不同的阶级仍然从各自的阶级利益出发，坚持不同的价值评价标准。西方学者提出的趋同论，认为由于现代科学技术革命将会导致社会主义和资本主义两种社会制度的趋同。这种理论虽然在社会主义国家也得到了不少人的赞同，但受到了马克思主义者的批判。在西方，也有不少学者批判这种理论，对趋同论持否定态度。就反对趋同论这一点来讲，他们的态度是同我们一致的，有相同的价值判断。但是，两者

①［德］马克思：《资本论》第1卷，第676页，北京：人民出版社，1975。

②［德］马克思：《资本论》第4卷，《马克思恩格斯全集》第26卷（第2册），第25页，北京：人民出版社，1973。

的评价标准却是截然对立的。美国学者沃尔夫批判趋同论提出者加尔布雷斯，并将苏联和美国的社会制度进行了比较，强调了它们之间的对立，得出了“趋同论是有害的谬论”的价值判断。沃尔夫说：“哈佛大学教授加尔布雷斯在苏联大学里不可能当教授；美国人争取民主行动组织主席加尔布雷斯在苏联不可能当政治领袖；著作家加尔布雷斯如果坚持两种制度正在趋同，他在苏联就不可能出版其著作。”由此得出结论说：“总而言之：趋同论将经不起历史的考验，也经不起这两国的现实的检验。可能发生的情况是，每个国家将继续在本国的传统、惯例和制度的影响下，朝着各自的未来发展。”[①] 沃尔夫在坚持资本主义制度的立场上评价趋同论，我们在坚持社会主义制度的立场上评价趋同论，两者所表现出来的党性、阶级性是不同的，我们必须加以具体分析。

价值评价中的阶级性还有另一种情形。就价值客体本身而言，并没有阶级性。评价的阶级性完全是由不同阶级的利益和需要决定的。没有阶级性的价值客体，一旦同具有阶级性的价值主体发生价值关系，那么，不同阶级的价值主体就根据自己的利益和需要以不同的有用形式来占有价值客体。这种不同的有用形式是有阶级性的，从而使价值评价表现出阶级性。毛泽东曾经说过，就自然科学本身来说，是没有阶级性的，但是谁去研究和利用自然科学，是有阶级性的。有阶级性的这一方面，是由价值关系所产生的，因而产生不同的态度和兴趣。列宁说：“有一句著名的格言说：几何公理要是触犯了人们的利益，那也一定会遭到反驳的。自然史理论触犯了神学的陈腐偏见，引起了并且直到现在还在引起最激烈的斗争。”[②] 哥白尼的太阳中心说，达尔文的生物进化论在历史上的遭遇，提出新说的科学家屡遭迫害，都反映了对没有阶级性的自然科学所作的价值评价是有阶级性的。不仅自然科学的价值评价，而且其他价值客体的价值评价，也都是如此。只要它同不同阶级的

①[美]海尔布罗纳：《现代化理论研究》，第1版，俞新天译，第138页，北京：华夏出版社，1989。

②[俄]列宁：《马克思主义和修正主义》，《列宁选集》第2卷，第3版，第1页，北京：人民出版社，2012。

价值主体发生价值关系，在评价中必定作出带有阶级性的价值判断。

价值评价中的党性，除阶级性以外，还包括学派性。在哲学领域，列宁明确地提出了哲学的党派性，这就是唯物主义和唯心主义两大学派的对立和斗争。对哲学理论的评价，唯物主义学派和唯心主义学派的结论是根本对立的。例如，黑格尔对古希腊哲学家留基伯原子论的评价，认为它“没有任何意义”，是“空洞的陈述”和“模糊的混乱的观念”。列宁认为，这种评价是“黑格尔的盲目性，唯心主义的片面性！”[①]黑格尔还像后母那样对待德谟克利特。列宁揭示了它的原因，认为这完全是“唯心主义者忍受不了唯物主义的精神！！”[②]对科学和艺术的评价也是这样，都要有各自的科学标准和艺术标准。由于科学共同体和艺术派别的不同，它们的价值规范也是不同的，因而对同一种理论会作出不同的价值评价。在科学上，爱因斯坦的相对论迟迟得不到承认，关于量子力学描述完备性问题的争论持续如此之大，宇宙学中假说林立，层出不穷，等等，都反映了不同科学共同体对科学理论的不同评价，表现出价值评价中的学派性。

价值评价中的党性原则要求我们区分两种界限：一是政治上的革命和反动的界限，二是评价中的正确和错误的界限。农民运动是“好得很”，还是“糟得很”，这是革命派和反革命派的对立；社会主义能挽救中国、发展中国，这是坚持四项基本原则和资产阶级自由化的对立。在价值评价中，必须严格地区分这种政治界限。应该看到，在评价中也会出现正确和错误的价值判断之间的分歧，我们也应划清这种界限，但是，不能把这种是非界限同政治上的革命和反动的界限混为一谈。苏联先是对斯大林，后来又对列宁发起了政治大批判，全盘否定斯大林和列宁，否认列宁主义，带来了众所周知的严重后果，这是值得借鉴的。斯大林有错误的方面，这是划清是非界限的问题。在总体上，斯大林坚持马克思列宁主义，坚持无产阶级专政，坚持社会主义道路，这是主流，应该给予肯定的评价。我们党对斯大林作了正确的评

①[俄]列宁：《哲学笔记》，第1版，第295页，北京：人民出版社，1956。
②[俄]列宁：《哲学笔记》，第1版，第256页，北京：人民出版社，1956。

价，指出："斯大林尽管在后期犯了一些严重的错误，他的一生乃是伟大的马克思列宁主义革命家的一生……我们认为，斯大林的错误同他的成绩比较起来，只居于第二位。"[①]那种全盘否认斯大林、摒弃列宁主义的错误评价，只能适应当代国际垄断资产阶级的需要，背弃国际无产阶级的利益，完全地背离了价值评价中的党性原则。

在价值评价的活动中，不同阶级和社会集团对同一价值客体作出不同的甚至是截然对立的价值判断，这是完全符合价值评价的党性原则的。对于这些不同的甚至对立的价值判断，不能说都是正确的，但可以说它们是合理的。资产阶级对《资本论》的评价，英国寡头政府对马尔萨斯人口理论的评价，都是他们自身的利益和需要的反映。对于他们来说，只能作出这种评价，不可能期望有别的评价。由于这些评价反映了价值主体和价值客体的真实关系，因而这种评价是合理的。无产阶级和马克思主义者对这些价值客体作了完全相反的评价，同样地反映了价值主体和价值客体的关系。这些评价也同样是合理的。在两种对立的评价中，到底哪一种是正确的呢？这必然求助于社会进步的立场。凡是符合社会进步的需要和利益的评价，不仅是合理的，而且是正确的；凡是不符合社会进步的需要和利益的评价，即使是合理的，也是不正确的。反之，凡是正确的评价，必定是合理的。因此，在价值评价中，坚持党性原则并不是否认是非标准，同样要求坚持评价和真理的统一，以社会实践来检验评价的正确性。

①《人民日报》编辑部：《无产阶级专政的历史经验》，第1版，第25—26页，北京：人民出版社，1957。

第七章 马克思主义认识论

一、选择反映论

现代自然科学的发展，为说明选择在反映过程中的重要作用提供了新材料，从而促使人们去思考反映和选择的相互关系。为了强调选择在人类认识过程中的作用，有人主张用选择论来取代反映论。这种主张没有看到选择是反映的一种具体形式。在辩证唯物主义的能动反映论中，包含有选择的意义。因此，把选择与反映对立起来的做法，是不可取的。可以认为，辩证唯物主义认识论中的反映，其实质就是选择反映论。我们的能动反映论，就是选择反映论。

1. 选择在反映过程中的作用

要说明选择与反映的关系，应该考察反映论的历史发展过程。

唯物主义反映论在历史上经历了两个不同的发展阶段。马克思主义以前的旧唯物主义离开了人的社会性，离开了人的历史发展，去观察认识问题，因而不了解社会实践在认识中的作用，把认识反映外部物质世界，看作只是消极被动的反映，只知道它的受动性，看不到它的能动性。费尔巴哈反对把“自我”看作主观精神的唯心主义解释，认为“自我是有形体的”，特别强调了它的受动性。他说：“自我不仅是某种能动的对象，而且也是受动的东西。我们要从自我的能动性中引申出这种受动性，或者要把这种受动性想象为某种能动的东西。我们的自我才是受动的——不过，自我不必耻于这种受动性，因为客体本身也构成我们的自我的内在本质的属性。”[①] 费尔巴哈认为，首先

①《费尔巴哈哲学著作选集》上卷，第1版，第91页，北京：商务印书馆，1984。

是客体能动地作用于主体(自我),然后才有主体接受客体的作用,这就是反映。可见,旧唯物主义的反映论,是受动反映论。由于坚持了反映论,承认物质第一性,意识第二性,这就坚持了唯物主义路线。但是,由于把反映只看作是受动的、直观的,否认反映过程中的主体能动性,因而它又是形而上学的。

对人的受动性的承认,不能认为是错误的。但是,旧唯物主义只看到人的受动性,看不到人的能动性,这就是片面的了。其原因就在于它不了解社会实践是人类认识的基础。辩证唯物主义把实践观点引入认识论,认为认识发展的过程,是基于实践的由浅入深的运动。自我,作为认识的主体,首先它应是实践的主体。因而,它不仅具有受动性,同时还具有能动性。马克思在谈到人的现实性、人的本质规定时,指出:"对人的现实性的占有,它同它的对象的关系,是人的现实性的实现,是人的能动和人的受动。"①人作为实践和认识的主体,它是能动性和受动性的统一。而人的能动性首先表现在实践中,表现为改造世界的活动。人们只有在实践中,才能占有对象。在这里,实践不仅是真理的标准,而且,它还是"事物同人所需要它的那一点的联系的实际确定者。"②

人们根据自己实际的需要改造对象,即能动地作用于客体,然后客体才反作用于主体,引起主体反映客体的活动。因此,思维反映客观存在,不仅是受动的,而首先是能动的。

不仅实践是能动的,而且基于实践基础上的反映同样是能动的。这种能动性的表现,首先是选择反映。马克思说:"忧心忡忡的穷人甚至对最美丽的景色都没有什么感觉;贩卖矿物的商人只看到矿物的商业价值,而看不到矿物的美和独特性。"③主体接受客体的作用,并不是完全被动地接受,而是作了能动的选择。因此,这种受动是包含有能动的受动。换一个角度讲,

①《马克思恩格斯全集》第42卷,第124页,北京:人民出版社,1979。

②[俄]列宁:《再论工会、目前局势及托洛茨基同志和布哈林同志的错误》,《列宁选集》第4卷,第3版,第419页,北京:人民出版社,2012。

③[德]马克思:《1844年经济学哲学手稿》(单行本),第3版,第87页,北京:人民出版社,2000。

主体的能动不是与受动截然对立的，其中又包含有受动。这种受动和能动的统一，就是选择反映。选择是一种主体能力，因而是主体的一种本质力量的确证，是主体能动性的表现。正如马克思所说的，“只有音乐才能激起人的音乐感；对于没有音乐感的耳朵来说，最美的音乐毫无意义”[①]。具有音乐感的耳朵就是选择的主体能力。所以，辩证唯物主义的能动反映论，又叫作选择反映论。

受动反映论和选择反映论，是反映论发展的两个不同阶段。从受动反映论到选择反映论，是思维从抽象上升到具体的运动。思维的具体阶段包含有抽象阶段的内容。在选择反映论中，包含有受动反映论的基本原理，但它是以扬弃的形式被保留下来的。受动在其中只处于从属的地位，从而成为能动反映论的一个环节。因此，在强调反映过程中的选择时，绝不是要把它同反映论对立起来。因为，关于反映论的问题，就是认识的源泉问题，它是划分哲学派别的重大问题。列宁在谈到因果性问题上的两条路线时指出：“划分哲学派别的真正重要的认识论问题，并不是我们对因果联系的记述精确到什么程度，这些记述是否能用精确的数学公式来表达，而在于：我们对这些联系的认识的泉源是自然界的客观规律性，还是我们心的特性即心所固有的认识某些先验真理等的能力。正是这个问题把唯物主义者费尔巴哈、马克思、恩格斯同不可知论者（休谟主义者）阿芬那留斯、马赫断然分开了。”[②] 在探讨认识论问题的时候，我们首先要划清唯物主义认识论同唯心主义认识论的界限。关于认识过程中的选择、建构、重建等问题，同样不能回避哲学上的两条路线。我们把问题提到了两条路线基本对立的高度上来认识，绝不意味着根本不能讨论认识过程中的选择、重建等问题，而只是说，我们在研究这些问题的时候，应该坚持唯物主义反映论的前提，而不能用选择论、重建论来否认反映论。必须坚持反映论的立场，这是划清哲学上两条基本路线的

---

①［德］马克思：《1844年经济学哲学手稿》（单行本），第3版，第87页，北京：人民出版社，2000。

②［俄］列宁：《唯物主义和经验批判主义》（单行本），第1版，第160页，北京：人民出版社，2015。

界限的前提。但是，也不能用反映论来否认选择，回到旧唯物主义受动反映论的立场上去。这里有个界限。这两个界限的统一，就是选择反映论。

2. 选择反映论的实质

唯物辩证法认为，任何事物都处于一定的联系中，从而显示出它们的一定特征。事物性质的多样性正是由联系的多样性所决定的。认识事物就是认识事物的普遍联系。但是，认识不可能一下子穷尽事物的一切方面。我们在认识事物时，总要进行选择，这并不是虚构事物的性质，而是选择事物的某种联系。这就是选择反映的实质。

第一，认识对象的选择。认识是发展的，认识的对象也在不断地变化发展。科学发展的历史表明，每一个时代的科学，都有自己不同的认识对象。科学研究对象的演变，自然是时代选择的结果。每一个时代都只能认识自己所能认识的东西。相对论和量子力学不可能在牛顿时代建立，当时还不可能选择物体的微观和高速运动中的关系作为物理学的研究对象。只有当牛顿力学暴露出自己的局限性时，科学才选择了物质的微观低速运动和宏观高速运动为自己的研究对象。这两种运动，不同于牛顿力学所研究的宏观低速运动，它所反映的是事物的另一种联系。所以，认识对象的选择，也就是选择事物的不同关系。因为人对事物有多种需要，从而规定了它同人的需要有多种联系。由于它们有多种联系，因而构成了认识的多种对象。所以，辩证唯物主义认识论要求，我们要真正地认识事物，就必须把握、研究它的一切方面、一切联系和“中介”。

第二，参考系的选择。我们从不同的需要来考察事物，这实际上是选择了不同的参考系，也就是把所要认识的事物放到不同的联系中加以观察和测量，其实质也是选择不同的关系。从不同的参考系来观察物体，它的运动状态是不同的。例如，观察坐在火车中的乘客，如以火车为参考系，他是静止的，以地面为参考系，他则在运动。在狭义相对论中，参考系的选择显得更为重要，著名的相对论效用（“尺缩”和“钟慢”）也是由不同惯性参考系的选择而产生的。对于社会现象的认识也是如此。历史主义的方法要求把历史事件放到特定的历史过程中加以考察，例如，对资本主义的评价，在反对封建主义的斗争中，资本主义的产生是历史的进步；但是，在社会主义诞生以后，仍然提倡资本主义，则是对历史的反动了。历史事件的这种不同联系，规定了它的不同性质，从而决定了人们的不同态度。考察问题的不同视角，也是不同参考系的选择，着眼于事物的不同联系。这在人类认识过程中，是普遍现象，古今中外，概莫能外，说明了选择反映是人类认识的普遍特征。

第三，观测手段的选择。人类认识事物，离不开感官。但是，感官所及的范围则是有限的，必须运用作为感官延长的观测手段。要观察宇宙学所研究的大尺度天区中的现象，必须运用现代天文望远镜。要观察微观粒子的行为，必须运用各种加速器、注射器、计数器、探测器、云雾室等装备。观测手段的采用，必然发生观测手段与观测对象的相互作用。观察者所得到的观测结果，就是对这种相互作用的记录。这就决定了观测结果对观测手段的依赖性。对观察手段的不同选择，其观察结果也是不相同的。在经典物理学的范围内，人们也不能同时测定物质的定容比热和定压比热，定容和定压是不可兼得的，因而必须采取不同的观测手段。这种现象更加深刻地说明，认识的结果依赖于观测手段的选择。在主体和客体的相互关系中，观测手段是一种“中介”，是连接主体和客体的桥梁。通过它，主体才能引起客体的变化，同时获得客体变化的记录。观测手段的选择，就是将客体置入不同的相互作用和联系之中。所以，这种选择的实质，也就是对客体与“中介”的相互关系的选择，不同的认识结果是对这不同关系的反映。

第四，理论工具的选择。由观测所得到的认识，是认识的感性阶段。把感性认识提高到理性认识，不仅要采取各种逻辑加工的手段，同时还必须运用相应的理论工具。例如，在黑体辐射的研究中，维恩根据经典物理学的理论，建立了关于黑体辐射能量按波长分布的公式，在波长较短、温度较低的情况下，与实验事实符合得较好，但在长波的范围内，完全不适用。后来，瑞利和金斯同样根据经典物理学的理论，建立了关于黑体辐射能量按波长分布的公式。在波长较长、温度较高的情况下，与实验事实比较符合。而在短波范围内，则完全不适用。普朗克突破了经典物理学，引入了量子概念，建立了新的黑体辐射能量按波长（或频率）分布的公式，克服了维恩公式和瑞利—金斯辐射公式的缺陷，与实验事实完全符合，很好地解释了实验的全部结果。这一事实说明，理论工具的选择，对认识结果有着重大的影响。运用量子力学原理来研究化学、生物学促进了量子化学和量子生物学的诞生，也是理论工具的选择对认识发展的推动作用。在社会领域，采用不同的立场、观点和方法来观察社会现象，必然产生截然不同的认识结果。只有运用马克思主义立场、观点和方法来研究社会问题，才能获得关于社会发展的正确答案。运用正确的理论工具，可以正确揭示对象的真实关系，获得正确的认识，证明理论工具的选择在反映过程中的重大意义。

选择反映集中地说明了人类认识的社会性。社会的人是认识的主体。在阶级社会中，人是划分为阶级的。在同一阶级中，又划分为不同的政治集团。由于利害关系的不同，各个阶级和集团在社会实践中各有不同的目的。阶级和集团的划分，决定着实践目的选择，从而也就决定了认识中的选择。一切都是以实现实践的目的为转移，在不同的历史时期，社会的发展都有自己的不同战略，从而由此生成了特殊的认识对象，提出了不同的认识任务。在我国民主革命时期，人民的主要任务是推翻“三座大山”。要取得革命胜利，必须认识中国民主革命的规律，而我国的民主革命又采取了武装斗争的形式，我们党又必须以认识中国革命战争的规律为主要目标。因此，我们党和毛泽东同志在民主革命中创造了具有中国特色的武装斗争的道路，所有这一切，都是时代所作出的选择，它取决于时代的实践目的。而实践目的的确定，又取决于阶级和集团的利益。因此。利益是制约社会认识主体进行选择反映的决定性因素，也是认识社会性的重要表现。

个体在认识中所作的选择，要比阶级和集团具有更大的自由度。它除受利益的制约外，个体的知识结构和心理状态，都有重要的影响。当进入风景优美的旅游区时，画家、音乐家、诗人、地质学家、矿物学家等，他们的感受是极不相同的。植物学家、矿物学家、地质学家对它们都会产生极大的兴趣，不同的人将根据不同的兴趣、爱好和知识背景，对实践中的各种不同现象，作出合乎目的性的选择，从而获得不同的认识结果，这是在认识过程中经常发生的事情。我们平常所说的“视而不见”“听而不闻”指的正是这种情形。真理是客观的，但是，谁去发现真理，并运用它服务于自己的实践目的，将依赖于认识主体的利益和选择能力。

3. 选择反映中的主体和客体

应该承认，选择带有一定的随意性，因而它的认识结果也要带有某些主观性。但是，不能因此就认为选择是完全任意的，它所得到的认识成果也是纯主观的。作为正确的认识，存在着选择是否得当和认识结果是否符合客体的问题，它要受到客体和实践的制约。这同那些构造实在的主观唯心主义的主张是根本不同的。选择并不是构造客体，而是在反映客体时，对客体的属性进行选择，它是以客体属性的客观存在为前提的。如果根本不存在客体的属性，主体又何从选择呢？建构论或重建论是否正确，也要看它们的基本前提是否承认客体属性的实在性，以此取消反映论，这显然是不能接受的。

现在有不少人都以狭义相对论和量子力学中的“不确定关系”作为选择任意性和认识主观性的证据，并以此来否认反映论。这是不妥当的，其论证也是不充分的。

相对论的科学成果，不仅揭示了认识结果的主观性，即对认识主体的依赖性；同时也揭示了认识结果的客观性，即对认识主体的独立性。有人认为，相对论揭示出处在不同观察系统的主体，对客体的属性会得出全然不同的认识。这种看法，并不完全符合事实。狭义相对性原理认为，物理定律在不同的惯性参考系中都是相同的，它要求一切反映物理规律性的方程，在洛伦兹变换下保持相同的形式。这个重大的认识成果，是不依赖于任何不同的个别的认识主体而独立的。就是说，无论观测者选择哪一个惯性参考系进行测量，都保持着物理规律在洛伦兹变化下的不变性。所谓洛伦兹变换，是时间坐标和空间坐标从一个惯性参考系过渡到另一个惯性参考系的变换关系。按照这种变换，我们可以得到三个主要的结果：第一，在不同的惯性参考系中，时间间隔是不同的；第二，两点间的空间间隔在不同惯性参考系中也是不同的；第三，时间坐标和空间坐标彼此密切相关，在作洛伦兹变换时，时空间隔仍然保持不变。前两个结果，就是著名的“尺缩”和“钟慢”的相对论效应。当时间和空间各自从一个惯性参考系变换到另一个惯性参考系时，都满足洛伦兹变换，并由此可以得到“尺缩”和“钟慢”的效应。这个结果并不说明不同观察系统的主体，对于客体的属性会得出全然不同的认识；恰恰相反，他们都会得到“尺缩”和“钟慢”效应这种普遍性认识。这一点则是全然相同的。处于不同惯性参考系中的观测者，可以获得不同的时间坐标和空间坐标的数值。但是，这只是一种现象，在其背后隐藏着相对不变的、一定的规律性，这就是物理规律在洛伦兹变化下的不变性。相对论效应是一种普遍的效应，它是物理过程规律性的表现，对于任何物理过程，相对论效应都不依赖于任何观测者对参考系的选择。物理过程的这种客观规律性，不以认识主体为转移，它绝不是由认识主体的“建构”或“重建”所造成的。

相对论的认识成果，有力地支持了选择反映论的观点，说明认识客体和认识主体，除有相互依赖性的一面之外，同时还有相互独立的一面。处于不同观测系统的主体，对于客体的属性，不会得出全然不同的认识；在测量结果方面可以是不同的，但在这些结果中所表现出来的物理规律，则是全然相同的。因此，我们应该从相对论的科学成果中，进一步揭示认识成果不依赖于认识主体的客观内容。

第一，“尺缩”和“钟慢”效应表明，不同的参考系决定了“尺缩”和“钟慢”的不同结果，而参考系的选择又依赖于观测者，由此只是可以说明测量的结果依赖于主体对参考系的选择，但它绝不说明客体的性质依赖于主体而存在。第二，相对于不同的参考系，被观察的客体呈现出不同的尺度，这是由客体与参考系之间的关系所决定的。只要参考系一经选定，客体的尺度也就被确定了。在同一参考系中，无论是哪一个观测者，其观测结果都是一样的，它不依赖于任何观测主体。第三，不同的参考系所测结果，可以通过洛伦兹变换而表明物理规律的不变性，这不仅不依赖于主体，而且也不依赖于任何参考系。在“四维世界”中，时空间隔也是一个不变量，要确定任何物理事件，都必须同时使用空间的三个坐标和时间的一个坐标，这四个坐标，组成了“四维世界”。时空间隔就是“四维世界”中的不变量。在狭义相对论中，时空间隔的平方等于空间间隔的平方减去时间间隔与真空中光速 C 乘积的平方。尽管在测量中存在着“尺缩”和“钟慢”的效应，但是，时空间隔的数在任何惯性参考系中都是保持不变的，它同样不依赖于任何观测者对参考系的选择。

有人认为，量子力学表明，在微观领域中，主客体的相互作用构成了被认识的现象的一个不可分割的部分，因此，在认识的结果中，要想区分出哪些是主体的观测效应，哪些是客体的本来性质，受到绝对限制。这种看法也是值得进一步讨论的。

量子力学中的“不确定关系”（海森堡公式）是微观粒子的波粒二象性的反映，是人们对微观粒子低速运动规律性的认识。这种关系表明，一个微观粒子的某些成对的物理量不可能同时具有确定的数值。例如位置与动量、方位角与动量矩，其中一个越确定，另一个量的不确定程度则越大。时间与能量也服从不确定关系。当微观粒子存在某一能量状态的时间越短，则这一能量的确定程度就越差。任何微观粒子的测量，都服从这种关系，说明了不确定关系的普遍性。虽然微观粒子成对物理量的确定程度，依赖于观测手段的选择，但是，成对物理量的确定数值之间的关系都服从于不确定关系，完全不依赖于观测手段的选择。作为一种客观规律性，“不确定关系”是不依赖于主体而独立存在着的，并不包含有主体的观测效应。问题还不只是“不确定关系”的客观性，即使在具体的测量过程中，我们采用一种观测手段准确地测定了微观粒子的位置而不能同时测准动量，或者采用另一种观测手段准确地测定了微观粒子的动量，而不能同时测准位置，这一事实，也并非表明测量结果完全依赖于主体。因为，无论测量的结果如何不同，它们总是要服从海森堡关系即“不确定关系”，这是完全确定的。当波尔提出“互补原理”来解释“不确定关系”时，曾经以观测结果依赖于观测手段的事实，否定原子现象不依于主体而客观存在的观点。但是，后来他也意识到，原子现象依赖于观测方式，只是说明粒子与观测手段的相互作用，而不是客体依赖于主体的确证。他说：“有决定意义的一点是：不论在哪一种情况下，我们的观点构架的适当扩展，都并不蕴涵对于观测主体的任何作用，这种引用是会阻止经验的无歧义的传达的。在相对论的论证中，这种客观性是通过适当照顾现象对观察者参考系的依赖性来加以保证的；而在互补描述中，则通过适当注意基本物理概念的明确应用所要求的条件来避免全部的主观性。”① 在相对论中，不同的参考系有不同的测量结果；在量子力学中，不同的观测手段，有不同的测量数值，都说明客体由于存在和发展的客观条件不同，所处的相互关系也不同，因而观测的结果也各不相同。客体的这种存在和发展的客观条件及其相互关系，是独立于主体之外的。主体对参考系和观测手段的选择，就是选择不同的关系。一旦选定参考系和观测手段，客体只能存在于确定了的关系中，它完全是客观的。由此所得物理量的数值，都是这种客观关系的反映。所以，不确定关系并不否认反映论，只要说明反映客体的什么关系和内容是依赖于主体的选择的。而这些关系和内容本身，则是独立于主体而存在着的，人们对它们的认识仍是反映，从而证明选择反映是认识的基本机制。

唯物主义者总是要求我们的认识能够反映事物的本来面貌，而不附加任何外来的东西。相对论和量子力学的理论，是否反映了客体的本来性质呢？抑或其中加进了不可分离的主体的观测效应？在说明这个问题之前，我们应该对“客体的本来性质”这一概念的含义有一个确定的解释。在相对论中，无论相对于哪一个参考系，任何客体都具有自己特有的时空形式，当我们知道了不同惯性参考系中的观测者对同一客体所做的观测结果各不相同，往往会提出这样的问题：这个客体的本来尺度是多少？什么是客体的本来尺度呢？是指相对于绝对静止的参考系的尺度吗？因为绝对静止的参考系是不存在的，因此这样的本来尺度也是没有的。是指不相对于任何参考系的尺度吗？

---

①[丹麦]N. 波尔：《原子物理学和人类知识》，第1版，第9页，北京商务印书馆，1964。

事物总是处于普遍的联系中，孤立的事物，脱离一切参考系的事物都是根本不存在的，没有参考系的事物和运动都是不可描述的，因此这样的本来尺度也是没有的。唯物主义者所说的事物的本来面貌，是指正确地反映事物本身的属性和关系，而不加以主观的歪曲。不同参考系的观测者所观测的结果不同，并不是由主体的主观因素所造成的，而是由客体与参考系的关系所决定的。在这种关系中，所呈现出来的性质，也就是客体的本来性质。在量子力学中，不同的观测手段对微观客体会发生不同的干扰，这就是所谓的观察效应。这种干扰或效应也完全是客观的。在这里，主体的影响，在于对观测手段的选择。至于观测手段对微观粒子所产生的干扰，那完全是微观粒子与观测手段之间的相互作用所引起的，它同主体的主观意识毫无关系。因此，在观测的过程中，主体所获得的不同观测结果，都是客体的本来性质的反映。一切观察效应，都是客体本来性质的表现。到底产生怎样的效应，取决于客体所处的客观条件（即与参考系或观测手段的关系），主体只能选择这些条件，却不能创造出客体的性质。作为主体的认识对象，并不是主客体的关系，而是客体与参考系的关系，或客体与观测手段的关系。在这里，主体并不是演员，而是观众。

在主客体问题的讨论中，有不少人都在用相对论和量子力学的成果来证明客体对主体的依赖关系。这种论证也是不充分的，它忽略了客体独立于主体的关系。如前所述，物的性质只有在关系中才能显现出来，由于事物所处的关系不同，事物的性质也就不同。在相对论和量子力学中，客体的这些关系和性质虽然依赖于参考系和观测手段的选择，但相对于主体来说它们都是完全独立的，至于主体企图并能够认识客体的何种性质，则取决于主体选择何种关系。只有在选择的意义上才可以说，认识客体依赖于认识主体。在这里，我们所说的认识客体，仅仅是指主体已经认识到客体属性的总和。就是说，呈现在主体认识中的客体，是依赖于主体的实践，只在于客体的哪些属性被认识，是依赖于主体的，绝不能把客体本身的性质说成是依赖于主体的。而在这一方面，客体是完全独立于主体之外的。主体和客体之间，既有依赖的一面，同时又有独立的一面。依赖的方面表现为认识过程的选择，独立的方面则表现为认识是反映，所以，关于主体和客体既依赖又独立的认识理论，就是选择反映论。

二、真理的主观性

人们总是说，唯物主义者坚持真理的客观性，唯心主义者坚持真理的主观性。其实，这种说法是一种旧唯物主义的偏见。马克思在《关于费尔巴哈的提纲》中，早就提出了旧唯物主义忽视主观性的批评。他说，对现实，感性等都要从主观方面去理解，从人的能动性方面去理解，对于真理，当然也应该如此。坚持真理的客观性，固然可以同唯心主义划清界限，但是，否认真理的主观性，这也并不是唯物主义的立场。只看到真理的客观性，看不到真理的主观性，恰恰是旧唯物主义的主要缺陷。正确认识真理的主观性，对于坚持辩证唯物主义的真理观，同唯心主义和旧唯物主义的真理观划清界限，是有重要意义的。

1. 真理内容的主观性

任何真理，都有自己特定的内容，同时也都有表达内容的形式。

流行的看法是，真理是科学性和主观性的统一，这是因为，真理的内容是客观的，形式是主观的。其实，真理的客观性不仅在于它的内容，同时也在于它的形式；同样，真理的主观性不仅在于它的形式，同时也在于它的内容。真理的内容是客观性和主观性的统一，真理的形式也是客观性和主观性的统一。

关于真理内容的主观性，在哲学史上有三种不同的认识，旧唯物主义不理解真理内容的主观性，因为它们不理解实践在认识中的作用；唯心主义片面地夸大真理内容的主观性，因为它们不理解实践是真正现实的感性活动；只有辩证唯物主义既看到真理的客观性，同时又看到它的主观性，因为它们把实践理解为主观见之于客观的感性活动。为了同旧唯物主义划清界限，马克思特别强调要“从主观方面去理解”。

唯物主义者承认真理内容的客观性，因为只要坚持唯物主义的反映论，就得承认真理内容是主体对客体的正确反映，因而在真理中包含有不以人们的意识为转移的客观内容。但是，也正是因为这个原因，它使真理内容同时具有主观性。马克思说：“观念的东西不外是移入人的头脑并在人的头脑中改造过的物质的东西而已。”[①] 作为观念的东西，在反映的过程中，已被人的头脑作了能动的改造，因而它是人们头脑的产物。在客观世界中，并不存在真理，它只能存在于人们的头脑中，真理是一种观念形态，是真理内容具有主观性的最主要的表现，也是主观性的基本原因。

真理是由人们所创造的。当然，人们在创造真理的时候，并不像唯心主义者说的那样，是随心所欲的，而是如毛泽东所说的“实事求是”，根据客观存在着的事物，研究它的规律性，从而做出科学的结论。这个创造的过程，就是实践的过程，即革命的能动的反映过程。我们同唯心主义者的分歧，并不在于真理是否由人们所创造，而在于人们如何去创造真理。过去不少人批评过爱因斯坦所说的概念是人们的“自由创造”这类话，说它是唯心主义的命题。这类批评是不准确的。如果我们对自由作科学的解释，把它看作对必然的认识和对客观世界的改造，那么，这种自由又有什么不对呢？所谓学术自由、艺术创作自由等，都属于这种自由创造。旧唯物主义不承认这种自由创造，否认了真理的主观性；唯心主义歪曲这种自由创造，单纯地从主观方面加以理解，否认了真理的客观性，从而把思维过程看作现实事物的创造主，而现实事物只是思维过程的外部表现。我们应该避免这两种错误，既要承认真理是由人们所创造的，又要坚持真理内容的客观性。多年来，我们着重批判了唯心主义真理观，坚持了真理的客观性，这当然是正确的。但是，我们却忽视了对旧唯物主义真理观的批判，因而忽视了真理还有主观性的一面，其结果，总是把真理奉为永世不变的教条。

真理内容的主观性，实质就是认识的主体性。恩格斯曾经指出，近代自

①《马克思恩格斯文集》第5卷，第22页，北京：人民出版社，2009。

然科学都是以地球为中心而建立起来的。所谓以地球为中心，其实质也就是以人类为中心。一方面，作为认识主体的人类，是生活在地球之上的，这个生活环境也就是人类实践的环境，因而也是认识的环境。一切科学都是在这个环境中建立和发展起来的，都只是对这个环境才适用的。另一方面，主体绝不是无目的地去创造科学，而是为了满足某种需求而去创造适用的理论。因此，一切科学的建立，都是为人类服务的，它们都是以主体为中心的真理。当然，这种人类中心论，并不是指它的个体性，而是群体性，因为，作为认识的主体并不是孤立的个人，而是社会的集团、阶级以及整个人类。

真理内容的主观性，同实践的主观性有着密切的联系。人类社会的一切活动与动物本能活动之间的最本质的区别，在于它是有目的有计划的活动。实践的目的和实践的结果不同。合理的目的，虽然是以客观的规律为前提的，但是，它较多地带有个体的愿望和要求，在很大程度上依赖于个体的主体状况。实践的结果则不同，它并不依赖于主体的目的。合理的目的，可以在结果中实现；不合理的目的，则不能在结果中实现，甚至实践不能完全达到预期的目的，所以，结果比目的具有更高程度的客观性。由于目的（仅指合理的目的）不同，实践的具体过程也就不同，用以指导实践的思想、理论、方针、政策也就各有差异，由此而得到的真理也是不相同的。因此，作为反映现实的理论模型，真理性的认识绝不是只有一个模式，同一个真理可以从不同的方面加以表述。例如，热力学第二定律，说明在有限的时间和空间的范围内，与热运动有关的一切物理过程和化学过程，都是不可逆的。对于这一定律，可以作三种不同的表述。第一种表述是：热量总是从高温物体传到低温物体，不能做相反的传递而不带有其他的变化；第二种表述是：功可以全部转化为热，但任何热机不能全部地、连续不断地把所受的热量转变为功；第三种表述是：熵增原理，即在孤立系统中实际发生的过程，总使整个系统的熵的数值增大。这些表述最初是由几个不同的人提出的，虽然都反映了过程的不可逆性，都属于真理性的认识。但是，它们所着重的内容，是各有差异的，反映了真理的主观性。量子力学在建立时期，也采取了两种不同的表述，海森堡建立了矩阵力学，德波罗意建立了波动力学。后来证明，这两种力学是一致的，所反映的都是量子力学的内容，终于获得了统一。真理内容的这种主观性，也是产生各种不同学派的原因。

认识真理内容的主观性，对于我们坚持真理和发展真理，具有重要的意义。第一，既然真理内容具有主观性，在同一研究领域，就有可能产生各种不同的学派，他们的理论都有可能成为真理性的认识。我们不能用行政的办法，支持一个学派，压制一个学派，而只能通过学术的自由讨论，使他们获得自由的发展。对于马克思主义的学说，也应该这样。第二，真理内容的主观性，要求每一个学者都要保持谦虚谨慎的科学态度，不要把自己看作真理的化身，唯一正确的代表，以为真理只掌握在自己的手里，仅此一家，别无分店，而应该彼此学习，相互补充。第三，在社会领域中的某项正确的政策和方针，不能只是单纯地反映客体的性质，同时还要反映主体的利益和要求。在阶级社会中，应该反映阶级之间的关系，代表大多数群众的利益。

2. 把握主观性和客观性的统一

真理内容的主观性，并不是对真理内容的客观性的否定。我们强调真理的主观性，正是要求在主观性和客观性的统一上，把握真理，应用真理，使它真正地成为实践的正确指导。过去，有些人不懂得真理是一种观念形态，否认真理的主观性，认为真理是客观存在的事物，是客体本身，因而不能正确地把握真理，也不能同庸俗唯物主义划清界限。在这里，我们说真理具有主观性，首先必须承认真理是一种观念的形态，它是外部世界的映象，其中包含着被移入头脑，并被人脑改造过的客体。这就是列宁所说的："生命产生于脑，自然界反映在人脑中，人在自己的实践中，在技术中检验这些反映的正确性并运用它们，从而也就接近客观真理。"[①] 真理的客观性与物质的客观性不同。物质的客观性是指它独立于观念之外，真理的客观性是指在主观的观念中，反映着观念之外的客体。物质的客观性是相对于观念来说的第一性，真理的客观性则是主观和客观的统一，在第二性的观念中反映着第一

① 《列宁全集》第38卷，第2版，第215页，北京：人民出版社，1986。

性的内容。如果离开了真理的主观性，那么，真理的客观性也就无立足之地，它也就不再是观念形态，而是客观实在。这样一来，哲学上的第一性和第二性的区分，也就失去了它的意义。

真理的主观性和客观性，统一于实践的过程中，只有在实践中，主体才能完成对客体的正确反映。真理的客观性，取决于这种反映的正确性。真理与谬误的区分，其界限也正在这里。如果反映得不正确，并做出种种歪曲，那么，这种认识就不能称为真理，而只能是谬误。因此，从这种意义上说，我们不能认为谬误也有客观性。但是，无论什么样的真理，它总是主体对客体的反映。既然是反映，它就不能离开主体的主观状态和认识能力，因而，“反映”又是真理的主观性的一种根据。所谓正确反映，就是真理的主观性和客观性的统一，这是由真理的本性所决定的。

如何确定观念的反映是否正确呢？它的唯一准绳是实践，即是真理对改变客体的正确指导。为了实现合理的目的，人们必须在实践中运用正确的认识，达到预期的结果。“运用”就是对正确认识的一种选择。一方面，正确地选择理论指导，反映了真理的客观性。因为，选择哪一种理论，才能实现正确的指导，这是由所从事的实践决定的。这就是以实践为基础的理论和实践的一一对应关系。尽管在选择上存在着主观随意性，但是，要使这种选择实现对实践的正确指导，却不是任意的，因而这种对应关系具有客观性。另一方面，正确地选择也反映了主观能动性，在这里又包含有主观性，这是建立在客观的基础上的主观性，取决于实践的主观性。因为真理总是认识和客体的相对的近似的符合，由于符合的近似程度不同，对于同一种实践，可能选择各种不同的理论作指导。在这些理论中，必有一种与实践处于最佳对应关系，如同数学中解题一样，有的题可以有多种解法。某人只知道其中一种，以为自己获得了全部真理，而实际上他所获得的并不是最好的解法。我们选择了一种理论，并在实践中实现了正确的指导，并不排除它不是最好的理论。如果人们始终没有发现最好的理论，就以为这种选择是最佳方案了。打了一次胜仗，可以说明战斗指挥的正确性。如果指挥得更好，也许会有更大的胜利。

但是战斗已经结束，不可能再做更加正确的指挥了。若要做更加正确的指挥，只能在未来的战斗中。所以，在实践中被检验为正确的认识，其符合的程度，不是必然地确定的，而是带有很大的概然性，在这种概然性之中，包含有主观性的因素。

“真理的内容是客观的，真理的形式是主观的”，人们都是这么说。可是，这种说法，把真理的内容和形式分割开来，把真理的主观性和客观性截然地对立起来是没有根据的。离开思维形式，哪里有真理的内容呢，真理的内容包含在思维形式之中。既然如此，真理内容的客观性，也就决定了思维形式的客观性。就拿概念来说，内涵是概念的思想内容。如果我们给概念下定义，其任务就是揭示概念的内涵。因此，作为思维形式的概念，它本身是有思想内容的。这种思想内容，就是真理的内容。列宁说：“人的概念就其抽象性，隔离性来说是主观的，可是就整体、过程、总和、趋势、泉源来说是客观的。”①所以，概念这种思维形式，它既是主观的，又是客观的，是主观性和客观性的统一。

在逻辑学中，把思维的形式定义为思维的结构。例如，一切判断都有主项和宾项，其间有谓项加以联结，对于全称肯定判断，它的结构形式就是“SAP”。推理也是这样。对于三段论的第一格，则有“MAP · SAM–SAP”的一种结构。这就是所谓逻辑的格，同样有它的客观性。逻辑的格不是人任意设计的，而是客观结构的反映，所以，思维的结构，不是纯主观的，它同时又具有客观性。

总之，真理是客观性和主观性的统一，它包括两个方面：其一，真理的内容是客观性和主观性的统一；其二，真理的形式也是客观性和主观性的统一。当我们强调真理的客观性时，不要忘记，这种客观性包含于真理的主观性之中，从而同旧唯物主义真理观划清界限；当我们强调真理的主观性时，同样不要忘记，这种主观性是建立在真理的客观性的基础上的，从而同唯心主义划清界限。

---

①《列宁全集》第38卷，第2版，第223页，北京：人民出版社，1986。

三、理论的“过时”和“超域”问题

马克思主义的个别结论可以改变，但它的基本原理却不会过时。这是我们长期坚持的基本观点。过去，我们在批判马克思主义“过时论”时总是说：“我们的时代没有变，马克思主义没有过时。”这种批判的不彻底性是显而易见的。因为肯定“没有过时”，并没有回答“是否会过时”的问题。今天的时代没有变，明天、后天的时代也永远不会变吗？随着时代的变化，马克思主义基本原理会不会过时呢？这是我们需要探讨的一个问题。是否会“过时”，这是一个涉及真理的绝对性和相对性的真理观的问题，它本身应该是马克思主义理论的一个方面。运用马克思主义观点，科学地解释“过时”问题，就是坚持马克思主义，坚持四项基本原则。

1.“过时”和“超域”的基本含义

要回答马克思主义基本原理是否会“过时”的问题，首先要明确“过时”这一概念的含义。

任何真理性的认识，都是对特定对象的正确反映。真理的内容要符合客观事物及其规律，这是无条件的，因而是绝对的。这就是真理的绝对性。但是，真理也有相对性，因为与认识对象的符合程度要受到历史条件的限制而具有近似性。承认这种近似性，并不否认真理的客观性。无论历史条件发生怎样的变化，凡是真理，它与客观事物及其规律相符合，这一点是永远不会改变的。所能改变的，只是符合的程度，即由不完全的符合逐步走向比较完全的符合，由近似走向较为精确。所以，认识一旦被确认为真理，就其绝对性来说，它是永远不会过时和被推翻的。马克思主义真理是这样，其他学科的真理也是这样。

应该指出，人类的认识是千差万别的，它们的存在和发展无不带有时代性。人类社会的发展，经历着各个不同的历史阶段，各个阶段的理论，都有自己的历史范围。关于反映资本主义社会发展的特殊规律的学说，自然不适用于社会主义社会，关于阶级斗争和无产阶专政的学说，只适用于阶级社会，对于无产阶级社会也是适用的。关于战争的理论只能说明战争规律，而不能说明和平建设的规律。这些都说明，随着历史的发展，原来的认识对象消失了，新的认识对象产生了，于是，原有的理论不适用于新的对象，这就是所谓理论的“过时”。它是由认识对象的新发展所造成的。这种过时现象的产生和解决，反映了人类认识的进步和科学的繁荣。这是客观存在着的事实，发生于人类认识的整个认识史中，我们不应该视而不见，而应该勇敢地承认它。

与“过时”相对应的，还有“超域”的问题。由于人类认识领域无比广阔，各个不同领域的认识对象，具有根本不同的性质。因此，随着研究领域的转移，同样会出现旧理论不适用于新领域的问题，这就叫作理论的“超域”。自然领域的理论，不能简单地搬到社会领域中来。达尔文主义只适用于生物的进化，对于人类社会是不适用的，因此，社会达尔文主义理所当然地遭到了批判。在自然界的不同领域，也不能超域。牛顿力学只适用于宏观物体的低速运动，在微观低速和宏观高速两个领域，它就不适用了，必须由量子力学和相对论来取代。在社会领域也是这样。在我国民主革命中，教条主义者不懂得理论的超域问题，离开了中国的民族特点，照搬苏联模式，走了许多弯路。今天，我们建设中国特色社会主义，反映了我们党对社会主义理论的超域问题的认识，这是关于社会主义认识史上的一次飞跃，是历史的进步。

时间和空间是存在的基本形式，同物质的存在一样，思维的存在也同样有一定的时空形式，“过时”和“超域”正是这种时空形式的反映。由于时空形式具有普遍性，所以其一切科学真理都存在“过时”和“超域”的问题。如果在过时和超域的情况下仍然坚持旧真理，那么我们就要犯新的错误。正是这个原因，在一定条件下真理与谬误的转化，就成为真理发展的一条普遍规律。在国际共产主义运动中，运用马克思主义真理也同样以“过时”和“超域”来表现自己的时空形式。

有一种观点认为，所谓“过时”，就是宣布一种理论为错误。这种认识，不符合真理的本性。因为，认识一旦被确定为真理，它在一段时间里是不会被推翻的。无论是过时还是超域，都并不意味着旧理论的错误。物理学进入了微观领域，牛顿力学仍然是描述宏观物体的低速运动的科学真理，剩余价值反映了资本主义的基本经济规律，虽然不适用于社会主义经济，但它仍然是我们认识当代资本主义经济的科学真理。理论的过时和超域，完全是由于认识对象的转移而产生的，绝不是理论本身的错误。

2. 基本原理的“过时”和“超域”

马克思主义是一个科学体系，它包括各个不同的学科，例如，马克思主义哲学、政治经济学、科学社会主义、政治学、社会学、心理学、教育学、伦理学等。由于这些学科的研究领域不同，因而它们的适用范围也相异。在这些学科中，各种原理的普遍性程度差别极大，而且反映事物本质的程度也大不相同。因此，不同学科的“过时”和“超域”的具体情形也是根本不同的，要给予具体分析。唯物辩证法是关于自然、人类社会和思维的运动和发展的一般规律的科学，它既不会过时，也不会超域。其他学科不具有唯物辩证法这样的普遍性，因而都存在不同程度的过时和超域的问题。

在理论的结构上，马克思主义理论有基本原理与非基本原理之分。在基本原理里又有普遍原理、特殊原理和个别原理之别。所谓基本原理，就是反映事物的“本质的一般”的科学理论。

任何事物，不仅具有个性，同时在个性中也都包含有共性。我们认识事物的共同本质，必须抽象出它们的共性，即一般属性。但是，不是任何共性都能反映事物的共同本质的。例如，人都有吃、喝等机能，这种共性并不是人的本质的表现，因为动物也具有这种机能，它不能与动物区分开来。反映事物的本质的共性，应该是“本质的一般”。只有劳动、理性等共性，才是人类区别于动物的共同本质，才是“本质的一般”。对这种“本质的一般”的认识所获得的成果，就是基本原理；对“非本质的一般”的认识所获得的结论，就是非基本原理。由于研究对象的不同，所揭示的“本质的一般”也不同，从而使它们构成了不同的理论体系。所以，基本原理决定了每个学科的理论面貌。任何一种理论体系，基本原理是它的理论构成的主要成分。马克思主义理论也主要是由它的基本原理构成的。如果基本原理没有变化，则不能说这种理论在发展。所谓坚持和发展马克思主义，也就是坚持和发展它的基本原理。

基本原理和非基本原理的区分，也是相对的。因为“本质的一般”和“非本质的一般”在一定条件下可以相互转化。在时间上，事物在发展的过程中和过程的各个阶段上，它的本质是变化着的。例如，资本主义社会是人类社会发展的一个基本阶段。在这个阶段中，又分为两个发展阶段，即自由资本主义和垄断资本主义。资本主义社会的这两个阶段，具有共同的本质，剩余价值学说就是它们的共同本质的反映。可是，帝国主义之所以成为帝国主义，不仅仅在于剩余价值的生产，而更特殊的在于垄断的统治。垄断是帝国主义的基本特征。因此，在帝国主义学说的基本原理中，不仅包括剩余价值学说，同时还要包括关于垄断的理论。然而，对于整个资本主义来说，关于垄断的理论则不是基本原理。因为，在自由资本主义阶段，尚未普遍地出现垄断的一般特征，所以，它不是资本主义的一般本质，而只是帝国主义的一般本质。在空间上，不同领域或不同的运动形式中的事物的本质及其规律，有不同的规定。力学原理对于位移运动来说是基本原理，但对于热运动和电磁运动等较高级的运动形式，则不是基本原理。生命运动中包括化学、物理运动形式，但是，化学、物理学中的基本原理对于生命运动来说，则不是基本原理。生命运动中包括化学、物理运动形式，但是，化学、物理学中的基本原理对于生命运动来说，则不是基本原理。基本原理和非基本原理都是事物的一般属性的反映，由于发展得久暂不同和运动领域的大小差别，对于某一过程和领域是本质的一般，对于另一过程或领域则是非本质的一般；反之，亦是如此。由于本质的一般和非本质的一般相互转化，构成了基本原理和非基本原理的区分的相对性。

基本原理和非基本原理的相互转化说明，基本原理的普遍性程度是不同的，就整个知识领域来说，普遍的基本原理适用于一切时空领域，特殊的基本原理只适用于一定范围的时空领域，个别的基本原理的适用范围则只限于单一的对象。由于基本原理有普遍、特殊和个别之分，它们的过时和超域也就有不同的情形。个别的基本原理容易过时和超域，特殊的基本原理有较高的稳定度。因为它适用于一类事物，有较宽的时间间隔和空间范围，对于特定的时期或特定的领域，它也就随之过时和超域。普遍的基本原理适用于一切时空的领域，具有最高的稳定度，是永远不会过时和超域的。因此，笼统地讲基本原理都会过时和超域，并不妥当。除最普遍的基本原理外，其他的基本原理都是会过时和超域的，只是过时和超域的快慢程度不同罢了。马克思主义哲学属于普遍原理，它是不会过时的，它是马克思主义的理论基础，其归宿是科学社会主义。马克思主义除哲学以外的其他学科的理论，都属于特殊的基本原理，而随着时代的发展，都要不断补充新的基本原理，得到持续的进步。因此，从马克思主义理论的主体构成来看，它是会过时和超域的。这也是我们必须不断地丰富和发展马克思主义理论的基本原因。

3. 个别原理的“过时”和“超域”

还应该看到在个别基本原理的过时和超域中，还包含着不过时和不超域的成分。这是因为，在现实的事物中，共性与个性是不能分割开来的。在思维中，我们运用了科学的抽象，分别地用个别原理和一般原理来描述它们。但实际上，任何一种理论，都是个别原埋和一般原埋的统一。尽管某些个别原理已经过时和超域，但包含在其中的一般原理却仍然没有过时和超域。正是这种过时和不过时、超域和不超域的对立统一，表现了马克思主义理论的无比强大的生命力。

例如，在总体上说，《资本论》是关于资本主义社会的经济理论，只适用于资本主义社会。但是，在《资本论》中，却包含着一系列的一般原理，对于社会主义经济也是适用的。资本主义市场经济和社会主义市场经济有着根本的区别，但是，它们具有市场经济的共性。关于这种共性的理论，对于社会主义社会也是适用的。在资本主义再生产的理论中，关于两大部类的比例和平衡，反映了再生产的一般规律，同样适用于社会主义社会。因此，当我们看到个别原理的过时和超域时，必须看到包含于个别原理中的一般原理的普遍适用性，而不能轻易宣布它的过时和超域。

世界上的事物是复杂的，我们在思考问题时也要复杂一点，不要简单地肯定一切或否定一切，对马克思主义也是如此，既不能说它统统都会过时，也不能说它统统都不会过时。应该说，在马克思主义理论中，有些是不会过时的，有些是会过时的，在过时的理论中，又包含不过时的成分，需要我们继续坚持；在不过时的理论中，也包含有过时的成分，需要我们进一步去发展和补充。

有些人不承认个别、特殊的基本原理的过时和超域，从而把它们的过时和超域看作理论的局限性。前一时期的理论不能解释后一时期的现象，一个领域的理论也不能解释另一领域的现象，这种过时和超域，是一切个别和特殊的理论所普遍具有的特征。如果把这种特征看作理论的局限性，那么就没有什么理论具有普遍性，甚至连马克思主义理论也不例外。其实，这不是局限性，而是研究对象的确定性。牛顿力学只能说明宏观物体的低速运动，不能说明微观物体的运动，因为它只是以宏观低速的运动规律为对象。任何科学理论，都有自己特定的对象，对于对象之外的事物和规律，它是不适用的。所以，过时和超域是一切理论的普遍特性，而不是它的局限性。

如果认为个别、特殊原理有局限性，那么普遍原理也有局限性。普遍原理对具体的科学研究具有指导作用。但是，这种指导作用，只能提供一般的认识方向，不能给出现成的具体答案，具体答案的获得，有赖于在普遍原理指导下的研究工作。马克思主义的普遍原理也是这样。所以，不是有了普遍原理就能解决一切问题的。普遍原理的这种特征，当然不是它的局限性，而是它的规定性，这也是由它的研究对象的一般性所决定的。普遍原理只有与个别原理相结合，才显示出它的生命力。这种生命力又是同个别原理的过时和超域紧密相连的。只有出现过时和超域，才有新原理的产生和发展，从而使普遍原理获得新的生命，保证它放之四海而皆准，发挥着普遍的指导作用。

4. 科学地分析“过时”和“超域”问题正是为了坚持和发展

马克思主义是否过时，这是马克思主义本身的客观特征问题，不是由人们的主观愿望所决定的，或许有人会质问说：为什么要提出马克思主义是否会过时的问题呢？是否表现了你们对马克思主义的怀疑和动摇？这种质问也不是全无道理的，因为确实有些人怀疑马克思主义的正确性和普遍性，认为马克思主义已经过时，并宣布它已经不灵了，企图去寻找其他什么主义来代替它。但是，即使对于这些人，我们也不要简单地给予“马克思主义是不会过时的”这种回答。因为这是两个问题。一些人怀疑马克思主义，并不在于马克思主义是否会过时；我们批评这些人对马克思主义的怀疑，也不必以否认马克思主义会过时为前提，我们应从认识论的高度来科学地分析马克思主义是否会过时，从而得出科学的结论，给予正确的解释，坚定我们对马克思主义的信仰。我们的理想是共产主义，到了共产主义社会，共产党和无产阶级专政都是消亡的。我们公开宣布这一点，也根本不会动摇我们坚持共产党的领导、坚持无产阶级专政的基本原理。相反地，如果我们不承认这一点，并用各种口实来掩盖它，宣布共产党和无产阶级专政是永远不会消亡的，按照这种说法，共产主义还能实现吗？连共产主义都不能实现，哪还有什么共产主义理想呢？同样，我们承认马克思主义理论中的一些基本原理的确是会过时的，并给予科学的说明，也绝不会动摇我们坚持马克思主义的基本原则。相反地，如果采取像“文化大革命”期间的那种愚昧政策，要人们把马克思主义理论当作“绝对权威”来信仰，恰恰是违背了马克思主义。当人们一旦发现，世界上根本不存在离开相对权威的“绝对权威”时，就会动摇对马克思主义的信仰。所谓“信仰危机”的产生，这也是一个原因。坚定我们对马克思主义的信仰，靠的不是无知和迷信，而是科学。实事求是地对马克思主义理论作出科学评价，既不会削弱它的地位，也不会动摇我们的信仰，相反地会使我们对马克思主义的信仰更加坚定。

总之，我们认为，对马克思主义也要采取分析的态度，说明哪些会过时，哪些不会过时，哪些已经过时，哪些还没有过时，并予以科学的说明，这样做，对于坚持和发展马克思主义是非常必要的。如果不了解什么已经过时，或者正在过时，还谈得上发展吗？如果不知道什么还没有过时，或者不会过时，那么又是在坚持什么呢？所谓坚持和发展马克思主义，就是坚持不会过时和超域的普遍原理与还没有过时和超域的个别原理、特殊原理，去改变那些已经过时和超域的结论，补充新的原理。所以，在坚持和发展马克思主义的提法中，已经蕴含着过时和超域的思想。它们是同一个问题的两种不同提法，不能把它们对立起来，而应该把它们统一起来。

第八章 马克思主义辩证逻辑学

一、范畴从抽象上升到具体的逻辑

1. 历史上逻辑观念的变革

逻辑学有着悠久的历史。虽然“逻辑”一词是1662年出版的《波尔·罗亚尔逻辑》一书中首先使用的，但在亚里士多德以前，人们已经从事逻辑学的研究了。在几千年的历程中，传统的逻辑观念不断地受到挑战而变形，发生了一系列的变革。逻辑科学正是在这种观念变革中得到发展。

为了推进逻辑学的发展，回顾一下历史上的逻辑观念的几次大变革，是有益的。

（1）演绎逻辑

形式逻辑是世界上最悠久的逻辑，大家都称它为传统逻辑，这就是亚里士多德所创造的逻辑。就整个逻辑观念来看，形式逻辑是演绎逻辑，三段论是它的核心内容。因此，亚里士多德的形式逻辑观念，是演绎推理观念。它的精神，一是只管思维形式的正确，不管思维内容的真实。二是探求达到前提与结论之间的必然联系的逻辑规范。康德在最早使用“形式逻辑”（普通逻辑）一词时，就对它的基本逻辑观念进行了解说。康德认为：“普遍逻辑将知性及理性的一切形式活动分解为若干要素，并把这些要素说成是对我们的知识进行逻辑评判的原则。因此，这部分逻辑可以称为分析论，它至少是真理的消极标准，因为在我们根据内容所研究一切知识，从而确定是否其中包含有关于对象的积极真理之前，必须根据这些原则从形式方面审查和评定这些知识。”[①] 因此，形式逻辑抽去知性的一切内容，只研究思维的纯粹形式。只说明前提与结论之间的逻辑联系；正确的演绎推理要反映这种联系的必然性。它就是人们所说的逻辑必然性。这两方面，构成了形式逻辑观的真谛。

（2）归纳逻辑

演绎逻辑尽管提供了逻辑的必然性，但它对于其前提的真假，却又无能为力。另外，形式逻辑在中世纪受到歪曲，部分地变成了宗教神学的工具。在近代实验科学发展的推动下，培根创立了归纳逻辑，其批判矛头首先对准了中世纪对逻辑的歪曲，同时也批判了亚里士多德的逻辑对前提的真假所表示的漠不关心。由此，它得出结论认为，逻辑的唯一希望，应诉诸经验，求助于归纳。在培根看来，归纳逻辑的任务是从自然事物中找到一般的结论。归纳逻辑的基础是从观察和实验中获得材料，然后采取分析、比较、排斥等方法加以整理，从而获得真实的概念和命题。归纳逻辑的提出，在逻辑史上起到了解放思想的作用，它反对演绎万能论，受到自然科学家的欢迎，成为科学认识的一种重要方法。后来，经过惠威尔、赫舍尔、穆勒等人的发展，形成了归纳五法，成为归纳逻辑的基本内容。归纳逻辑和演绎逻辑不同，它所揭示的前提与结论之间的联系，并不具有必然性，而只是或然性，因而是一种或然逻辑。归纳逻辑的诞生，第一次打破了传统逻辑的范畴，形成了另一种类型的逻辑，第一次把方法论包括到逻辑中去。这在逻辑观念上，是一次重大的变革。罗素认为，逻辑的“第一次扩展是培根和伽利略引进了归纳法”，“如果归纳法毕竟还是存在的话（这是一个困难的问题），它将仅仅作为演绎时所依据的一个原则而存在”[②]。或然性逻辑是必然逻辑存在的一个前提，如果没有归纳逻辑，演绎逻辑也就失去了存在的根据。仅就这一点，也足以说明这次逻辑观念的变革必要性和合理性。

①[德]伊曼努尔·康德：《纯粹理性批判》（中译本），第1版，第75页，北京：商务印书馆，1960。

② 洪谦：《西方现代资产阶级哲学论著选读》，第1版，第222页，北京：商务印书馆，1964。

（3）先验逻辑

康德又一次扩大了逻辑的范围，他把逻辑分为普通逻辑和先验逻辑两类。普通逻辑是关于一般知性规则的科学，研究思维的纯粹形式方面，所以又称作形式逻辑。先验逻辑则不同，它是研究先天纯粹知识的起源、范围以及客观有效性的问题。它不仅研究形式，而且还研究内容，因此，先验逻辑是关于理性的科学，即思维的必然规律的先天科学。这种逻辑观念，对于形式逻辑只研究思维形式而不研究思维内容的传统观念，无疑是一个重大的突破。而且，在这种新观念之中，还包含有辩证法的因素，对德国古典哲学的发展产生了巨大影响。康德把范畴论作为认识论的中心，认为范畴是思维的基本形式，人类思维就是按照严格的图式、规范，运用范畴对经验材料进行整理而达到统一，从而揭示了范畴逻辑的新方向。但是，先验逻辑实际上是康德的认识论的一个组成部分，它的出发点是先天，这就使康德没有完全实现建立自己的新逻辑。尽管如此，他所造就的逻辑观念的变革，在逻辑史上的贡献也是不能抹杀的。德国逻辑学家肖尔兹称康德的先验逻辑是非形式逻辑，是把“科学论”作为逻辑的上位概念，就是这种观念变革的反映。[①]

（4）思辨逻辑

黑格尔不满足于形式逻辑，重视康德把形而上学逻辑化的倾向，并进一步加以发展，把本体论、认识论和逻辑学统一起来，企图创造一种把思维内容和思维形式统一起来的逻辑。黑格尔的逻辑实际上是形而上学的逻辑，是另一种类型的逻辑。在这种意义上，罗素也认为：“黑格尔及其追随者扩大了逻辑的领域。”“他所谓逻辑的东西，乃是在这样一种条件之下研究宇宙的本性，即这个宇宙的本性仅仅从逻辑的原则中就可以推理出来，至于宇宙就其结构来说，在逻辑上是自身一致的。”[②] 罗素正确地揭露了黑格尔思辨逻

①［德］亨利希·肖尔兹：《简明逻辑史》，第1版，第19页，北京：商务印书馆，1977。

② 洪谦：《西方现代资产阶级哲学论著选读》，第1版，第225页，北京：商务印书馆，1964。

辑中的客观唯心主义倾向，但他不懂辩证法，因而不同意黑格尔的思辨逻辑。黑格尔思辨逻辑的方向，同康德的逻辑方向是一致的，但黑格尔大大地前进了。康德一直没有实现思维形式同思维内容的统一，只有黑格尔把两者统一起来，开创了思维从知性向理性发展的逻辑，并把矛盾辩证法引入了逻辑学。这是前无古人的创举，对逻辑学的发展做出了独特的贡献。肖尔兹说："毫无疑问，正是由于黑格尔，亚里士多德意义的逻辑概念受到了震撼性的改变。""我们必须承认，黑格尔的逻辑是一种新的逻辑类型。"[①] 按照肖尔兹的意见，黑格尔的逻辑学实际上就是范畴论。这是很有见地的。继黑格尔之后，范畴的逻辑在马克思主义的逻辑科学中，获得了进一步的发展。

（5）数理逻辑

莱布尼茨最先发现了数理逻辑的一些重要原则与定理，成为数理逻辑的最早奠基者。数理逻辑以人工语言代替自然语言，这是与古典的传统逻辑所不同的地方。在逻辑观念上，这也是一种新的变革，它使莱布尼茨成为自亚里士多德之后最伟大的逻辑学家。罗素和怀特海合著的《数学原理》，总结了自莱布尼茨以来的逻辑学研究成果，成为数理逻辑的代表性著作。它不仅阐述了逻辑主义的思想，而且阐述了数理逻辑的一系列重大问题，在逻辑发展史上，建树了一个伟大的里程碑。后来又出现了以布劳维尔为代表的直觉主义学派，进一步推动了数理逻辑的发展。哥德尔提出了不完全原理，对数理逻辑的发展做出了贡献。数理逻辑是现代的形式逻辑，它在现代的发展，表明了逻辑数学化所取得的重大成果。

（6）非古典逻辑

逻辑学在现代的发展，又出现了逻辑观念的变革。1920 年，波兰著名逻辑学家卢卡西维茨首先提出了三值命题演算的逻辑系统，认为在真值二值之外还有第三值。它既不真又不假，叫它中值。随后，又发展了多值逻辑系统。在多值逻辑研究的推动下，又发展出模态逻辑，以"可能""不可能""必

---

①［德］亨利希·肖尔兹：《简明逻辑史》，第 1 版，第 22 页，北京：商务印书馆，1977。

然”等表达逻辑关系，使模态形式化，从而探讨它们的推演和逻辑性质。近几十年来，模糊逻辑（又叫弗晰逻辑）这种新型的逻辑科学诞生了，它提出了语言真假变量的概念，考察命题的真假程度。这样，语言真假变量的表达方式有：非常真、十分真、有点真、基本上真、假、完全假等。后来的发展，又进一步讨论了模糊几何的概念及其逻辑运算。模糊逻辑的发展，为近似推理的研究提供了基础。可以想见，模糊逻辑是一门很有发展前途的逻辑学，它的成果，对自然科学和社会科学的研究，将会有更大的推动作用。对于只有真假二值的传统逻辑观念，多值逻辑的产生是一次重大的观念变革，模态逻辑是在多值逻辑研究的推动下产生的，是这场逻辑观念变革的继续。至于模糊逻辑，不仅对于二值逻辑，同时对于多值逻辑和模态逻辑，都是更加深刻的观念变革。所有这些逻辑学的分支，都属于非古典逻辑。

逻辑科学的发展，历来就充满着生机，它告诉我们，新的逻辑科学的诞生，都以逻辑观念的变革为先导，对原来的逻辑范围都发起了冲击。逻辑科学并没有先天的界限，我们没有理由以传统的逻辑观念来限制逻辑科学的发展。这就是几千年来的逻辑科学发展的历史所给予我们的启示。

2. 逻辑科学发展的非形式逻辑方向

非古典逻辑突破了古典逻辑的传统观念，开辟了逻辑科学发展的新方向，是值得我们充分注意的。当然，这些逻辑分支，仍然属于现代形式逻辑的范围，但它们在形式化、符号化的道路上是大大地前进了。现代形式逻辑的发展，借助于数学化的力量，是一次极大的成功。它对于数学和自然科学的发展，也起到举世瞩目的推动作用。在这一方面，逻辑科学的发展，仍然有着光辉灿烂的前景，它是比较容易引人注目的。

值得强调的是，非形式逻辑是逻辑科学发展的一个方向。

康德在先验逻辑中，提出了范畴论的课题，开辟了逻辑研究的新方向，成为黑格尔思辨逻辑的源头。在思辨逻辑中，黑格尔吸取了康德的范畴论思想，阐述了范畴从抽象上升到思维的具体历程，创立了第一个非形式逻辑的逻辑学体系。马克思、恩格斯改造了黑格尔的思辨逻辑，建立了唯物主义的思辨逻辑。所以，在非形式逻辑的研究中，辩证逻辑是首先值得我们重视的方向。

传统逻辑脱离思维的内容来研究思维的形式。康德不满足于这种把思维形式同思维内容相割裂的做法，力图把思维形式和思维内容结合起来，创立一种形式与内容相统一的逻辑。但是，由于先验哲学的不可知论和唯心主义前提，康德没能够把思维内容和思维形式统一起来。尽管如此，康德的工作，却指出了一种不同于传统逻辑的研究方向，这对于非形式逻辑的研究是一个贡献。康德把范畴论作为先验逻辑的中心，探讨了范畴之间的联系和转化，并考察了这种联系和转化的辩证性质。这对于辩证逻辑的创立，也是富有启发性的。黑格尔吸收了康德研究的这两个方面的成果，发展富有特色的思辨逻辑，为辩证逻辑的建立奠定了基础。

黑格尔按照他自己的方式实现了思维内容和思维形式的统一，建立了本体论和认识论一致的逻辑。他认为概念是事物的本质，在逻辑上是先于事物而存在的，从而肯定："自在自为之有者就是被意识到的概念，而这样的概念也就是自在自为之有者。"[①] 这种唯心主义的本体论，使黑格尔把对概念运动的研究，确定为逻辑学的根本课题，并提供了把思维形式和思维内容结合起来的可能。根据这些思想原则，黑格尔建立了从抽象上升到具体的范畴体系，从而建立了一种具有独创特色的逻辑学。恩格斯认为，黑格尔的逻辑学是一切现有逻辑材料中至少可以加以利用的唯一材料，他不同于所有其他哲学家的地方，就是他的思维方式有巨大的历史感作基础。马克思恩格斯改造了黑格尔的思辨逻辑，"使辩证方法摆脱它的唯心主义外壳并把辩证方法在使它成为唯一正确的思想发展方式的简单形式上建立起来"[②]。这里所说的"思想发展方式"，就是范畴从抽象上升到具体的运动形式。马克思把这种范畴运动形式应用于政治经济学的研究，从而建立了《资本论》的范畴体系。

①[德]黑格尔：《逻辑学》上卷，第1版，第31页，北京：商务印书馆，2001。

②[德]恩格斯：《卡尔·马克思〈政治经济学批判 第一分册〉》，《马克思恩格斯选集》第2卷，第43页，北京：人民出版社，1995。

列宁称马克思给我们留下了“资本论”的逻辑，指的正是这个范畴从抽象上升到具体的逻辑，如同唯物史观的建立，在历史观上完成了革命的变化一样，马克思主义辩证逻辑的建立，同样完成了逻辑观上的革命。恩格斯高度地评价了创立马克思主义辩证逻辑的伟大意义，他指出：“马克思对于政治经济学的批判就是以这个方法作基础的，这个方法的制定，在我们看来是一个其意义不亚于唯物主义基本观点的成果。”①

恩格斯把辩证逻辑的制定同历史唯物主义基本观点的确立相提并论，充分地说明了辩证逻辑的方向，对于现代逻辑科学的研究具有多么重大的意义。

辩证逻辑是完全不同于传统逻辑的新型学科，贯穿着一种全新的逻辑观。它既不是传统的推理逻辑，也不是本体的逻辑，而是范畴从抽象上升到具体的逻辑。我们常说：“历史和逻辑的统一。”这里所说的逻辑，显然不是形式逻辑意义上的推理逻辑，而是从抽象上升到具体的范畴逻辑。如果我们不在逻辑观念上做这样的变革，就无法理解历史和逻辑的统一。一般说来，事物及其关系的发展，经历着从简单到复杂的历史。简单的事物及其关系，内容比较贫乏，复杂的事物及其关系，内容比较丰富。作为反映这些事物及其关系的思维形式，即各种不同的范畴，其内涵也就相应地产生了贫乏、抽象和丰富、具体的差异，从而使思维的运动和发展，表现为范畴从抽象（贫乏）上升到具体（丰富）的运动。这就是辩证逻辑所要建立的新逻辑，它所研究的思维形式，不是脱离内容的形式，而是与内容相统一的形式。

作为逻辑科学，辩证逻辑不可能研究思维的具体内容，而只能研究思维的形式。对思维具体内容的研究，是各门具体科学的任务。但是，辩证逻辑不同于形式逻辑，它不是离开思维内容来研究思维形式的，而是在思维内容和思维形式的统一中，来规定思维形式的。抽象范畴和具体范畴的区分，就是这种统一的具体表现。因为这种区分的根据是范畴内涵的深浅程度。内涵

①［俄］恩格斯：《卡尔·马克思〈政治经济学批判　第一分册〉》，《马克思恩格斯选集》第2卷，第43页，北京：人民出版社，1995。

浅的（贫乏的）是抽象范畴，内涵深的（丰富的）是具体范畴。内涵的深浅程度，自然已经超出单纯的思维形式问题，而涉及了思维内容的差别。但是，它又不是指思维具体内容的差别，如力学的、物理的、化学的、生物学的差别，而只是对具体内容的差异性做出最一般概括，划分为具体、抽象等。例如，商品、货币、资本这三个范畴，它们的内涵一个比一个丰富，因此，在逻辑上就可以认为，它们一个比一个具体。这些范畴的具体思想内容以及它们之间的差别，是政治经济学的课题，辩证逻辑并不研究它们。辩证逻辑所关心的是在这些范畴所包含的思想中，谁深谁浅，谁丰富谁贫乏，以及如何从一个范畴发展出另一个范畴。内涵深的，就叫它们具体范畴，内涵浅的，就叫它们抽象范畴。既然是范畴，不管是具体的，还是抽象的，都是思维形式。可是，深浅、富贫的区别，又不能单纯根据形式就可以确定，而要根据内容，因而，抽象范畴、具体范畴，这些思维形式是不能脱离思维内容的，它们都是内容和形式的统一。辩证逻辑关于思维内容和思维形式的这些主张，对于形式逻辑来说，都是全新的观念。因此，辩证逻辑的诞生是逻辑史上的一次革命。

坚持思维内容和思维形式相统一的逻辑，除辩证逻辑之外，还有形象思维的逻辑，也是值得注意研究的非形式逻辑的另一个重要方面。大凡思维，都应该有自己的逻辑，形象思维也不例外。关于这一方面，有不少人提出了很好的见解，但尚无统一的看法。形象思维是艺术把握世界的一种方式，它不同于理论把握世界的方式，因此，这种逻辑，既不同于形式逻辑，也不同于辩证逻辑，具有更加独特的内容。有人把形象思维的逻辑等于客观事物的“逻辑”（即客观事物的联系或规律），显然是不正确的。把它等于认识论，也不能反映形象思维的固有的特征，因为艺术虽然具有认识的功能，但不能简单地归结为科学认识。形象思维的最显著特点，一是以形象的形式表达思维的内容；二是以情感为艺术的生命。对于艺术来说，情感比之形象更为重要。因此，李泽厚认为，形象思维的逻辑，也就是以“情感为中介，本质化与个性化同时进行”的逻辑。在这些方面，很多人虽然已有所论述，但作为一门学科，作为一门形象思维逻辑学，它的建立，还有待于进一步的探索。

3. 以变革的精神研究辩证逻辑

在历史上，逻辑观念经历了许多次重大变革。逻辑观念的每一次变革，都是人类思维发展的必然结果，也是逻辑科学发展的起点和归宿，科学总是要向前发展的，新学科的建立，首先要求科学观念发生变革，否则，就会以旧观念来束缚和阻碍新学科的产生和发展。因此，为了促进逻辑科学的进步，逻辑观念的变革，是亟待解决的重大课题。

作为逻辑科学的一门新学科，辩证逻辑的产生是对传统的形式逻辑的一场革命，它绝不是从形式逻辑中简单地推演出来的。既然如此，我们就不能以形式逻辑的观念来衡量辩证逻辑，不仅要向反对者说明这个道理，而且研究者也应该了解这一点。有些研究者还没有完全脱离形式逻辑的束缚，总是把辩证逻辑看作是形式逻辑的辩证化，在辩证逻辑中留下了很深的形式逻辑的痕迹，这是辩证逻辑研究所遇到的另一个困难。当然辩证逻辑并不否认形式逻辑，但是，它无疑要高于形式逻辑，这就要求我们以批判的精神来扬弃形式逻辑，创造出不同于形式逻辑的全新范畴。一门新兴的学科，如果没有自己的新范畴体系，它是不能独立于科学之林的，因而也就不能成为一门新学科。

关于辩证逻辑的理论内容和范畴体系，学术界尚无统一的看法，有待于进一步的研究和探讨。但是，有一点是肯定的，那就是，我们要用辩证逻辑的方法来研究和叙述辩证逻辑。辩证逻辑是范畴从抽象上升到具体的逻辑。因此，辩证逻辑的范畴体系（无论是学科体系，还是教学体系），都要体现这种逻辑要求。目前，国内流行的体系，大体可以总结为“三大块”的结构，即思维形式、思维规律和思维方法。问题倒不在于“三大块”结构不可取，而在于这种结构如何反映从抽象上升到具体的运动。就拿思维方法来说，把它作为辩证逻辑的一部分独立内容来叙述，缺乏自己的特色，因为方法不是外在于理论之外的东西，而是由理论本身的内容决定的。黑格尔关于方法的见解，对我们是很有启发性的。他认为，方法不是外在的形式，而是内容的灵魂和概念。因此，作为方法的东西，就是概念本身的运动，它与理论内容是不可分的。他认为，逻辑方法就是思维形式自己规定自己的节奏。“从这个方法与其对象和内容并无不同看来，这一点是自明的——因为这正是你内容本身，正是内容在自身所具有的、推动内容前进的辩证法。显然，没有一种可以算作科学的阐述而不遵循这种方法的过程，不适合它的单纯的节奏的。因为它就是事物本身的过程。”[①] 从这样的见解出发，黑格尔是不同意把原理和方法隔离开来的。他指出：“这样一种逻辑，以为它的职务就是要谈论概念和真理必须从原理推演出来，但在它所谓的方法那里，却又一点没有想到过进行推演。”[②]

实际上，原理和方法是同一个东西，它们是不能分裂的。从原理推演出概念和真理，就是思维方法。从方法就是内容本身的观点来分析现行辩证逻辑的“三大块”结构，就可以看出它的不合理之处。思维形式和思维规律是逻辑理论，思维方法就是这种理论本身，两者不是不同的东西，而是同一个东西。在辩证逻辑理论体系的组成中，不应该有单独的方法部分。全部辩证内容的自我运动，都是辩证逻辑的方法，它贯穿于范畴从抽象上升到具体的全部运动过程中。

为了推进辩证逻辑的研究，当务之急，就是要完成逻辑观念的变革。不仅要冲破传统逻辑观念的束缚，而且，还要清算黑格尔的本体逻辑的观念，进一步认识马克思、恩格斯所创立的辩证逻辑，其意义不亚于唯物史观的发现。这就是马克思开始的逻辑观念的现代变革。

二、辩证逻辑的公理

形式逻辑和辩证逻辑是两种不同的逻辑体系，它们不仅有不同的逻辑规律和规则，而且还有不同的逻辑公理。形式逻辑的公理是同一律，用公式来表示，

①[德]黑格尔：《逻辑学》上卷，第1版，第37页，北京：商务印书馆，2001。

②[德]黑格尔：《逻辑学》上卷，第1版，第37页，北京：商务印书馆，2001。

它就是：A是A。辩证逻辑的公理也是同一律，但是，这里所说的同一不是抽象的统一，而是具体的统一，在同一中包含有差异，用公式来表示，它就是："A是'A又非A'。"这两个公式表明，形式逻辑和辩证逻辑有本质的区别，但它们又是相容的。不过，这种相容的基础是辩证逻辑而不是形式逻辑，当我们把"A又非A"看作无差异的"A"时，辩证逻辑的公式又回到形式逻辑的公式了，表明辩证逻辑包摄形式逻辑，它是比形式逻辑更为高级的逻辑科学。

辩证逻辑公理的建立，对于辩证逻辑研究来说，具有重要的意义，我们应该用心地加以探讨。

1."A是A"在形式逻辑中的公理地位

同一律、矛盾律和排中律是形式逻辑的基本规律。在这三条规律中，最核心的是同一律，它是其他两条规律的基础。这三条规律的内容是要求思想的确定性、不矛盾性和一贯性，它是客观事物相对稳定的反映。

这三条规律在形式逻辑系统中具有公理的地位，因为以它们为前提可以推论出其他逻辑规律。金岳霖主编的《形式逻辑》说："同一律、矛盾律和排中律是其他逻辑规律所必须假设的……相反地，同一律、矛盾律和排中律却并不假设其他的逻辑规律。因为同一律、矛盾律和排中律只要求思维有确定性，而毫不涉及思维具有什么特殊的形式，遵守什么特殊的规律。"①这里所说的假设，就是不能用逻辑推论来证明的命题，在它所处的逻辑系统中，具有不证自明的性质。它的真实性只能由实践来证明。所以对于形式逻辑系统来说，这三条基本规律就是公理，它是全部形式逻辑的理论前提。

在逻辑中，重言式是永真的真值形式。重言式是关于真值联结词的逻辑规律。但是，被看作重言式的逻辑公式是无限多的，要把握它们的全貌，也是不可能的。因此，这就需要一种公理化方法，规定有限几个基本的重言式作为公理，由此出发，其他的重言式作为推理规律，再以公理和推理规律为前提，推论出全部重言式的定理，从而建立起特定的理论体系。在形式逻辑

① 金岳霖主编：《形式逻辑》，第1版，第263—264页，北京：人民出版社，1979。

中，同一律、矛盾律、排中律是最简单的重言式，因而取得了公理的地位，为形式逻辑的基本规律。末木刚博说："在这些重言式中，矛盾律、排中律和同一律一向被称为'逻辑学的三条基本规律'。它们之所以被特别地叫做'三条基本规律'，是由于这些是重言式的最简单的形式。"①这也同样向我们表明这三条基本规律对于形式逻辑来说，就是公理，是推论其他逻辑规律和逻辑规则的前提。同一律是三条规律的核心，"A"是逻辑变项，它不是指事物，而是表示任何思想。就是说，思想是与自身同一的，故称同一律。值得指出的是，形式逻辑同一律是指思想外延的同一，而不是指内涵的不变。例如，在"A是A"的公式中，我们以"鲁迅"代表第一个A，以"《阿Q正传》的作者"代表第二个A，于是就可以得到"A是A"的真判断为："鲁迅是《阿Q正传》的作者"。尽管"鲁迅"这一概念与"《阿Q正传》的作者"这一概念所表达的内涵是有差别的，但是，这两个概念所反映的是同一个对象，外延是相同的。形式逻辑只研究思想的外延，不研究思想的内涵，这两个概念是同一的，只是因为它们是关于同一对象的思想，而不是同一个思想。

同一律的公式"A是A"，要求的是在同一思想过程中，每一思想的外延要有自身同一，这是完全正确的，所以我们不能称形式逻辑同一律为形而上学，因为它并没有违背辩证法，而是正确地反映了事物的相对稳定性，但是，它的正确性是有条件的，这就是同一思想过程和同一对象。第一，同一思想过程是对时间的限制，从而撇开了事物的发展和变化；第二，同一对象是只注重外延而忽视内涵的变化。在这两个限制的范围内，"A是A"就成为纯思想的逻辑公式，而不是世界观的原则。

以"A是A"这个公式为公理而建立起来的形式逻辑不管事物的变化和发展，不研究思维的内容，正是这个公式的逻辑要求，因而它是完全合理的。

2."A是A"与"A又非A"两者的综合

在形式逻辑中，矛盾律是同一律的反面表述。黑格尔说："同一命题的

①[日]末木刚博等：《逻辑学——知识的基础》，第1版，孙中原等译，第40页，北京：中国人民大学出版社，1984。

另一种说法：A不能是A又非A，它具有否定的形式，叫做矛盾命题。”[①]因此，“A又非A”也是从形式逻辑中提出的，但它不是作为肯定的公式，而是作为否定的公式而提出的，因而它与形式逻辑的基本规律是相对立的。

但是，从黑格尔开始，包括恩格斯、普列汉诺夫、列宁、毛泽东在内，都对“A是A”的公式进行批判，这就引起许多人的误解，以为他们都把形式逻辑同一律作为形而上学加以否定，并且主张“A是A”公式应该由“A又非A”公式来代替。这种误解是应该被澄清的。

恩格斯说：“旧形而上学意义下的同一律的命题是旧世界观的基本命题：a=a。每一个事物自身和它自身同一。一切都是永恒的，太阳系、星体、有机体都是如此。”[②]很明显，恩格斯不是批评形式逻辑的同一律，而是批判形而上学世界观的基本原则，他所批判的不是思想过程中保持思想的统一性，而是指事物。面对事物，抽象的统一性是不存在的，事物在每一瞬间，都既和自己同一，而又和自己相区别。所以，恩格斯说：“真实的具体的同一性自身包含着差异、变化。”[③]

最先提出“A又非A”公式的是黑格尔，他以这个公式来表示差异命题。他说：“一切事物都是有差异的，或者说，没有两个彼此等同的事物——这个命题确定是与同一命题对立的，因为它说：A是一个差异物，所以A又不是A。”[④]列宁在《哲学笔记》中，摘录黑格尔这个公式，并评论：“说得好”。[⑤]因为黑格尔的逻辑学就是本体论，所以，“A又非A”这个公式是作为世界观的原则而使用的。列宁在这个意义上也是给予肯定评论的。普列汉诺夫从

①[德]黑格尔：《逻辑学》下卷，第1版，第36页，北京：商务印书馆，2001。

②[德]恩格斯：《自然辩证法》（单行本），第1版，第91页，北京：人民出版社，2015。

③[德]恩格斯：《自然辩证法》（单行本），第1版，第91页，北京：人民出版社，2015。

④[德]黑格尔：《逻辑学》下卷，第1版，第43页，北京：商务印书馆，2001。

⑤[俄]列宁：《哲学笔记》，第1版，第147页，北京：人民出版社，1973。

物质运动的角度提出这个公式，因此他把这个公式称作辩证法的规律。他说："普通逻辑遵循的公式是：'是—是，否—否'，而辩证法把这个公式倒过来：'是—否，否—是'，伯恩斯坦先生不大喜欢后一个公式，他硬说这公式会使人陷入最危险的逻辑谬误中。"①

普列汉诺夫从不否认普通逻辑的公式："是—是，否—否"，认为它是对事物静止状态的描述，而物质是运动的，运动是矛盾，事物既存在又不存在，所以要辩证地来判断它，必须使用"是—否，否—是"的公式。由此，普列汉诺夫得出结论说："辩证法不是废除形式逻辑，而只是取消了形而上学者所附加给形式逻辑的规律的绝对意义。"②

这个结论是完全正确的。"A 又非 A"的公式，作为辩证法世界观的命题，并不否认形式逻辑"A 是 A"的同一律公式，因为这是两个不同的领域，不同的公式描述不同的对象，并不相互冲突。

毛泽东读艾思奇著的《哲学与生活》一书时，摘录了有关这两个公式的内容："辩证逻辑：A 是 A，同是（时）又不是 A。一件东西和它本身统一，同时又不统一。"③就是说，在"A 又非 A"的公式中，并没有否定"A 是 A"的公式，而是把它包括进去了，从而在同一中又看到不同一，结果形成了"A 是'A 又非 A'"的公式。在这个公式中，"A"与"非 A"不是机械地结合，而是既对立又统一的关系。毛泽东写道："不能说：'一方面承认 A 是 A，另一方面又承认 A 不是 A，就算辩证法，这两个命题的关系不是所谓一方面和另一方面，而是同时，是互相渗透，互相联结又是整个的统一，不是机械地结合，也不是机械地拆散。如折（拆）散出去看，就成了折中主义。"④在

①《普列汉诺夫哲学著作选集》第 3 卷，第 1 版，第 79 页，上海：生活·读书·新知三联书店，1961。

②《普列汉诺夫哲学著作选集》第 3 卷，第 1 版，第 79 页，上海：生活·读书·新知三联书店，1961。

③ 中共中央文献研究室：《毛泽东哲学批注集》，第 1 版，第 197 页，北京：中央文献出版社，1988。

④ 中共中央文献研究室：《毛泽东哲学批注集》，第 1 版，第 197 页，北京：中央文献出版社，1988。

这里，毛泽东明确地提出了四种公式：第一种公式是“A 是 A”，只看到同一，看不到差异（对立），是形而上学的公式；第二种公式是“A 又非 A”，只看到差异（对立），看不到同一，是相对主义的公式；第三种公式是这两个公式的综合，即“A 是‘A 又非 A’”，既看到同一，又看到差异（对立），这是辩证法的公式；第四种公式是把这两个公式拆开，一方面是“A 是 A”，另一方面是“A 是非 A”，这是折中主义的公式，或者把两个公式机械地结合起来，成为“‘A 是 A’又‘A 是非 A’”。从世界观上看，在这四种公式中，只有第三种公式是正确的，它是辩证法矛盾学说的表述，其余三种公式都是错误的。从逻辑学上看，第一种公式“A 是 A”也是正确的，它反映了思想的确定性。

关键在于实现“A 是 A”和“A 又非 A”这两个公式的有机结合，把这个公式变成一个同一的整体。在这个整体中，包含有同一中的差异。如果把事物 A 看作一个整体，那么，其中包含有差异，即在 A 中又包含着非 A，这两者的统一称为一个整体 A 即“A（非 A）”。将这个“A（非 A）”代入形式逻辑的同一律公式中，那么，它就称为：“A 是‘A（非 A）’”。这样一来，“A 是 A”和“A 又非 A”两个公式就拆散不开了，因而也不是机械地结合。而且，如果我们只看到同一而忽略差异的时候，即将“A 又非 A”看作 A 时，“A 是‘A 又非 A’”的公式又回到“A 是 A”上来了。

由于辩证法不仅是本体论，同时又是认识论和逻辑学。辩证逻辑的命题应该同辩证法世界观的命题相一致，所以，“A 是‘A 又非 A’”这个公式，不仅是辩证法世界观的命题，同时也是辩证逻辑的命题，从而使两个根本对立的命题得到了统一。

必须指出，我们借用“A 是 A”和“A 是非 A”这些符号和公式，表述事物、思想中的既对立又统一的辩证关系，只是对这些关系作出较为形式化的说明，而不是运用形式逻辑中的逻辑符号和演算规则来说明辩证逻辑的问题。严格地说，这些符号和演算规则并不适用于辩证逻辑，因此我们不能用形式逻辑的眼界来对待辩证逻辑的公式，更不能将各种重言式的结合律、分配率、交换律等应用于这个公式，从而得出荒谬的结论。

任何逻辑系统都是由一个出发的公理，作为建立体系的前提。从不同的公理出发，可以建立不同的逻辑系统。形式逻辑的同一律是对同一逻辑系统内部的要求，并不要求不同的逻辑系统也必须遵守同一律的理论体系。对于形式逻辑来说，“A是A”公式具有公理的地位，对于辩证逻辑来说，“A是‘A又非A’”公式同样具有公理的地位。

3.“A是‘A又非A’”公式在辩证逻辑中的公理地位

马克思主义的产生，不仅把辩证法引入认识论，而且也把辩证法引入逻辑学，从而建立了辩证逻辑。“A是‘A又非A’”命题在逻辑学中取得了公理的地位。为什么辩证逻辑要以“A是‘A又非A’”为公理呢？这是由辩证逻辑本身的性质所决定的。

辩证逻辑是把辩证法引入逻辑学后而建立起来的逻辑。辩证法的核心是对立统一规律。列宁说：“辩证法是一种学说，它研究对立面怎样才能同一，是怎样（怎样成为）同一的——在什么条件下它们是相互转化而同一的，——为什么人的头脑不应该把这些对立面看作僵死的、凝固的东西，而应该看作活生生的、有条件的、活动的、互相转化的东西。”[①] 列宁所说的是一般辩证法学说。思维领域中的矛盾运动，是辩证法的特殊形式，所以，辩证逻辑是一种特殊形态的辩证法学说，应该研究思维领域中的对立面的同一。所谓对立面的同一，也就是差异的同一，或同一中包含有差异。“A是‘A又非A’”正是反映对立面同一的公式，它是名副其实的矛盾律的命题。辩证逻辑在研究思维的矛盾法则时，是以唯物辩证法的矛盾学说为前提的，并将它具体地应用于思维领域。所以，矛盾法则的公式成为辩证逻辑的公理。

从辩证逻辑研究对象来考察，也可以得到同样的结论。列宁在黑格尔《逻辑学》一书摘要中说：“在第22页开头，逻辑的对象用下面几个字来表述出来：思维按其必然性的‘发展’。”[②] 这就把思维的“自己运动”作为逻辑学的研究对象。任何一个思想，本身就是自己的他物，从而把自己的他物包括到

①[俄]列宁：《哲学笔记》，第1版，第100页，北京：人民出版社，1973。
②[俄]列宁：《哲学笔记》，第1版，第147页，北京：人民出版社，1973。

自身之中。这就使思维的发展表现为矛盾的运动。黑格尔认为，从是否研究思维的必然性发展，可以把形式逻辑和辩证逻辑区分开来，其中的核心问题在于是否承认思维中的矛盾。形式逻辑使同一性成为同一律，使思维中的矛盾运动被认为是互相外在地并列着或先后相继、互补接触的东西。列宁摘录了黑格尔的论述："关于这点，它为自己制定了一个确定的原则：矛盾是不可思议的；而实际上，矛盾的思维乃是概念的本质因素。形式的思维实际上也思考矛盾，但它立刻把视线移开，而按上述的说法，（即矛盾是不可思议的这句格言）'从矛盾转到只是抽象的否定'。"[①] 正因为思维中包含有矛盾，所以，思维是辩证的。有矛盾才会有思维的运动和发展。形式逻辑所要排除的矛盾是逻辑矛盾，这对于保证思维的确定性、无矛盾性和一贯性，是完全必要的和正确的。它同样是辩证逻辑的要求。由于形式逻辑同一律是要求在思想外延上保持同一，所以，逻辑矛盾是由思想在外延上的不同一而引起的矛盾，它同思想内容无关。可见，逻辑矛盾是思维的外在矛盾，而不是内在矛盾。而黑格尔认为，思维的内在矛盾是概念的本质因素，它是不能被排除的。辩证逻辑同样要求排除思维的外在矛盾，但必须承认和研究思维的内在矛盾，从而揭示思维按其必然性的发展。因此，普列汉诺夫称辩证逻辑为"矛盾逻辑"，是完全正确的。他说："物质的运动是一切自然现象的基础。运动是矛盾，必须辩证地来判断它。也就是说要按照为伯恩斯坦先生所不齿的'是—否，否—是'的公式来判断它。因此，我们应该承认，当我们谈到一切现象的这种基础的时候，我们就处于'矛盾逻辑'的领域里了。"[②]

一切现象都处于运动中，辩证逻辑要求用概念的逻辑来表达运动，必须借助于思维中的矛盾。例如，运动是间断性的，又是连续性的，是间断性和连续性的统一。间断性和连续性就是表达运动的概念，它们之间的对立统一，构成了矛盾的运动。为了表达运动的这种矛盾，普列汉诺夫提出了"是—否，

①［俄］列宁：《哲学笔记》，第1版，第258页，北京：人民出版社，1973。

②《普列汉诺夫哲学著作选集》第3卷，第1版，第82页，上海：生活·读书·新知三联书店，1961。

否—是”的公式，描述事物既存在又不存在的辩证法。实际上这就是辩证法公式“A是‘A又非A’”所表达的内容。这同样表明，对于辩证逻辑来说，“A是‘A又非A’”公式具有公理的意义。

在“A是‘A又非A’”这一公式中，A又是一个变项，它可以指任何的概念、判断、思想，它们都以自己对立面的方面为存在的条件，并把对方包括到自己的规定中去。所以，不能把“A是‘A又非A’”单纯地看作所谓“辩证判断”的公式，否则，就会否认这个公式在辩证逻辑中的公理地位，从而不能科学地把握辩证逻辑的整体性质。

从“A是‘A又非A’”的公式中，可以引出概念自身中的矛盾，这就是概念自身中包含的差异。毛泽东说：“人的概念的每一差异，都应把它看作是客观矛盾的反映。客观矛盾反映人主观的思想，组成了概念的矛盾运动，推动了思想的发展，不断地解决了人们的思想问题。”[①] 按照黑格尔的说法，具体思维同一律就是差异命题。概念自身所包含的差异，是思维运动的源泉。辩证逻辑就是从这里出发，研究思维按其必然性的发展。关于概念的矛盾或差异，我们可以从三个不同的角度加以考察。

第一，抽象和具体的关系。如果概念A是抽象概念，那么，概念非A则是非抽象概念，即具体概念。每一个概念都是“既是抽象概念又同时是具体概念”，这就是辩证逻辑的公式。任何概念的这种对立统一，构成了概念的矛盾运动。

第二，个别与一般的关系。任何概念都是个别内涵和一般内涵的统一。所以，个别概念同时又是一般概念（非个别概念），一般概念同时又是个别概念（非一般概念）。显然，个别概念和一般概念的对立统一，根源于每个概念内部包含的个别内涵和一般内涵的矛盾，是这种内在矛盾的展现或外化。就战争规律、革命战争规律和中国革命战争规律等概念之间的关系来说，它们相互之间都是个别概念和一般概念之间的关系。而每一概念内部，又都包

① 毛泽东：《矛盾论》，《毛泽东选集》第1卷，第2版，第306页，北京：人民出版社，1991。

含有个别内涵和一般内涵的矛盾。概念所包含的这种内在矛盾，是推动思维运动的内在动力，是思维“自己运动”的根源。

第三，概念的对偶关系。许多概念都直接地表现为矛盾的对立双方之间的关系。如，原因和结果、有限和无限、民主和集中等。具有这种关系的概念，我们称它们为对偶概念，它们之间的关系，称作概念的对偶关系。凡是具有对偶关系的概念，都以对方来规定自己，一方离开了另一方，自己也就失去了存在的条件，因而也就无法规定自己的内涵。

概念的这三种关系，都表现了思维的具体同一律公式：“A 是‘A 又非 A’”。例如，对于民主的概念来说，这个公式表现为：“民主是民主又集中（非民主）”，亦即“既民主又集中（非民主）”。诸如：“既抽象又具体”“既个别又普遍”“既是原因又是结果”，等等，这些“既……又……”的形式，反映了前后两个概念之间的对立统一关系。

根据“A 是‘A 又非 A’”公式，每一个判断（命题）也都应该自身包含有否定。判断是事物情况有所肯定或有所否定的思维形式，形式逻辑按其质的不同，把判断分为肯定判断和否定判断，并说明这两种判断之间的关系是反对关系（A 判断与 E 判断、I 判断与 O 判断之间的关系）和矛盾关系（A 判断与 O 判断、E 判断与 I 判断之间的关系）。在辩证逻辑中，肯定和否定两个对立的方面，它们又同时是同一的。如果以肯定表达逻辑公式中的第一个 A，那么，非 A 即非肯定，也就是否定。所以，“A 又非 A”的公式就表示为“既肯定又否定”，或“既否定又肯定”。肯定判断是正命题，否定判断为反命题，那么，在正命题中包含有反命题，在反命题中又包含有正命题，这种“既肯定又否定”或“既否定又肯定”的形式表达出来的命题，表现为两个对立命题的综合，我们称之谓合命题。此外，这个逻辑公式还可以用来刻划判断个别与一般的关系，反映个别性判断、特殊性判断和一般性判断的相互关系和相互转化。

归纳和演绎、抽象和具体、分析和综合、历史和逻辑等，它们的每一方面都分别地表示辩证逻辑公式中的 A 或非 A，并从这个公式中引出它们之间的辩证关系，展现为“既归纳又演绎”“既分析又综合”等形式，体现归纳和演绎的结合、分析和综合的结合等逻辑要素。

可见，“A是‘A又非A’”的公式，可以引出并贯穿于整个辩证逻辑的全部内容，它是辩证逻辑全部理论的出发点和前提，表明公式“A是‘A又非A’”在辩证逻辑中具有公理地位。辩证逻辑的性质和内容都是由这个公式所决定的，如同形式逻辑的性质和内容都是由“A是A”的公式所决定的一样。

在逻辑思维中，都必须遵循而不能违背公式“A是‘A又非A’”。这对于辩证逻辑来说，是不证自明的，是它的一切理论的前提。这个前提从哪里来的？这是由唯物主义辩证法所提供的。恩格斯认为，辩证法是现代思维的最高形式。这个思维形式的核心问题就是这个公式。这就是说辩证逻辑是以唯物辩证法的理论为前提的。正是这个原因，称它为辩证逻辑。因此，我们在探讨辩证逻辑的具体内容时，不能忘记它的这个理论前提。

三、范畴与范畴的逻辑体系

范畴是思维的基本形式，人只有借助于范畴这种思维形式，才能把握事物运动的规律，认识事物的本质。一切范畴都是思维对感性材料进行逻辑加工的结果，所以，人们称它为逻辑范畴。各种范畴通过相互联系和转化，构成规律；通过各种规律的相互过渡，构成范畴体系。范畴的这种运动及其所遵循的思维规律，就是范畴的逻辑。对逻辑的范畴和范畴的逻辑的研究，是辩证逻辑的最主要内容。

1. 要思维就必须有逻辑范畴

恩格斯总结了人类思维的历史经验，得出了一个科学的结论：“要思维就必须有逻辑范畴。”①

人类认识的任务，是通过感觉而到达思维，把握事物的本质。认识之到

①《马克思恩格斯选集》第3卷，第3版，第533页，北京：人民出版社，2012。

达思维的第一个标志，在于概念的形成。范畴就是特定理论体系中的基本概念。人所面对着的自然界，是一个相互联系和相互作用的体系，即列宁所说的“自然现象之网”。物质的每一种不同质的存在形式，都是自然体系的不同层次的关节点，它们之间的相互联系和相互作用，组成自然界的无限层次的结构，反映这些关节点的思维形式就是范畴。人们正是运用这些范畴来把握面对着的姿态体系的。由于自然界具有层次结构，就使“自然现象之网”也带有层次性。这里有两类不同的层次：一是物质形态的层次。例如基本粒子、原子、分子、细胞等物质存在的形式，其本身都具有复杂的结构，各自又都是相对独立的“自然现象之网”。二是运动形态的层次。例如机械运动、热运动、电磁运动、化学运动、生命运动、社会运动、思维运动等，也同样构成了相对独立的“自然现象之网”。不同的“自然现象之网”都有自己的关节点和各种不同的纽结，反映它们的思维形式，构成了关于自然界的认识的各个环节。列宁说：“人对自然界的认识（＝观念）的各个环节，就是逻辑的范畴。”①

就整个自然体系来说，原子是一个关节点，是无限的“自然现象之网”的网上纽结。而就原子本身来说，它同样是一个复杂的“自然现象之网”。对它的研究，是原子物理学的任务。为了认识原子的结构，建立原子模型，同样需要一系列的范畴。电子、原子核、轨道、能级、跃迁、电子壳层、电子云等范畴，都是构成“原子现象之网”上的纽结。机械运动是自然界运动的一个层次，它既是无限的“自然现象之网”的一个环节，其本身又是一个相对独立的“自然现象之网”。对“机械运动”的“现象之网”的研究，是牛顿力学的任务。为了描述机械运动，需要有时间、空间、坐标系、位移、速度、加速度、力、作用和反作用、质量、惯性、动量、动能、冲量等范畴，它们都是认识“机械运动现象之网”的各个环节。广义地来说，资本主义社会是“社会现象之网”的一个环节，而它本身是独立的“社会现象之网”。《资本论》就是从经济方面描述资本主义社会现象之网的范畴体系。由此可见，

①《列宁全集》第38卷，第2版，第212页，北京：人民出版社，1986。

范畴所反映的，既是“网上纽结”，又是“现在之网”。它既凝结着一切社会现象的本质规定，又反映着把各种现象联结成“现象之网”的规律性。

认识之到达思维的第二个标志，是规律的构成。范畴不仅反映事物的规定，同时反映现实的关系。这些关系所表现的，就是规律。就共同性来说，规律同范畴一样，都是思维的形式。列宁说：“自然界在人的认识的反映形式，这些形式就是概念、规律、范畴等。”①

规律同范畴的关系如同判断和概念的关系一样，彼此是不能分开的；概念是构成判断的要素，判断又是概念的规定。同样，范畴是规律的要素，不同范畴的相互联系和转化，就构成规律。规律是用普遍性判断来表述的，范畴就是表达规律的普遍性判断的要素。例如，价值这个范畴是商品交换关系的反映，它蕴含着社会必要劳动时间、商品的价值和价格等范畴之间的规律性的联系。将这种联系展现出来，用普遍性的判断给予表述，就成为价值规律。因此，没有范畴，也就没有规律性的认识，因而也就无法把握事物的本质和全体。

认识之到达思维的第三个标志，在于构成科学的理论体系。毛泽东同志指出，要完全地反映整个事物，反映事物的本质，反映事物的内部规律性，就必须“造成概念和理论的系统”②作为自然和社会的“现象之网”的反映，应该是“本质之网”和“规律之网”，因而也都是范畴体系。在这种科学的理论体系中，每一个范畴都有自己特定的位置，与其他范畴处于特定的关系中。范畴、规律、体系是思维发展的三个基本阶段。每一个范畴制定，标志着认识完成了一个小阶段。当范畴群构成规律时，认识又前进了一步，标志着进入一个新的阶段。当由规律群构成理论体系时，“本质之网”“规律之网”也就臻于完备了，从而完成了对一个“现象之网”的认识。思维发展的这种逻辑阶段，充分地说明了“要思维就必须有逻辑范畴”的真理。在哲学史和逻辑学史上，人们都十分重视对逻辑范畴的研究，这也是逻辑范畴在思维中

①《列宁全集》第38卷，第2版，第194页，北京：人民出版社，1986。

②毛泽东：《矛盾论》，《毛泽东选集》第1卷，第2版，第291页，北京：人民出版社，1991。

的主要地位和作用的印证。

2. 三类学科的逻辑范畴的关系

为了研究范畴，对范畴进行各种分类，揭示范畴之间的联系和转化，这是完全必要的。但由于一切科学都有自己的范畴，因此，为了更好地对范畴作出分类，首先区分各门不同学科的范畴体系，同样是十分必要的。

毛泽东说："自从有阶级的社会存在以来，世界上的知识只有两门，一门叫做生产斗争知识，一门叫做阶级斗争知识。自然科学、社会科学，就是这两门知识的结晶。"[①] 根据这种分析，我们可以将逻辑范畴分为三大学科范畴：第一学科是具体科学的逻辑范畴，包括一切自然科学和社会科学的逻辑范畴，它们是自然和社会的"现象之网"的直接反映。第二学科是哲学的逻辑范畴，它是具体科学的逻辑范畴的概括和总结，历史上的范畴分类，大多是对哲学范畴所作的分类。第三学科是逻辑学的逻辑范畴，它是研究"范畴之网"的范畴，具有不同于具体科学和哲学的逻辑范畴的独特作用。

具体科学的逻辑范畴具有非常具体的思想内容。因为一切具体科学制定范畴，都是为了反映自己研究对象的"现象之网"，因而都不是从逻辑学和哲学的立场来研究逻辑范畴的一般特征的。但它们在研究具体科学范畴的过程中，都被哲学范畴所支配，由此体现了哲学对具体科学的指导作用。例如，生物学在说明生物的遗传和变异的关系时，涉及了偶然性和必然性的范畴；量子力学在说明微观粒子的波粒二象性、测不准关系等时，涉及了因果性和决定论的范畴；广义相对论在研究引力问题时，需要物质、运动、时间、空间等范畴；等等。同时，任何科学都要应用逻辑，根据逻辑学的范畴来组织自己的科学体系。列宁说马克思没有留下"大写字母"的逻辑学，却留下了"资本论"的逻辑学。这正说明马克思是根据"大写字母"的逻辑学来从事政治经济学研究的，并以此来构成《资本论》的逻辑体系。所以，"资本论"的逻辑就是具体科学的应用逻辑。当然，人们在应用逻辑的时候，单有逻辑

① 毛泽东：《整顿党的作风》，《毛泽东选集》第3卷，第2版，第815页，北京：人民出版社，1991。

知识是不够的，还必须有具体科学的知识，掌握具体科学的逻辑范畴。这是因为，逻辑学并不研究思维的内容，其内容只能由具体科学所研究。有些人之所以认为辩证逻辑不仅研究思维的形式，同时还研究思维的具体内容，在于混淆了具体科学的逻辑范畴和逻辑学的逻辑范畴的区别，认为辩证逻辑除研究思维形式之外，还要研究思维的具体内容。这不外是说，它不仅研究逻辑学的范畴，同时还要研究一切其他科学的范畴。这样一来，逻辑学家就需懂得而且研究一切科学了。在现代，这是不可能的。既然如此，为什么还夸口说自己要研究思维的具体内容呢？

具体科学的逻辑范畴同哲学、逻辑学的逻辑范畴之间的区别，是比较清楚的。但是，要明确地把哲学和逻辑学的逻辑范畴区分开来，却是件十分困难的事情。这可能出于这两门学科本身的原因。辩证法、逻辑学和认识论是一致的。不少哲学工作者在研究哲学体系的逻辑范畴时，以黑格尔《逻辑学》中的客观逻辑为模本；不少逻辑工作者在研究辩证逻辑的范畴体系时，同样以黑格尔《逻辑学》中的客观逻辑为模本。一个说，这是辩证法的逻辑范畴；另一个说，这是辩证逻辑的逻辑范畴。这就向我们提出了一个值得研究的问题：哲学和逻辑学各有自己的范畴体系，抑或它们的范畴体系是相同的呢？

为了回答这个问题，我们还得从黑格尔的《逻辑学》说起。它并不纯属辩证逻辑这种意义上的逻辑学，同时还是本体论。黑格尔从客观唯心主义认识论的基本前提出发，把思维作为世界的本质，因此，关于思维的学说，也就是关于存在的学说，所谓客观逻辑也就是关于事物的逻辑了。黑格尔说："这样一来，不如说是客观逻辑代替了昔日形而上学（即指本体论——引者注）的地位，因为形而上学曾经是关于世界的科学大厦，而那又是只有由思想才会建造起来。——如果我们考察这门科学最后形成的形态，那么，首先直接就是被客观逻辑所代替的本体论。"[①] 他还明确地指出："因此逻辑学便与形而上学合流了。形而上学乃是研究思想所把握住的事物的科学，而思

①［德］黑格尔：《逻辑学》上卷，第1版，第47—48页，北京：商务印书馆，2001。

想乃是足以表示事物的本质的。”[1] 由于黑格尔应用了辩证法，以范畴转化的形式揭示了客观事物的发展，因而在概念的辩证法中天才地猜到了事物的辩证法。如果我们唯物地把它倒过来，把客观逻辑看作反映客观世界发展的思维形式的逻辑，那么，它就成了人们的认识把握客观世界的范畴体系。这种作为直接反映客观世界发展的最高范畴，显然是属于哲学，而不是逻辑学的范畴。因为逻辑学是关于思维的科学，逻辑学的范畴是直接反映范畴运动的，而不是直接反映事物的运动的。黑格尔的《逻辑学》中的主观逻辑，才具有了逻辑学的意义，它的直接对象就是概念、范畴、判断、推理、观念、真理等思维形式。

从存在论到本质论的范畴体系，反映了辩证法、本体论、认识论的统一。这是值得我们吸取的。所有这些范畴都是逻辑范畴，但并非逻辑学的范畴。逻辑学的范畴是“范畴之网”的反映，揭示思维运动的共同形式和规律。概念、判断、推理，范畴、规律、体系，抽象、具体、从抽象上升到具体，分析、综合、分析和综合的结合，历史的东西、逻辑的东西、历史和逻辑的一致等，才是逻辑学的范畴。作为一门思维科学，逻辑学的范畴应该接受哲学范畴的支配；从应用逻辑的角度说，哲学范畴体系的建立，同样必须遵循辩证逻辑的规律，要接受逻辑学的范畴的支配。这就是哲学范畴和逻辑学范畴的联系和区别。不少人认为，辩证逻辑不仅是思想事物的逻辑，而且还是客观事物的逻辑。这种看法是不正确的。就逻辑范畴来说，虽然它是客观事物和现实关系的反映，但它并不是客观事物，而是思维形态。范畴的逻辑可以认为是事物的逻辑（指客观规律）的反映，但它不是事物逻辑本身而是思维的逻辑。这种反映，不是直接而是间接地实现的，要经过思维运动这个“中介”环节。就是说，思维的运动反映现实的运动，范畴的逻辑，则是思维运动的反映。因此，逻辑学的范畴并不反映客观事物的现实关系，它只能是思想事物的逻辑，即范畴（概念）的逻辑，而绝不是客观事物的逻辑。值得注意的是，把

①［德］黑格尔：《小逻辑》，第1版，第90页，北京：商务印书馆，1997。

辩证逻辑同时看作精神事物和自然事物的逻辑的，正是黑格尔的主张。这对于黑格尔来说，是自然而然的事情，因为从思维与存在的唯心主义同一性的前提出发，一切自然事物都是思维的产物，事物的逻辑和思维的逻辑是同一个东西，因而本体论和逻辑学也是同一个东西。我们若是全盘地接受了黑格尔的这种看法，那就不能同他的唯心主义划清界限了。

我们分清了逻辑学的范畴同哲学和具体科学的范畴的区别，从而认清了辩证逻辑的性质。辩证逻辑研究范畴的任务，也就被确定下来了。这就是范畴的运动及其所遵循的思维规律。例如，对同一、差异、对立、矛盾、质、量、度，质变、量变、肯定、否定、否定的否定；现象和本质，内容和形式，原因和结果，偶然性和必然性，可能性和现实性等范畴的研究，阐述它们的关系及其构成的辩证法的规律，是哲学的任务，辩证逻辑并不关心，而辩证逻辑所要关心的，正是这些范畴及其联系的一般特征，它们在什么条件下相互转化，构成规律，又如何依据逻辑规律和规则构成理论的逻辑体系，等等。这些就叫作范畴的逻辑。哲学和具体科学所研究的是自己的范畴，辩证逻辑所研究的是一切范畴的逻辑。这种范畴的逻辑，不仅适用于哲学，也适用于一切具体科学，并适用于它自身，反映了一切逻辑范畴运动的共同本质和规律。

3. 范畴体系的逻辑公式

一切科学都是范畴的逻辑体系。如何构成合乎逻辑的范畴体系，这是辩证逻辑所要研究的重要任务之一。范畴体系的构成，除了遵循从抽象上升到具体，逻辑和历史的一致等原理外，它还有自己特殊的逻辑公式和逻辑要素，需加以特殊的规定。

任何一个科学体系之所以能成为一个科学的体系，必须有一个逻辑基项贯穿于体系的始终，构成体系的中枢和轴心。因此，一门科学的研究工作，寻找和发现逻辑基项，是一个重要的任务。恩格斯在比较化学和电学的研究工作时指出："的确，在电学领域中，一个像道尔顿那样的能给整个学科提供一个中心并为研究工作打下稳固基础的发现，现在还有待完成。”[①] 这个中心，就是科学体系中的逻辑基项。在化学中，曾经有过各种发现，但缺乏把一切发现统一起来的中心思想。在道尔顿引入了原子量的概念，建立了原子论之后，所有一切发现都得到了统一的说明，并为而后的化学元素周期律的发现奠定了基础，由此，化学就构成一个严密的理论体系了。所以，恩格斯说：“化学中的新时代是随着原子论开始的。（所以，近代化学之父不是拉瓦锡，而是道尔顿）相应地，物理学上的新时代是从分子论开始的（换一种形式说，而实质上只是就这一过程的另一个方面来说，是从发现运动形式互相转化开始的）。”[②]

在电学的研究中，当时由于没有发现类似的中心，因此还不能建立起科学的范畴体系，仍然处于支离破碎的状态。这个中心就是电子的发现和电子论的建立。19 世纪末，发现了电子；随后，洛伦兹建立了经典电子论，使电磁现象得到了统一的说明。这些事实告诉我们，任何体系要做到首尾一贯而无逻辑矛盾，必须有一个占统治地位的理论中心。它可以统一思想，贯穿始终，把各种片段的规定、支离的观点构成一个完整的体系，综合成各种规定的统一。这个理论的中心，在辩证逻辑中就叫作逻辑基项。它是最基本的逻辑范畴。

对于不同的学科，逻辑基项的范畴是各不相同的。它的发现，属于具体科学的任务。对具体科学的逻辑基项的进一步概括和总结，则产生了哲学的逻辑基础。这项概括工作已由黑格尔《逻辑学》的存在论、本质论、概念论所组成。其中最重要的部分就是本质论。对于《逻辑学》一书的体系来说，“本质”这个范畴就是逻辑基项，本质论则是这个逻辑基项的展开。黑格尔在客观逻辑的叙述中，提出了从存在到本质的发展过程，存在是外在的、表面的，本质才是内在的、底层的。从存在到本质，再从本质到现实，其核心都是本

①［德］恩格斯：《自然辩证法》（单行本），第 1 版，第 218 页，北京：人民出版社，2015。

②［德］恩格斯：《自然辩证法》（单行本），第 1 版，第 283 页，北京：人民出版社，2015。

质。马克思的《资本论》从商品到资本，也就是从存在到本质在政治经济学领域中的表现。剩余价值论就是《资本论》中的本质论。对剩余价值范畴做出逻辑概括，并用“逻辑基项”加以表达。“本质”这个范畴，则是哲学上的逻辑基项。

毛泽东同志对事物做逻辑分析时，十分注意问题的根据。他指出：“中日战争不是任何别的战争，乃是半殖民地半封建的中国和帝国主义的日本之间在20世纪30年代所进行的一个决死的战争，全部的根据就在这里。”① 我们所进行的战争是正义战争，这就是战争进程的根据，它规定了双方一切政治上的政策和军事上的战略战术，规定了战争的持久性和最后胜利属于中国。《论持久战》《中国革命战争的战略问题》等著作，正是以这种逻辑基项为轴心而建立起理论体系的。

要找到每门科学的逻辑基项，必须通过具体的研究工作。但是，一旦明确地形成了逻辑基项，整个体系的其他逻辑要素就可以确定下来。这些逻辑要素有：逻辑始项、逻辑中项、逻辑终项。

逻辑始项是各种体系的出发概念。如《资本论》中的存在，即“商品”范畴，也可以把体系的出发概念叫作逻辑起点。诚然，作为逻辑始项的范畴，它就该反映现实最普遍的存在，包含有一切矛盾的胚胎。但反映普遍存在的范畴，不一定就是逻辑始项，其不仅是普遍的存在，同时必须在自己的发展中产生出本质。这种存在的范畴才能充当逻辑始项。就是说，逻辑始项必须是逻辑基项的抽象规定和胚芽状态，由此而发展成为整个范畴体系。

逻辑中项是关于事物的“中介”范畴。列宁指出，要真正地认识事物，必须把握一切“中介”。这个“中介”在逻辑上就是联结逻辑始项和逻辑终项这两个范畴的中项，我们称它们为逻辑中项。例如，商品转化为资本，必须通过货币这个“中项”。这里，每一次转化，都需要有条件。货币转化为资本的条件，就是劳动力转化为商品。这种“条件”，也是一切“中介”的

① 毛泽东：《论持久战》，《毛泽东选集》第2卷，第2版，第447页，北京：人民出版社，1991。

一种，在逻辑上也归入逻辑中项的范畴中。由于事物的一切“中介”都可以成为逻辑中项，因此，逻辑中项不只是一个，而是许多个，它就是从抽象上升到具体的中介环节。

逻辑终项，就是体系的逻辑终点。它必将包括开端，同时还包括中项，是两者综合，因而比始项更丰富、更具体。始项、中项、终项三个范畴联合为一组思想群，便构成规律。再由一组规律群，构成理论体系。所以，逻辑的这三个“项”，是在范畴的运动中接踵而来的三个阶段，由此而产生出的新思想、新命题，便是思维继续前进的开端。在这个往复无穷的运动过程中，逻辑终项不断地走向自己的反面，重新转化为逻辑始项，成为新的范畴运动的起点，构成整个思维运动的开放型的圆圈。

但是，范畴只构成逻辑体系的要素，而使要素形成特定的体系，还需要有相适的结构形式。范畴构成体系，建造结构，必须遵循基本规律。这个基本规律又是什么呢？恩格斯在分析黑格尔的《逻辑学》体系时说，否定的否定规律是“整个体系构成的基本规律”①。恩格斯还进一步论述了马克思在《资本论》中所遵循的思想进程，指出：“马克思所使用的整个一系列辩证的说法：按本性说是对抗的，包含着矛盾的过程，每个极端向它的反面转化，最后，作为整个过程的核心的否定的否定。”②一切范畴体系，包括黑格尔《逻辑学》和马克思的《资本论》，都是范畴运动的过程。所以，体系和范畴是同一的，体系必须表现为过程，过程的最终结果也一定会构成体系，因为它们的基础是否定的否定。在这个基础上建立起来的机构，就是“圆圈”的形式。黑格尔说：“这种思维活动更加陶铸了此前业已陶铸过的材料，予以更多的范畴，使它更确定更发挥更深邃。这种具体的运动，乃是一系列的发展，并非像一条直线抽象地向着无穷发展，必须认作像一个圆圈那样乃是回复到自

---

①《马克思恩格斯全集》第 20 卷，第 1 版，第 401 页，北京：人民出版社，1971。

②《马克思恩格斯全集》第 20 卷，第 1 版，第 153 页，北京：人民出版社，1971。

身的发展。这个圆圈又是许多圆圈所构成；而那整体乃是许多自己回复到自己的发展过程所构成的。”①列宁认为，这“是一个非常深刻而确切的比喻！”并指出：“每一种思想＝整个人类思想发展的大圆圈（螺旋）上的一个圆圈。”②根据这种分析，范畴的逻辑体系应是一个螺旋（开放的圆圈）式的结构。在这种结构中，大圆圈套着小圆圈，而在大圆圈之外，又套着更大的圆圈。所有这些大小圆圈，又不在同一平面上，而是在立体的空间中，一圈宽过一圈，一圈高出一圈，由此构成思维的立体结构。正是这种范畴体系的形象比喻，它包含有许多层次的圆圈。

第一层次是范畴的圆圈，构成思想群。以逻辑始项为开端，经过逻辑中项，到达于逻辑终项，完成了“抽象—具体—抽象（具体）”的循环。就是说，从最抽象的范畴开始，经过辩证的运动，构成思想群。从抽象出发，为什么又回到抽象呢？因为终点的抽象是第二个循环的开端。实际上，它已经不是单纯的抽象。因此，“抽象—具体—抽象（具体）”的逻辑公式，不仅反映了范畴的自我运动，而且还表现了这种运动的无限循环。

第二层次是思想群的圆圈，构成系列。范畴与思想群的区分是相对的，因为范畴是浓缩了的思想群。例如，“商品—货币—资本”这个公式，反映了范畴的运动。但是，对应这三个经济范畴，正是三种经济学说。每一个范畴的展开，就是一组思想群。每组思想群就是一条规律。当范畴展现为思想时，范畴的圆圈就扩大为思想群的圆圈了。思想群的辩证运动，使一条规律过渡到另一条规律，使思想群的循环比范畴的循环具有更大的规模，它构成了系列。

第三层次是系列的圆圈，构成体系。所谓系列，就是思想群的思想群，即思想大群。它由三个以上的思想群构成。如果我们把黑格尔的《逻辑学》

---

①［德］黑格尔：《哲学史讲演录》第 1 卷，第 1 版，第 31—32 页，北京：商务印书馆，1981。

②［俄］列宁：《哲学笔记》（单行本），第 1 版，第 27 页，北京：人民出版社，1974。

中的存在论、本质论、概念论都看作是不同的系列，那么，每个系列都是由三个思想群构成的。在“存在论”这个系列中，质、量、度是三个不同的范畴，而每一个范畴的展开，都是一组思想群。“存在论”这个系列，就是由这三个思想群的辩证运动构成的。存在论、本质论、概念论这三个系列的运动，构成了《逻辑学》的整体体系。

马克思从黑格尔的体系中提取出了积极的合理的因素，对构成范畴体系的逻辑公式作了简要的概括，并指出：“正如从简单范畴的辩证运动中产生群一样，从群的辩证运动中产生系列，从系列的辩证运动中又产生整个体系。”[①] 当然，范畴、思想群、系列、体系的区分也是相对的。范畴、思想群、系列都可以看作大小不等的体系。我们可以把《资本论》每一卷都看作一个体系，三个体系的运动构成了全书的体系；也可以把每一卷都看作完整的体系，把各篇看作系列，把各章看作思想群。思想群、系列、体系的区分的相对性，正是范畴体系的开放性的反映。

范畴体系的结构，都是历史的产物。企图建立包罗万象的、最终完成的、绝对完善的范畴体系，是一种不可能实现的奢望。不仅范畴体系的结构，而且还有它的具体要素，都要随着历史的发展而变化。因此，关于范畴体系的逻辑公式，也只有相对的意义，它要随着科学的发展而不断地改变自己的形式。

四、范畴体系的逻辑基项

一切科学的理论体系，包括辩证逻辑的理论体系在内，都是范畴的逻辑体系。虽然这些体系各有其特殊之处，但它们都有共同的特征和普遍的性质。为了提供建立科学理论范畴体系的共同原则，首先必须研究范畴体系的一般逻辑理论。例如，范畴体系的逻辑要素、逻辑结构、逻辑功能等，都应该从理论上加以探讨。一般说来，每一个范畴体系都有一个中心范畴，对其他范

---

①[德]马克思：《哲学的贫困》，《马克思恩格斯文集》第1卷，第1版，第601页，北京：人民出版社，2009。

畴起着规定和影响的作用。这个中心范畴，就是这个范畴体系中最基本的范畴，我们称它为逻辑基项。建立一个范畴体系，必须首先确定它的逻辑基项。

1. 逻辑基项是对“本质”范畴的概括

范畴体系必须有逻辑基项，这不是先验的假定，而是历史上各种科学理论的范畴体系所具有的一个基本特征。只要我们具体地分析一下这些理论体系，就不难发现，逻辑基项在范畴体系中占有奠基石的地位和作用。

逻辑基项是体系的中心范畴，它贯穿于体系的始终，构成体系的中枢和轴心。例如，《资本论》中的“剩余价值”范畴，《论持久战》中的“持久战”范畴，牛顿力学中的“力”范畴，量子力学中的“波函数”范畴，唯物辩证法中的“矛盾”范畴，辩证唯物主义认识论中的“实践”范畴等，都是逻辑基项，对理论体系起到奠基的作用。在辩证唯物主义看来，人们之认识事物，就是从现实中，透过现象，把握本质，再用这种本质的认识来解释现象。认识的这种深化，经历着从现象到本质，又从本质达于本质和现象的统一的过程。实现了这种统一，认识又回到现实中去了。这样，人们的认识就采取了“现象—本质—现实”的这种循环。科学理论的逻辑体系，就是在这个认识循环的基础上建立起来的。因为认识的任务在于到达本质，反映事物的全体。因此，在认识的成果中左右一切的中心范畴，是最集中地反映全体本质的范畴。上面所说的范畴都是这样的中心范畴，在逻辑上我们称它们为逻辑基项。为什么必须是反映全体的本质的范畴，才能成为逻辑基项呢？大家知道，概念是反映事物的本质的，但是，不是所有的概念都可以充当逻辑基项的。“本质”也是一个相对的范畴，它只有在一定的关系中才有意义。它不仅有深浅不同的差异，而且也有范围大小的区分。在某一一定的层次和范围内是本质的东西，在另一一定的层次和范围则是非本质的东西。范畴体系总是由许多范畴构成的，它们的任务是反映事物的全体的性质，在这种全体的范围内和层次上，各种范畴反映着各自不同的规定性，其中必定有一个表现为最本质的范畴，它反映全体的本质，这就是我们所说的逻辑基项，所以，逻辑基项是由各种特定的范畴体系所决定的，只有相对于特定的范畴体系，逻辑基项才反映着事物的全体本质。如果扩大或缩小这个范围，它就会被反映新的“本质”范畴所代替，因而也就有新的逻辑基项。

《资本论》是一个极为严密的逻辑体系。为了研究资本主义的生产关系，马克思在《资本论》中从商品开始，运用了从抽象上升到具体的方法，逐次地剖析了货币、资本、剩余价值、利润等范畴，从而证明，资本的生产过程就是剩余价值的生产过程。马克思把资本分为两部分，一部分是不变资本，它的价值只是在产品价值中再现出来；另一部分是可变资本，即用来支付工资的资本，它所包含的物化劳动比工人为换取它而付出的劳动要少，这种余额称为剩余价值。所以，只有剩余价值才真正地揭示出资本主义剥削的实质。也正是这个原因，马克思把剩余价值的生产，称作是资本主义生产方式的绝对规律。“资本”范畴反映了资本主义生产关系，在一定的范围内，它是反映本质的范畴，但是，就总体来说，“剩余价值”范畴所反映的经济关系，比“资本”范畴所反映的更本质。这就使“剩余价值”范畴成为《资本论》范畴体系的逻辑基项。

逻辑基项是范畴体系中的整体性范畴。所谓整体性，是指贯穿于范畴体系的始终的这种特征。一个复杂的事物，总存在着多种因素和各种关系，其中必有一种关系或因素是主要的，它的存在和发展，规定和影响着其他关系的存在和发展。反映这种复杂关系的范畴体系中，也必定会有一个范畴，反映这种主要的起决定作用的关系，它就是中心范畴。例如，“剩余价值”范畴，《资本论》第1卷告诉我们，只有在创造剩余价值的条件下，货币才成为资本，即变为一种特殊的、历史上一定的社会关系。接着指出，由于资本的积累，即一部分剩余价值变为资本，投入新的生产，产生了一种历史的趋势，这就是剥夺者被剥夺。《资本论》第2卷所分析的资本流通，是剩余价值问题的继续，一方面，流通影响剩余价值的生产；另一方面，流通是生产剩余价值的条件。《资本论》第3卷所分析的资本主义生产的总过程，实际上就是产业资本、商业资本、银行资本和大土地所有者瓜分剩余价值的具体分配过程。所以，在《资本论》中所涉及的全部经济范畴中，剩余价值是贯穿全书始终的中心范畴，并规定和影响其他范畴的运动和演化，因而带有全局性和整体性的特征。

逻辑基项规定着范畴体系的基本特征。不同的范畴体系在不同的逻辑基项中得到反映，因为范畴体系是从整体上反映事物的本质的。各种范畴体系之间的本质差异，也就在整体上反映了对象的本质差异。反映这种差异的主要标志，就是中心范畴。例如，在牛顿力学中，“力”是中心范畴，可以用作用力的变化来说明物体的不同的运动状态。在量子力学中，由于研究对象的特殊性，要求制定反映微观粒子的波粒二象性的特殊范畴，“力”这个范畴就退于次要的地位了，于是就产生了“波函数”这个范畴，用以描述微观粒子的运动状态。尽管在量子力学中，仍然保留了经典力学中的许多范畴，如：坐标、时间、空间、波长、频率、能量、动量、冲量等，但是，由于中心范畴的改变，使这些范畴都带上了新的内涵，同时又增加了许多新的范畴，从而使整个量子力学带有全新的性质，反映出微观粒子运动的特殊规律性。逻辑基项的变化而导致范畴体系的变化的这种事实，同样说明，中心范畴具有决定范畴体系性质的基本特征。

2. 逻辑基项与逻辑始项的关系

逻辑基项是范畴体系中最重要的逻辑要素，它同其他的逻辑要素有着密切的联系。要建立范畴体系，当然必须首先创造各种逻辑范畴，其中最基本的是逻辑基项，必须用心加以研究，同时，还要正确了解和处理逻辑基项同其他逻辑要素的联系。其中，逻辑基项与逻辑始项的关系，是最基本的关系，应予以特别的重视。

每一个范畴体系，都有自己的逻辑起点，这个起始范畴，就叫作逻辑始项。就一般的意义来说，逻辑始项有自己的特有的规定性。例如，它必须是最简单的范畴，是整个范畴体系的抽象极限，它内部所包含的个别内涵和一般内涵的矛盾，构成理论体系中范畴从抽象上升到具体的“自我运动”的源泉，等等。但是，特殊地说，对于不同的范畴体系，逻辑始项是各不相同的，它的选择和制定，主要应以范畴体系的逻辑基项为依据。正是这个原因，我们应该具体地研究逻辑基项与逻辑始项之间的关系。

第一，始项与基项的关系，反映了一般形态与特殊形态的关系。从始项开始，推演出基项，就是范畴从抽象上升到具体的运动。例如，《资本论》的逻辑始项是商品，在这里，商品是作为一般的价值形态出现的，它是最简单的范畴，通过劳动力转化为商品，从而使商品到货币和货币到资本的运动，以逻辑的必然性推演出剩余价值这个特殊的价值形态。就是说，始项是价值的一般形态，基项是价值的特殊形态，它们之间的关系，是一般形态到特殊形态之间的关系。这样确立了逻辑基项，就可以找到与基项相同形态的最简单、最抽象范畴，它就是体系的逻辑始项。

第二，始项与基项的关系，反映了存在与本质的关系。在《论持久战》这部著作中，在回答为什么战争是持久的，最后的胜利属于中国等问题时，其出发点是分析中日矛盾双方互相反对的各种特点。日本方面，长处是战争力量之强，短处是战争本质的退步性，人力、物力之不足和国际上的寡助；中国方面，短处是战争力量之弱，长处是战争本质的进步性，又是一个大国，在国际上获得多助。毛泽东同志经过这样的分析之后，说："这些，就是中日战争互相矛盾着的基本特点。这些特点，规定了和规定着双方一切政治上的政策和军事上的战略战术，规定了和规定着战争的持久性和最后胜利属于中国而不属于日本。战争就是这些特点的比赛。这些特点在战争过程中将各依其本性发生变化，一切东西就都从这里发生出来。"① 中日双方的这些特点，是普遍的存在，从这种普遍的存在出发，就可以找到关于中日战争的"持久战"的这种本质规定性。始项与基项的这种关系说明，我们在特定的已知论域中，只有根据特定的论题，才能确定逻辑基项与逻辑始项。确定了这两项之和，就可以逐渐地研究逻辑基项对其他逻辑要素的规定和影响。

第三，始项与基项的关系，是实体与根据的关系。就牛顿力学来说，要描述运动，首先必须确定什么东西在运动，根据什么参考系去描述运动。这

① 毛泽东：《论持久战》，《毛泽东选集》第2卷，第2版，第450页，北京：人民出版社，1991。

就要求我们必须制定“质点”和“坐标系”的范畴。作为力学的出发点，质点是几何上的点，所以，它是抽象的极限，但是，它必须具有质量，才能作为运动的实体。恩格斯说：力学的“出发点是惯性，而惯性只是运动不灭的反面表现”[①]。惯性的量度是质量，牛顿三大运动定律的第一定律是惯性定律，所以，“质量”是力学的出发概念，是逻辑始项，要改变质量的运动状态，需要外力的作用。如果说质量是运动的承担者、实体，那么，力就是运动的原因、根据。质量与力的关系，就是实体与根据的关系。牛顿第二运动定律就是以定量的形式描述了这种关系，反映了范畴体系的逻辑始项和逻辑基项的关系的一个方面。

第四，始项与基项的关系，是前提与结论的关系。这种关系，多见于公理化系统中。欧几里得几何学、非欧几里得几何学都是从初始的定义、公设、公理出发，推论出一系列的基本原理、定律，由此得到各不相同的“空间流行”的概念。这些定义、公设和公理就起到了逻辑始项的作用，由此获得的“空间流行”就是逻辑基项。在狭义相对论中，爱因斯坦从狭义相对性原理和光速不变原理出发，得到洛伦兹变换，由此可以推导出时间和空间的相对论效应和其他一系列结论。狭义相对性原理和光速不变原理就是狭义相对论的逻辑起点，即逻辑始项，洛伦兹变换就是它的中心范畴，即逻辑基项。始项是前提，基项是始项的推论。在广义相对论中也是这样，它的基本前提也是两条基本原理，即广义相对性原理和等效原理，这就是它的逻辑始项，由此得到了引力场方程，这就是逻辑基项。从这里出发，可以推导出一系列重要的结论，如水星近日点的运动，光线在引力场中发生弯曲、引力场的光谱线红移等。在这里，基项是由前提必须得到的结果。

关于逻辑基项与逻辑始项的关系，上述四种情形虽然具有一定的普遍意义，但是并没有穷尽它们关系的多种性。对这种关系的探索，可以为我们提供任何制定逻辑范畴的方法，具有一定的方法论意义。

---

①［德］恩格斯：《自然辩证法》（单行本），第 1 版，第 4 页，北京：人民出版社，2015。

一个理论体系的建立，最主要的工作是探索逻辑基项与逻辑始项。如果这两个范畴得到了确定，其他的范畴就迎刃而解了。尤其是公理化系统，只要有了作为前提的基本原理，一切结论及其推论都包含在其中了。但是，这些探索是极为困难的。例如，狭义相对论和广义相对论的体系，在寻找逻辑始项时，就同传统的观念发生决裂，这说明科学地制定逻辑始项，是多么不容易的工作。从欧式几何学到非欧式几何，其中只变换了第五设（平行公设）就建立了一个全新的几何体系。但是，这项探索工作却经历了2000多年之久，其艰难程度也是可想而知的。不过，一旦前提确定下来，理论体系也就基本定型了。

在建立范畴体系时，到底是先确定逻辑基项，还是先确定逻辑始项呢？在现实的研究过程中，逻辑基项和逻辑始项只能在相互联系中被研究，它们之间经常处于思维反馈的过程。一般说来，在确定了基项之后再去寻找始项，或者在确定了始项之后再去寻找基项，都是少见的。范畴体系的各种要素的确定，总是在相互比较、相互联结的研究中完成的，而且，在研究的过程中，对各种范畴之间的相互关系的认识，也处于不断的变动之中。许多先前得到的结论，在日后也不断地被修正。马克思在写作《资本论》的过程中，对范畴体系的结构作过多次更易，同样说明了制定范畴的这种复杂性。

3. 辩证逻辑范畴体系的逻辑基项

建立辩证逻辑的范畴体系，这是学术界正在探索的道路，有的学者已经提出了不少真知灼见。要建立这个体系，自然离不开制定它的逻辑基项："从抽象上升到具体"的范畴。

马克思创立了唯物史观，同时也创立了马克思主义的辩证逻辑学。恩格斯曾经把辩证逻辑称作辩证方法，并认为它是改造黑格尔的逻辑学的结果，它的意义并不亚于唯物史观的创立。恩格斯说："马克思过去和现在都是唯一能够担当起这样一件工作的人，这就是从黑格尔逻辑学中把包含着黑格尔在这方面的真正发现的内核剥出来，使辩证方法摆脱它的唯心主义的外壳并把辩证方法在使它成为唯一正确的思想发展方式的简单形式上建立起来。马克思对于政治经济学的批判就是以这个方法作基础的。这个方法的制定，在我们看来是一个其意义不亚于唯物主义基本观点的成果。”[①] 在这里，恩格斯提出了“唯一正确的思想发展方式的简单形式”，并认为辩证逻辑就是在这个“简单形式”上建立起来的。这个“简单形式”就是：“从抽象上升到具体”的思想发展方式。马克思在《政治经济学批判》导言中，专门以“政治经济学的方法”为题，论述了这个形式，他说，抽象的规定在思维进程中导致具体的再现，“是思维用来掌握具体并把它当作一个精神上的再现出来的方式”[②]。

马克思以这个思想发展方式为基础，进行政治经济学的批判工作，并创造了“资本论”的逻辑学。所以，“资本论”的逻辑，也就是“从抽象上升到具体”的逻辑。

在创立辩证逻辑时，马克思和恩格斯还提出了历史与逻辑的关系问题。在这种关系中，这个“逻辑”范畴所指的也是“从抽象上升到具体”的逻辑，范畴的从抽象上升到具体的运动，反映了事物从简单到复杂的历史发展过程。比较抽象的范畴，表现为事物的比较不发展的形式，比较具体的范畴，表现为事物的比较发展的复杂形态，这就是历史决定逻辑的基本原理：历史从哪里开始，从抽象上升到具体的逻辑进程也就从哪里开始。正是这个原因，列宁认为，黑格尔最先提出历史和逻辑相一致的思想，具有开辟一门新逻辑学的重大意义。他说：“黑格尔是把他的概念、范畴的自己发展和全部哲学史联系起来了。这给整个逻辑学提供了一个新的方面。”[③] 这个新的方面，就是辩证逻辑，即从抽象上升到具体的逻辑。列宁对黑格尔的评价，同样告诉我们：对“抽象上升到具体”这个范畴的制定，标志着辩证逻辑学的建立。

可见，马克思、恩格斯在创立辩证逻辑学的时候，把“从抽象上升到具体”这个范畴，作为辩证逻辑范畴体系中的整体性范畴。有了这个范畴，就

①[德]恩格斯：《卡尔·马克思〈政治经济学批判　第一分册〉》，《马克思恩格斯选集》第2卷，第2版，第36页，北京：人民出版社，1995。

②[德]马克思：《〈政治经济学批判〉导言》，《马克思恩格斯选集》第2卷，第2版，第19页，北京：人民出版社，1995。

③[俄]列宁：《哲学笔记》，第1版，第117页，北京：人民出版社，1974。

把辩证逻辑同旧逻辑区别开来了。在旧逻辑中，没有概念和范畴的发展、转化，没有各部分之间的内在的必然性的联系。恩格斯说："辩证逻辑和旧的纯粹的形式逻辑相反，不像后者那样只满足于把思维运动的各种形式，即各种不同的判断形式和推理形式列举出来并且毫无联系地并列起来。相反地，辩证逻辑由此及彼地推导出这些形式，不是把它们平列起来，而是使它们互相从属，从低级形式发展出高级形式。"①

把"抽象上升到具体"的范畴确定为中心范畴，使辩证逻辑成为流动范畴的逻辑，同固定范畴的形式逻辑区别开来了。这样，就在逻辑学上产生了革命，使辩证逻辑成为一门全新的逻辑，表明逻辑学是一门历史科学。

根据"从抽象上升到具体"是辩证逻辑的中心范畴的意义，辩证逻辑的基本任务就应是研究思维从抽象上升到具体的任务。马克思把从抽象上升到具体的思维运动，看作"思维用来掌握具体并把它当作一个精神上的具体再现出来的方式"（重点只是引者加的），指明了思维的两种过程：一是"掌握具体"的过程，这就是研究过程；二是"再现具体"的过程，这就是叙述过程。这两个过程，都是从抽象上升到具体的运动。与此相适应地，他把方法也分为两种，一是研究方法，二是叙述方法。这两种方法都是实现思维从抽象上升到具体的方法，因而也是由中心范畴所决定的。

还应该看到，研究过程和叙述过程不是绝对分离的，而是互为前提的。现实的思维过程是研究过程和叙述过程的统一。我们把它们分解为两个过程，分别地加以研究，也是一种科学抽象。在现实的思维过程中，研究和叙述总是经常地互相作用、互相影响的。这两个过程的综合，就是思维总过程。这个总过程的新特征，就是思维反馈，即以思维活动的结果来调整思维的活动。所以，我们可以称思维的总过程是思维的反馈过程。这样，由中心范畴所规定的辩证逻辑的范畴体系，由三个部分组成：一是思维的研究过程，二是思维的叙述过程，三是思维的反馈过程，这就是辩证逻辑体系的一个雏形。

---

①［德］恩格斯：《自然辩证法》（单行本），第1版，第103页，北京：人民出版社，2015。

参考书目

1.[德] 恩格斯：《路德维希·费尔巴哈和德国古典哲学的终结》，《马克思恩格斯选集》第4卷，第2版，北京：人民出版社，1995。

2.[德] 恩格斯：《反杜林论》（单行本），第1版，北京：人民出版社，2015。

3. 毛泽东：《矛盾论（一九三七年八月）》，《毛泽东选集》第1卷，第2版，北京：人民出版社，1991。

4.[美] 普赖斯：《科学学译文集》（中国社会科学院情报研究所编辑），第1版，北京：科学出版社，1980。

5.[德] 恩格斯：《社会主义从空想到科学的发展》，《马克思恩格斯选集》第3卷，第2版，北京：人民出版社，1995。

6.[古希腊] 亚里士多德：《形而上学》，北京大学哲学系美学教研室编：《西方美学家论美和美感》，北京：商务印书馆，1980。

7.[德] 恩格斯：《自然辩证法》（单行本），第1版，北京：人民出版社，2015。

8.[俄] 列宁：《唯物主义和经验批判主义》（单行本）第2卷，第1版，北京：人民出版社，2015。

9.[德] 黑格尔：《小逻辑》，第1版，贺麟译，北京：商务印书馆，1981。

10.[德] 黑格尔：《逻辑学》上卷，第1版，贺麟译，北京：商务印书馆，2004。

11.[德] 黑格尔：《逻辑学》下卷，第1版，杨一之译，北京：商务印书馆，2001。

12.[俄] 列宁：《哲学笔记》，《列宁全集》第38卷，北京：人民出版社，1984。

13.《马克思恩格斯列宁斯大林思想方法论》，第1版，北京：人民出版社，1966。

14.《毛泽东著作专题摘编》上卷，第1版，北京：中央文献出版社，2003。

15. 毛泽东：《论持久战（一九三八年五月）》，《毛泽东选集》第2卷，第2版，北京：人民出版社，1991。

16.[俄] 列宁：《辩证法的要素（1914年9—12月）》，《列宁选集》第2卷，第3版，北京：人民出版社，2012。

17.[俄] 列宁：《黑格尔〈逻辑学〉一书摘要》，《列宁全集》第38卷，北京：人民出版社，1986。

18. 北京大学哲学系外国哲学史教研室：《古希腊罗马哲学》，第1版，北京：生活·读书·新知三联书店，1957。

19. 北京大学哲学系外国哲学史教研室：《16—17世纪西欧各国哲学》，第1版，北京：

商务印书馆，1975。
20.[荷兰] 斯宾诺莎：《伦理学》，第 1 版，北京：商务印书馆，1958。
21.[法] 霍尔巴赫：《自然体系》上卷，第 1 版，北京：商务印书馆，1977。
22.《列宁全集》第 38 卷，北京：人民出版社，1984。
23.[俄] 列宁：《唯物主义和经验批判主义》，《列宁选集》第 2 卷，第 3 版，北京：人民出版社，2012。
24.[俄] 列宁：《哲学笔记》，《列宁全集》第 55 卷，第 2 版，北京：人民出版社，1990。
25. 葛力：《十八世纪法国哲学》，第 1 版，北京：商务印书馆，1991。
26.[德] 马克思和恩格斯：《神圣家族》，《马克思恩格斯文集》第 1 卷，第 1 版，北京：人民出版社，2009。
27.[俄] 列宁：《谈谈辩证法问题》，《列宁选集》第 2 卷，第 3 版，北京：人民出版社，2012。
28. 金岳霖主编：《形式逻辑》，第 1 版，北京：人民出版社，1985。
29.[德] 黑格尔：《哲学史讲演录》，第 1 卷，第 1 版，北京：商务印书馆，1978。
30.[美] 爱因斯坦：《物理学的进化》，第 1 版，上海：上海科学技术出版社，1979。
31.《爱因斯坦文集》第 1 卷，第 1 版，北京：人民出版社，1976。
32.[美]H.S. 塞耶：《牛顿自然哲学著作选》，第 1 版，上海：上海人民出版社，1974。
33.[英] 柏廷顿：《化学简史》，第 1 版，胡作玄译，北京：中国人民大学出版社，2010。
34.《马克思恩格斯全集》第 31 卷，北京：人民出版社，1998。
35.《列宁全集》第 18 卷，北京：人民出版社，1988。
36. 路甬祥：《毛泽东与中国的科技事业》，《科学时报》，2003 年第 12 期。
37. 海森堡：《宇宙线和物理学的根本问题》，《世界科学译刊》，1980 年第 2 期。
38.[美] 威切曼：《量子物理学》，第 1 版，北京：科学出版社，1978。
39. 谢林：《先验唯心论体系》，第 1 版，北京：商务印书馆，1976。
40.[俄] 列宁：《什么是"人民之友"以及他们如何攻击社会民主党人》，《列宁选集》第 1 卷，第 3 版，北京：人民出版社，2012。
41.[德] 马克思：《评阿·瓦格纳的〈政治经济学教科书〉》，《马克思恩格斯全集》第 19 卷，北京：人民出版社，1963。
42.[俄] 列宁：《卡尔·马克思》，《列宁选集》第 2 卷，第 3 版，北京：人民出版社，2012。
43.[德] 马克思：《资本论》第 3 卷，北京：人民出版社，1975。
44.《列宁全集》第 55 卷，第 2 版，北京：人民出版社，1990。
45.[丹麦]N. 波尔：《原子物理学和人类知识》，第 2 版，北京：商务印书馆，1964。
46.[德] 恩格斯：《致约瑟夫·布洛赫（1890 年 9 月 21—22 日）》，《马克思恩格斯文集》第 10 卷，第 1 版，北京：人民出版社，2009。

47.[德]马克思：《1844年经济学哲学手稿》（单行本），第3版，北京：人民出版社，2000。

48.《马克思恩格斯全集》第46卷(上)，第1版，北京：人民出版社，1979。

49.《马克思恩格斯全集》第46卷(下)，第1版，北京：人民出版社，1980。

50. 阿道夫·桑切斯·巴斯克斯：《实践的哲学》，第1版，白亚光译，哈尔滨：黑龙江人民出版社，1987。

51. 北京大学哲学系外国哲学史教研室:《十八世纪末—十九世纪初德国哲学》,第1版,北京:商务印书馆，1975。

52.[德]马克思：《〈政治经济学批判〉导言》,《马克思恩格斯选集》第2卷,第2版,北京:人民出版社，1995。

53.[德]马克思：《关于费尔巴哈的提纲》，《马克思恩格斯文集》第1卷，第1版，北京：人民出版社，2009。

54.《普列汉诺夫哲学选读》第1卷，第1版，北京：生活·读书·新知三联书店，1961。

55.[德]马克思：《德意志意识形态》，《马克思恩格斯选集》第1卷，第2版，北京：人民出版社，1995。

56. 毛泽东：《在延安文艺座谈会上的讲话》，《毛泽东选集》第3卷，第2版，北京：人民出版社，1991。

57.[德]马克思：《资本论》第1卷，第1版，北京：人民出版社，1975。

58.[苏]图加林诺夫：《马克思主义中的价值论》，第1版，北京：中国人民大学出版社，1989。

59. 庞元正、李建华编:《系统论控制论信息论经典文献选编》,第1版,北京:求实出版社，1989。

60.[俄]列宁：《再论工会、目前局势及托洛茨基同志和布哈林同志的错误》，《列宁选集》第4卷，北京：人民出版社，2012。

61. 黄海澄：《系统论、控制论、信息论、美学原理》，第1版，长沙：湖南人民出版社，1986。

62. 毛泽东：《反对本本主义》，《毛泽东选集》第1卷，第2版，北京：人民出版社，1991。

63. 毛泽东:《湖南农民运动考察报告》,《毛泽东选集》第1卷,第2版,北京:人民出版社，1991。

64.[德]马克思：《雇佣劳动与资本》，《马克思恩格斯文集》第1卷，第1版，北京：人民出版社，2009。

65. 毛泽东:《中国革命战争的战略问题》,《毛泽东选集》第1卷,第2版,北京:人民出版社，1991。

66.[俄]列宁:《论工人政党对宗教的态度》,《列宁选集》第2卷,第3版,北京:人民出版社，

2012。
67. 毛泽东：《星星之火，可以燎原》，《毛泽东选集》第 1 卷，第 2 版，北京：人民出版社，1991。
68. 毛泽东：《关于正确处理人民内部矛盾的问题》，《毛泽东文集》第 7 卷，第 1 版，北京：人民出版社，1999。
69.[德]马克思：《评阿·瓦格纳的〈政治经济学教科书〉》，《马克思恩格斯全集》第 19 卷，北京：人民出版社，2006。
70.[德]马克思：《关于林木盗窃法的辩论》，《马克思恩格斯全集》第 1 卷（上），第 2 版，北京：人民出版社，1995。
71.[俄]列宁：《民粹主义的经济内容及其在司徒卢威先生的书中受到的批评》，《列宁全集》第 1 卷，北京：人民出版社，1984。
72.[美]海尔布罗纳：《现代化理论研究》，第 1 版，俞新天译，北京：华夏出版社，1989。
73.[俄]列宁：《马克思主义和修正主义》，《列宁选集》第 2 卷，第 3 版，第 1 页，北京：人民出版社，2012。
74.《人民日报》编辑部：《无产阶级专政的历史经验》，第 1 版，北京：人民出版社，1957。
75.《费尔巴哈哲学著作选集》上卷，第 1 版，北京：商务印书馆，1984。
76.[丹麦]N. 波尔：《原子物理学和人类知识》，第 1 版，北京：商务印书馆，1964。
77.[德]伊曼努尔·康德：《纯粹理性批判》（中译本），第 1 版，北京：商务印书馆，1960。
78. 洪谦：《西方现代资产阶级哲学论著选读》，第 1 版，北京：商务印书馆。1964。
79.[德]亨利希·肖尔兹：《简明逻辑史》，第 1 版，北京：商务印书馆，1977。
80. 中共中央文献研究室：《毛泽东哲学批注集》，第 1 版，北京：中央文献出版社，1988。
81. 毛泽东：《整顿党的作风》，《毛泽东选集》第 3 卷，第 2 版，北京：人民出版社，1991。
82.[德]马克思：《哲学的贫困》，《马克思恩格斯文集》第 1 卷，第 1 版，北京：人民出版社，2009。